Contact
Entre la Bible et mon histoire

Contact
Entre la Bible et mon histoire

Michael R. Emlet

230, rue Lupien
Trois-Rivières (Québec)
G8T 6W4 Canada

Édition originale en anglais :
Crosstalk - Where Life and Scripture Meet
© 2009 par Michael R. Emlet
Publié par New Growth Press

Traduction par Antoine Doriath

Traduit et publié avec permission

© 2012 Publications Chétiennes inc.
    230, rue Lupien
    Trois-Rivières (Québec) G8T 6W4

Tous droits réservés

« Éditions Impact » est une marque déposée de « Publications chrétiennes inc. »

Dépôt légal - 4ᵉ trimestre 2012

ISBN : 978-2-89082-166-8

Dépôt légal : Bibliothèque et Archives nationales du Québec
              Bibliothèque et Archives Canada

À moins d'indications contraires, toutes les citations bibliques sont tirées de la version revue 1979 Louis Segond de La Société Biblique de Genève

Témoignages

« C'est tout simplement le meilleur livre que j'aie jamais lu sur la nature et la fonction de la Bible. Il décrit admirablement la narration globale de la Bible et insiste sur le fait que les «morceaux» de la Bible s'inscrivent dans le contexte de ce vaste tableau. Il applique de façon remarquable le même principe au vécu des gens. Il est fascinant par le nombre d'exemples concrets pour illustrer le raisonnement de l'auteur. Mais il est surtout marquant parce que, comme la Bible, il pointe clairement vers Jésus. Le Dr Emlet a écrit un ouvrage magnifique que quiconque veut comprendre et appliquer la Bible DOIT lire. »

Samuel T. LOGAN, fils, docteur en philosophie, directeur international de l'Alliance réformée mondiale, théologien, auteur.

« Si vous voulez voir comment l'Évangile agit dans votre vie, vous transformant par le renouvellement de l'intelligence (le principe utilisé par Jésus et les apôtres pour «réparer» les vies brisées), c'est par la lecture de ce livre qu'il faut commencer. Au lieu d'établir une ordonnance destinée à vous remettre sur pied «en quelques semaines», le Dr Emlet a écrit un livre qui transforme profondément et dont les effets durent toute la vie. »

Sinclair B. FERGUSON, docteur en philosophie, pasteur principal à Première Église Presbytérienne, Columbia, Caroline du Sud, théologien, auteur de *The Christian Life*.

« Dépression. Divorce. Mort d'un être cher. La vie peut être bien difficile, et les réponses chrétiennes «toutes faites» n'aident pas beaucoup. C'est pourquoi Mike Emlet a écrit ce livre qui vous prépare à affronter les vraies questions de la vie avec la vérité de la Parole de Dieu, une vérité pratique et qui transforme. Si vous voulez améliorer votre pratique clinique et apprendre comment la Bible aborde intimement les luttes quotidiennes de vos patients, ne passez pas à côté de cet ouvrage ! »

Dr Tim CLINTON, président de l'Association américaine des conseillers chrétiens ; thérapeute agréé ; auteur de *Turn Your Life Around*.

« *Contact – entre la Bible et mon histoire* n'est pas un manuel de counseling biblique contenant de simples « copiés-collés ». Il est beaucoup plus riche que cela. Ses pages sont remplies de lumière et dénotent une interprétation glorieusement rédemptrice de l'Écriture et une profonde connaissance de la condition et des besoins du cœur humain. Je le recommande vivement. »

Elyse FITZPATRICK, conseillère, Institut de counseling biblique et de formation du disciple ; auteur de *Women Helping Women*.

« La Parole exerce son ministère quelque part entre la bribe d'un texte probant et les vastes généralités de l'histoire rédemptrice. La personne de Dieu, ses promesses, ses desseins, ses actions et ses commandements s'embrasent dans la lutte que l'individu livre contre ses péchés personnels et dans les luttes qu'il mène dans ses situations adverses. Mike Emlet recherche les endroits où la vérité s'enflamme et sonde les moyens pour faire habiter Christ dans les cœurs et les conversations. »

David POWLISON, docteur en philosophie, conseiller à la Faculté et au CCEF ; auteur de *Seeing with New Eyes* et *Speaking Truth in Love*.

À Jody

Avec beaucoup de reconnaissance et de joie,
j'ai le bonheur de me réveiller près de toi chaque matin

Table des matières

Remerciements 11

Introduction 15

1. Établir un lien entre la Bible et la vie 25
2. Ce qu'avant tout la Bible n'est pas 41
3. Ce que la Bible est 61
4. Les implications sur la lecture
   et l'utilisation de la Bible 75
5. Quelle est votre histoire ? 89
6. Relier les histoires 111
7. Un examen plus précis du modèle 121
8. Présentation de Tom et de Nathalie 139
9. Tom, Nathalie, et l'Ancien Testament 155
10. Tom, Nathalie, et le Nouveau Testament 177
11. Les chutes du Niagara ou un verre d'eau fraîche
    au nom de Jésus ? 205

Appendice 1 : Résumé de questions utiles 223
Appendice 2 : Ressources recommandées 225

Notes 227

Bibliographie 249

Index des références bibliques 255

Remerciements

Nul ne peut écrire un livre sur l'intersection de la vie avec l'Écriture sans avoir une profonde dette de reconnaissance envers de nombreuses personnes du passé et du présent. Je suis très conscient de me trouver sur les épaules de géants.

Je ne m'en suis pas bien rendu compte à l'époque, mais dans sa prédication, son enseignement et ses conseils, Joe Novenson, mon pasteur, a déjà semé au début des années 1990 les premières graines d'une approche de l'Écriture fondée sur l'histoire de la rédemption et centrée sur Christ. Grâce à son rôle de mentor et aux encouragements de Tuck et Stacy Bartholomew, je suis entré en 1996 au Westminster Theological Seminary sans me douter le moins du monde de la révolution copernicienne qui allait s'opérer dans ma façon d'aborder l'Écriture et les êtres humains.

Je suis très reconnaissant pour la riche formation biblique et théologique que mes professeurs du séminaire m'ont donnée entre 1996 et 2001. Douglas Green et Richard B. Gaffin, fils, ont plus particulièrement façonné mon approche des écrits de l'Ancien et du Nouveau Testaments.

Ed Welch, David Powlison et Winston Smith m'ont été doublement en bénédiction. Ils m'ont d'abord sagement instruit, puis ils m'ont accueilli comme collègue au sein de Christian Counseling & Educational Foundation (CCEF) où j'ai le bonheur de travailler depuis 2001. À l'égard des gens et du processus de croissance spirituelle, le CCEF adopte une approche bibliquement enracinée qui m'a profondément enrichi aussi bien sur le plan personnel que sur le plan pastoral. Merci à John Bettler, le Directeur général du CCEF qui m'a accepté. Tim Lane, le Directeur général actuel, a fait preuve de beaucoup d'enthousiasme et de patience devant mon projet. Je suis reconnaissant pour l'année sabbatique qui m'a été accordée au printemps 2007 et qui m'a permis de commencer sérieusement la rédaction de ce livre.

Mais c'est un cours que j'ai donné chaque année sur l'interprétation biblique au Westminster Theological Seminary qui m'a vraiment incité à écrire un livre sur ce sujet. Ce cours, suivi principalement par des étudiants en counseling biblique, a servi de terrain d'essai à de nombreuses idées exposées dans ce livre. Mes étudiants m'ont montré qu'au moment où je pensais avoir parfaitement précisé une chose, ils étaient capables de me poser une question qui m'obligeait à revoir ma copie ! Je leur suis reconnaissant pour leurs idées au fil des ans. J'ai eu le privilège de dispenser ce cours en équipe avec Bill Smith pendant plusieurs années ; j'ai ainsi profité de sa sagesse biblique et de sa façon d'aborder les gens. Ma reconnaissance va également à Adrian Smith pour les entretiens animés et profonds que nous avons eus autour d'une tasse de café au défunt Phriends Café à Jenkintown, en Pennsylvanie, dans les premières années où je dispensais ce cours.

Au fil du temps, j'ai eu de nombreux autres interlocuteurs. Jayne Clark, ami, collègue et conseiller avisé m'a sans cesse orienté vers Christ et m'a montré ce que veut dire « intégrer la Bible à la vie. » La manière réfléchie dont Powlison aborde la Bible sous l'angle de la théologie pratique est essentielle à cet ouvrage. Il est l'exemple même de celui qui connecte – qui rivette ! – l'Écriture à sa propre vie. Depuis les premiers temps de notre amitié au Séminaire jusqu'à maintenant, Steven Badorf a stimulé intelligemment mon approche de l'Écriture. Mike Kelly a été mon professeur, collègue, ancien et ami intime. Je lui suis reconnaissant pour les nombreuses heures de conversation que nous avons eues pendant des années sur le thème du point de contact entre l'interprétation biblique et le ministère personnel (parmi bien d'autres sujets !).

Remerciements

Mari Stout et Adrian Smith ont lu une première ébauche du livre et m'ont fait d'utiles remarques. Tuck Bartholomew, le pasteur principal de City Church, à Philadelphie, dont ma famille et moi sommes membres, a été pour moi un ami sage et précieux pendant de nombreuses années. J'ai apprécié la possibilité qu'il m'avait offerte de tester certaines des idées du livre dans la formation des animateurs de groupe.

Je suis reconnaissant d'avoir eu plusieurs autres occasions de présenter le contenu de ce livre, à différentes phases de son développement et en dehors des salles de classe : à la conférence annuelle du CCEF (novembre 2007) et à Christ Community Church, Chapel Hill, Caroline du Nord (mai 2008). Je tiens encore à remercier la Société de Psychologie chrétienne qui m'a permis de tenir une conférence en septembre 2008. J'ai beaucoup apprécié l'aimable invitation d'Eric Johnson.

Ma gratitude va également à Sue Lutz qui m'a servi d'éditeur. Ce n'est pas une chose facile d'éditer le premier livre d'un auteur. Elle m'a prodigué ses encouragements bien des années avant que le livre prenne forme. J'ai autant apprécié son travail soigné d'éditrice que son approche sage de l'Écriture et des gens. Elle m'a mis en garde contre l'utilisation de mots trop longs et m'a régulièrement exhorté à mettre le contenu au niveau le plus concret et le plus pastoral.

Merci à New Growth Press. Je n'ai pas pris à la légère l'occasion que Karen et Mark Teears m'ont offerte de publier ce livre. Je remercie tout particulièrement Karen pour son enthousiasme et sa souplesse tout au long du travail d'écriture, qui a pris plus de temps que nous le pensions tous les deux. Merci à Barbara Juliani, responsable de l'édition chez New Growth, qui a accompagné le manuscrit jusqu'à sa publication.

Marvin et Miriam Emlet, mes parents, ont été une source de réel encouragement dans ma vie. Ils n'ont jamais sourcillé lorsque j'ai abandonné mes études de médecine pour me lancer dans un ministère chrétien à plein temps ; ils ont même reconnu que cet appel venait de Dieu. Avec ma sœur Mileen, ils ont porté mon projet dans la prière fervente.

Je n'ai pas de mots assez forts pour dire ma gratitude à ma famille, mais je vais toutefois essayer ! Ma fille Lydia et mon fils

Luke font la joie de mon cœur. Peut-être plus que n'importe qui au monde, ils m'ont obligé à pratiquer ce que je prêche. Ils attendaient avec impatience le jour où ils pourraient enfin tenir dans leurs mains le « livre de papa ». Je prie pour qu'ils continuent de rester amoureux de Celui vers qui pointe ce livre. Finalement, je dédie ce livre à ma femme Jody. Son amour pour Dieu et pour les autres découle de ce qu'elle conforme sa vie au scénario rédempteur de l'Écriture. Elle connaît Jésus et le montre journellement. Je suis tellement reconnaissant d'être son compagnon d'alliance pour la vie.

    Michael R. Emlet

INTRODUCTION

Alain était assis dans sa chaise, le regard baissé. Malgré un engagement renouvelé à suivre Christ mis en évidence par plusieurs mois de patience et d'abnégation dans son foyer, sa femme depuis vingt-deux ans avait décidé d'engager une procédure de divorce. Il leva les yeux, fronça les sourcils et dit : « À quoi bon tout le travail fait sur moi-même si c'est pour en arriver là ? Je sais que Dieu est capable de réparer, mais j'ai l'impression que mes efforts ont été vains. »

Max, son ami intime et son moniteur d'étude biblique, répondit : « Alain, Je ne sais vraiment pas quoi dire. Je sais que cette situation est très pénible et décevante pour toi. » Après quelques instants de silence, il ajouta : « Ta peine me rappelle les propos du serviteur de l'Éternel dans Ésaïe 49.4 : «Et moi j'ai dit : C'est en vain que j'ai travaillé, c'est pour le vide et le néant que j'ai consumé ma force ; mais mon droit est auprès de l'Éternel et ma récompense auprès de mon Dieu.» »

Alain redressa la tête. « C'est exactement ce que je ressens. Je sais que je dois m'accrocher à la deuxième partie du verset, mais il m'est difficile de cultiver cette perspective en ce moment. »

Pendant les deux heures suivantes, Alain et Max évoquèrent les espoirs brisés et les rêves envolés, ce qui permit à Alain de voir son expérience à travers des lunettes bibliques. En fin de compte, ils s'entretinrent de Jésus, le vrai Serviteur du Seigneur qui, cloué sur la croix, avait toutes les raisons au monde de s'approprier

Contact – entre la Bible et mon histoire

la plainte d'Ésaïe. Il resta pourtant fidèle, assuré que son Père prendrait sa défense et lui vaudrait une récompense (Hé 12.2 ; 1 Pi 2.23). De nombreuses discussions allaient encore se tenir jusque tard dans la nuit, mais Alain rentra chez lui ce soir-là avec une confiance accrue que les paroles du Serviteur pouvaient devenir les siennes.

Qui n'aimerait pas se servir de l'Écriture pour aider une personne en difficulté, comme l'a fait Max ? Comment en arriver là ? Si vous êtes comme moi, on vous a certainement davantage appris à étudier la Bible qu'à vous en *servir* concrètement dans votre vie et votre ministère. Il existe de nombreux livres sur la manière d'interpréter la Bible, mais la plupart mettent l'accent sur la théorie et non sur l'application, c'est-à-dire le travail spirituel qui consiste à relier la Bible à la vie. Ces ouvrages aident à étudier les détails grammaticaux et littéraires d'un passage, remontent au contexte historique et à l'auditoire original et tirent quelques conclusions quant au sens que le passage a pu revêtir pour les premiers auditeurs ou lecteurs. Tout cela est précieux – c'est même absolument essentiel. Mais on prête peu d'attention à la démarche pourtant aussi importante qui consiste à relier l'étude de la Bible à la complexité de la vie *hic et nunc*, même dans de très bons manuels sur l'interprétation biblique. Nous restons trop souvent des gens désorientés qui ne savent pas à quelle porte frapper !

Les ressources qui s'intéressent davantage à l'application se concentrent surtout sur le ministère public de la prédication ou de l'enseignement[1] ou sur les questions plus vastes de l'éthique dans la vie de l'Église[2]. Lorsque nous cherchons à savoir comment la Bible fait face aux problèmes complexes de notre vie personnelle (ou de celle d'autrui), nous savons rarement vers qui nous tourner.

Certes, l'application de l'enseignement biblique à des grands sujets comme le divorce, les fléaux urbains et l'homosexualité (la « macro-éthique ») recouvre en grande partie son application au counseling biblique personnel avec un ami qui vient de perdre son emploi ou qui se débat avec son tempérament colérique (« micro-éthique »). Les questions plus générales débouchent toujours sur des décisions et des actions personnelles ; de même, les questions personnelles ont toujours un impact sur le contexte social plus large. Il faut comprendre comment la Bible exerce sa fonction

Introduction

éthique dans notre vie, que ce soit dans un ministère personnel individuel ou dans un contexte ecclésial ou culturel plus vaste. Dans les deux cas, nous avons besoin d'un document permettant d'appliquer la sagesse de l'Écriture aux détails de notre vie quotidienne, un document qui nous apprend comment combler le fossé entre autrefois et maintenant.

Je le confesse sincèrement : j'ai écrit ce livre parce que *j*'ai besoin d'une telle ressource ! En tant que conseiller spirituel qui forme d'autres conseillers, mon rôle quotidien est de communiquer la bonne nouvelle de la rédemption divine dans la vie des personnes que je conseille – et d'aider les autres à faire de même. Les questions les plus fréquentes, souvent posées par mes étudiants sont : « Pourquoi avez-vous choisi *ce* passage ? » ; « Pourquoi lors de telle session, n'avez-vous pas ouvert votre Bible ? » ; « Pourquoi avez-vous abordé ce thème particulier dans la vie de cette personne ? » ; « Comment pourriez-vous davantage vous centrer sur l'Évangile dans le cas de ce frère ? » ; « Comment nourrissez-vous l'espoir biblique nécessaire à un changement chez cette sœur ? » Ces questions, et d'autres encore, m'ont incité à me pencher sur la manière de relier la vie et l'Écriture.

Lorsque nous faisons face à un « mur » dans le counseling biblique ou le ministère pastoral, nous apprenons à adopter une approche plus réfléchie des gens et de la Bible. « Comment mieux comprendre bibliquement cette personne ? » ; « *Je* pensais que l'Écriture était pertinente ; pourquoi ne l'a-t-elle pas été pour cette personne ? » ; « Pourquoi tel individu est-il bloqué ? » ; « Quelle vérité biblique pourrait aider cette femme à se développer ? » Toutes ces questions m'ont poussé à réfléchir à l'intersection de la vérité biblique et de la vie des gens. On appelle généralement « application » ce point de contact.

Le point central de ce livre

Il peut vous être utile de savoir d'avance les thèmes que ce livre traite et ceux qu'il n'aborde pas. Il ne se présente pas comme une étude complète de l'interprétation biblique. Il n'aborde pas en détail le processus de l'interprétation, mais il s'appuiera sur de nombreux concepts développés dans des ouvrages consacrés à l'herméneutique. À titre d'exemple, je n'étudierai pas (du moins en profondeur) les principes posés pour examiner un passage dans son contexte original, ce que les savants appellent « l'exégèse grammatico-historique ». Je citerai plusieurs études solides sur l'interprétation biblique pour aider ceux qui n'auraient pas reçu une formation théorique dans ce domaine. De même, je n'examinerai pas la manière dont les différents genres littéraires de la Bible – narratif, poétique, sapientiel, prophétique, évangélique et épistolaire – influent sur l'interprétation et l'usage que vous faites de l'Écriture[3]. Je ne m'intéresserai pas non plus aux subtilités philosophiques sur l'origine du sens d'un texte[4].

Ce livre ne prétend pas non plus être un manuel complet sur la formation du disciple, le counseling biblique ou le souci pastoral. Il jette un regard biblique sur les gens, ce qui me paraît primordial pour le ministère auprès des individus. Si toutefois vous recherchez un exposé complet sur la nature de l'être humain et la manière de venir en aide aux gens, il ne répondra probablement pas à toutes vos questions[5].

Enfin, cet ouvrage n'est pas une étude des principaux défis éthiques que l'Église doit relever aujourd'hui. Je ne dis pas comment utiliser la Bible pour répondre aux questions concernant l'homosexualité, le réchauffement climatique, le ministère des femmes et la pauvreté, pour n'en citer que quelques-uns. La manière dont je propose de comprendre la Bible, les gens et le lien entre les deux influencera sans aucun doute notre attitude devant les questions éthiques générales (macro). Mon but premier reste cependant les problèmes éthiques à l'échelle de l'individu à savoir la manière dont nous nous servons de la Bible pour répondre aux besoins *particuliers* d'une personne que nous voulons aider.

Considérez ce livre comme une sorte d'hybride, un outil pour vous aider à mieux comprendre à la fois les personnes et la Bible. Il s'efforce de bien interpréter le texte biblique et l'être humain en face de soi. Les deux rôles sont nécessaires si on veut dispenser « droitement la parole de la vérité » (2 Ti 2.15). Les deux sont nécessaires pour un ministère efficace.

En résumé, cet ouvrage aidera le lecteur à lire la Bible et à « lire » les gens d'une manière qui favorise un usage de l'Écriture centré sur l'Évangile et adapté à la personne en question. Il décrit une façon d'utiliser l'Écriture pour inciter les gens à développer

Introduction

leur amour pour Dieu et pour les autres dans les situations complexes de leur vie de tous les jours.

Ce livre est pour vous !

À quel genre de lecteur s'adresse ce livre ? Je souhaite que vous soyez activement engagé dans un ministère pastoral : conseiller, pasteur, formateur de disciple, guide spirituel, animateur de petit groupe, responsable d'un GBU, responsable de jeunes, assistant social auprès des femmes en détresse ou tout simplement ami proche. J'espère aussi que, comme moi, vous cherchez sincèrement à savoir comment appliquer la Parole de Dieu à la vie de ceux que vous côtoyez, et que, comme moi, vous avez connu des échecs ! J'espère que vous désirez ardemment voir comment deux mondes se rencontrent de façon féconde : le déroulement du récit de la rédemption divine et les vicissitudes des êtres humains qui luttent, souffrent, pèchent, triomphent et se réjouissent.

Si vous êtes principalement impliqué dans un ministère plus « public » de la Parole, par exemple la prédication ou l'enseignement, je pense que ce livre affûtera votre approche de la Bible et des personnes. Il est vrai que la prédication et l'enseignement sont plus du domaine de la « proclamation » tandis que le ministère « privé » de la Parole qui s'exerce dans le contact individuel ou en petits groupes est plus du domaine du « dialogue » ou de la conversation. Mais quelles que soient la sphère de votre activité auprès des autres et son ampleur, je crois que cet ouvrage vous procurera les moyens de vous développer dans la sagesse nécessaire à votre ministère.

Voici le grand principe : ce livre est destiné à quiconque prend au sérieux les nombreux passages « les uns les autres » de la Bible et désire se mettre avec sagesse au service des personnes que Dieu a placées dans sa sphère d'influence. Il vise tous ceux qui ont été saisis par la vision de Paul pour le peuple de Dieu à savoir « le perfectionnement des saints en vue de l'œuvre du ministère et de l'édification du corps de Christ, jusqu'à ce que nous soyons tous parvenus à l'unité de la foi et de la connaissance du Fils de Dieu, à l'état d'homme fait, à la mesure de la stature parfaite de Christ » (Ép 4.12,13).

Contact – entre la Bible et mon histoire

La solidité des fondations

Affirmons d'emblée deux vérités fondamentales au sujet de la Bible. Elles porteront tout le poids de ce qui suit dans le livre.

Premièrement, la Bible est la parole « inspirée » (plus exactement « ex-pirée » ou « soufflée) de Dieu. Pierre le dit clairement : « Sachez tout d'abord vous–mêmes qu'aucune prophétie de l'Écriture ne peut être un objet d'interprétation particulière, car ce n'est pas par une volonté d'homme qu'une prophétie a jamais été apportée, mais c'est poussés par le Saint-Esprit que des hommes ont parlé de la part de Dieu » (2 Pi 1.20,21). Comme la Bible est l'authentique parole de Dieu et non une envolée de l'imagination humaine, elle revêt une autorité pour s'appliquer au peuple de Dieu. Comme le déclare Paul, elle est « utile pour enseigner, pour convaincre, pour corriger, pour instruire dans la justice » (2 Ti 3.16). Pierre exprime cette même vérité avec d'autres termes : « Sa divine puissance nous a donné tout ce qui contribue à la vie et à la piété, au moyen de la connaissance de celui qui nous a appelés par sa propre gloire et par sa vertu ; celles-ci nous assurent de sa part les plus grandes et les plus précieuses promesses, afin que par elles vous deveniez participants de la nature divine, en fuyant la corruption qui existe dans le monde par la convoitise » (2 Pi 1.3,4). L'apôtre établit un lien entre la connaissance de Dieu, la Parole (ou les promesses) de Dieu et notre participation à la nature ou au caractère de Dieu. Les deux apôtres disent en somme que la Bible est le moyen divinement appointé de la grâce de Dieu pour nous rendre de plus en plus ressemblants à Christ. Dieu parle pour nous transformer.

Deuxièmement, dans sa sagesse, Dieu s'est servi d'auteurs humains pour communiquer sa Parole à son peuple. La Bible n'est pas tombée du ciel sous la forme d'un texte déjà complet, et les auteurs humains n'étaient pas de simples drones passifs télécommandés qui écrivaient sous la dictée de Dieu. Dans une collaboration mystérieuse entre le divin et l'humain, les auteurs humains de l'Écriture écrivaient des mots qui étaient à la fois authentiquement les leurs mais également authentiquement ceux que Dieu le Saint-Esprit voulait et qui étaient parfaitement adaptés au peuple de Dieu dans le contexte historique et culturel de leur temps[6]. Jeannine Brown lie ces deux aspects de l'Écriture

Introduction

en la qualifiant de « discours divin culturellement exprimé[7]. » En gardant à l'esprit cet équilibre, nous pouvons dire (1) que Dieu s'est révélé progressivement dans l'Histoire par les auteurs humains de la Bible *et* (2) que la Bible conserve son autorité perpétuelle pour le peuple de Dieu, parce qu'il en est l'Auteur suprême.

L'histoire de Dieu et celles des hommes

De ce qui précède, il ressort clairement que la Parole de Dieu vise à *informer* et à *transformer* le peuple de Dieu. Le but de ce livre est d'expliquer comment le message rédempteur de Dieu opère cette double action. Sachons d'abord que la Bible déroule l'histoire complète et authentique de la relation de Dieu avec son peuple. Partant de la création, elle aboutit à la vision finale du royaume de Dieu instauré lors du retour de Jésus, en passant par la chute de l'humanité dans le péché, la souffrance et la mort, et par la rédemption opérée par Jésus[8]. C'est l'histoire de Dieu qui crée des êtres humains afin de gérer le monde en son nom, pour leur bien et pour sa gloire. C'est l'histoire de leur rébellion contre le sage projet de Dieu. Mais c'est aussi le récit de Dieu qui sauve son peuple de son péché et de sa misère. La vie, la mort et la résurrection de Jésus le Messie marquent l'apothéose de ce récit.

Tout dans l'Ancien Testament converge vers ce point culminant, et tout dans le Nouveau Testament en découle et détaille ses effets dans la vie du peuple de Dieu. Bien sûr, le Nouveau Testament oriente aussi le regard *vers* la seconde venue de Jésus. Comment résumer l'Évangile ? C'est la bonne nouvelle que Dieu est entré dans l'Histoire dans la personne de l'homme Jésus pour accomplir la rédemption d'un peuple et d'un monde asservis au péché et à la souffrance.

Il ne s'agit cependant pas d'une rédemption « générique », pas plus que le péché et la souffrance ne sont « génériques ». La bonne nouvelle atteint le peuple de Dieu dans les vicissitudes de la vie et s'adapte à ses particularités. Toute annonce de la Parole qui ne rattache pas fondamentalement la bonne nouvelle du Rédempteur, Jésus-Christ, aux détails, aux thèmes et aux intrigues de la vie rate sa cible. Il est donc tout à fait juste de donner à l'approche choisie par ce livre les qualificatifs d'application « historico-rédemptrice[9] » ou « centrée sur l'Évangile ». En effet, elle prend au sérieux la nature narrative de la Bible pour en faire des applications sages aux récits de notre vie. Il est nécessaire de bien comprendre à la fois l'Histoire de Dieu et celles des gens dont nous prenons soin pour les aider à saisir la transformation que la Bible projette à l'intention du peuple de Dieu.

Les objectifs de ce livre

Quels sont les buts que je fixe à ce livre ? Qu'est-ce que j'espère voir se produire dans la vie des lecteurs ? Mon premier objectif concerne votre propre relation avec Dieu. L'apôtre Jean écrit : « Mais ces choses ont été écrites afin que vous croyiez que Jésus est le Christ, le Fils de Dieu, et qu'en croyant vous ayez la vie en son nom » (Jn 20.31). Cette vie ne commence pas dans un endroit qui suit la mort. Elle commence ici et maintenant, au fur et à mesure que Dieu apporte la guérison dans une création brisée (2 Co 5.17). Il veut que notre vie reflète celle de Christ que nous rencontrons dans la Parole (2 Pi 1.4). L'un des buts de cet ouvrage est de voir l'histoire générale de l'Écriture façonner et transformer peu à peu votre vie. Comme le dit Eugène Peterson, « Pour que l'Écriture sainte soit autre chose qu'un vain bavardage sur Dieu, il faut l'intérioriser[10]. »

Dans le ministère, la tentation est grande de penser que sous prétexte que nous préparons une étude biblique, un sermon ou un entretien en tête à tête (ou que nous écrivons un livre comme celui-ci !), nous sommes profondément engagés au service du Dieu de l'univers. Ce n'est pas toujours vrai. Il est facile d'accomplir un ministère en étant plutôt une « conduite » qu'un « réservoir ». Il est plus facile d'être un canal qui communique aux autres les vérités transformatrices de la Parole de Dieu, qu'un réservoir changé et transformé qui déborde de la vérité de l'Évangile perceptible dans la vie. Vous n'imaginez certainement pas faire constamment la cuisine pour votre famille sans vous asseoir vous-même pour apprécier la saveur de vos plats ! Pour paraphraser Jacques 1.22, ne soyons pas simplement des auditeurs, des prédicateurs ou des conseillers de la Parole, mais de ceux qui, avant tout, la mettent en pratique.

Le deuxième objectif concerne votre relation avec autrui. Si vous voulez parler utilement à un frère ou une sœur en proie à de

Introduction

durs combats, ce livre devrait améliorer votre capacité d'écoute, de poser des questions pertinentes et d'utiliser les catégories bibliques pour interpréter leurs expériences. Peut-être vous êtes-vous déjà trouvé dans la situation où quelqu'un vous demandait conseil sur un sujet particulier. Mais lorsque vous avez essayé de présenter une vérité biblique, c'est comme si vous aviez changé de sujet (du moins dans la pensée de l'autre). Ce livre doit vous aider à interpréter aussi bien l'Écriture que la situation des personnes qui sollicitent votre aide, et à vous suggérer les applications bibliques qui leur sont adaptées et utiles. Il s'adresse à vous, que vous soyez impliqué dans un ministère officiel d'enseignement ou de formation de disciple, dans le counseling biblique professionnel ou dans des discussions à bâtons rompus au café du coin.

Mon troisième objectif concerne votre attitude devant la Bible et la manière dont vous l'utilisez dans votre ministère. J'ose espérer que plus vous apprécierez l'intrigue majeure de la Bible *ainsi que* le caractère unique des livres et passages individuels, la Bible prendra une place de plus en plus importante pour vous. Autrement dit, j'espère que vous découvrirez la merveille et la beauté de l'Évangile dans n'importe quel passage vétéro-testamentaire ou néotestamentaire que vous lirez. Cette perspective doit vous inciter à creuser davantage des portions de la Bible que vous avez plus ou moins négligées jusqu'à présent. Elle doit vous stimuler à étudier comment ces textes se rapportent à Jésus-Christ – et à vos propres situations dans la vie et le ministère.

Bref, le but général de ce livre est de vous aider à mener une vie bibliquement riche et centrée sur Christ dans la communauté de vos frères et sœurs dans la foi. L'ouvrage vous aidera à donner un sens aux détails de la Bible et à ceux de la vie des personnes. Vous verrez comment les divers écrits qui composent l'Écriture sont orientés avec force et cohérence vers l'instauration du royaume de Dieu. Vous parviendrez à discerner les modèles, les thèmes et les intrigues qui sous-tendent les détails des expériences humaines. En fin de compte, ce livre doit vous équiper pour lire plus attentivement l'histoire de la Bible et les histoires diverses de personnes que vous connaissez, et pour établir des liens significatifs entre les deux.

Contact – entre la Bible et mon histoire

Le titre, *Contact : entre la Bible et mon histoire*, résume plusieurs des idées qui se chevauchent. Tout d'abord, le terme *contact* souligne l'aspect interpersonnel du ministère et comporte l'idée de dialogue rédempteur entre deux personnes ou davantage. Le titre met ensuite en exergue le caractère central de l'Évangile. Il insiste sur un ministère personnel qui pointe vers Jésus-Christ, le Rédempteur – sa vie, sa mort sur la croix, sa résurrection, son ascension et son prochain retour. Il focalise enfin l'attention sur le point d'intersection des deux types de « discours », à savoir l'histoire de l'Écriture et celles de la vie des gens. C'est là que se situe l'application, le dialogue en action.

Commençons par étudier les défis réels que comporte le rattachement de la Bible à la vie.

Questions à discuter

1. Quels sont les problèmes et les difficultés que vous rencontrez dans l'application de l'Écriture à la vie ?
2. Décrivez votre manière habituelle d'étudier et d'interpréter l'Écriture.
3. Décrivez votre manière habituelle de contacter les gens et de trouver un sens à leur vie.
4. Comment votre étude de l'Écriture a-t-elle abouti à changer votre vie – et celle d'autrui – dans un domaine précis ?

Chapitre 1

Établir un lien entre la Bible et la vie

Vous est-il facile ou difficile d'établir un lien significatif entre la Bible et la vie des gens ? Pour vous aider à répondre à cette question, permettez-moi de vous proposer une sorte de questionnaire vous permettant de vous évaluer personnellement. Je vous donne deux séries de questions, l'une sur des passages bibliques, l'autre sur les luttes existentielles. Dans le cas des questions sur les passages bibliques, pensez à une situation existentielle concrète à laquelle vous pourriez appliquer le passage scripturaire. Dans le cas des questions relatives aux difficultés de la vie, choisissez un passage biblique qui, d'après vous, répondrait bien au problème soulevé. Chaque question est susceptible d'avoir plusieurs bonnes réponses. Répondez à chaque question avant de lire la suite du paragraphe. Soyez honnête de ce point de vue !
Commençons par les passages bibliques.

1. « Ne vous inquiétez de rien ; mais en toute chose faites connaître vos besoins à Dieu par des prières et des supplications, avec des actions de grâces » (Ph 4.6).

    Il est fort probable que vous pensiez appliquer ce passage à l'une des situations suivantes : « Faire confiance à Dieu pour surmonter l'inquiétude dans une période de crise financière » ; « Faire face à la mort imminente d'un

Contact – entre la Bible et mon histoire

être cher » ; « Affronter les examens de fin d'année » ; « Le moment de délivrer la première prédication d'une série » ; « Faire de l'évangélisation sur les plages lors d'une mission estivale ». Qu'est-ce que ces situations ont de commun ? Elles ont toutes tendance à susciter l'angoisse ou l'inquiétude, n'est-ce pas ? Or, le passage biblique semble combattre cette inquiétude ; il est donc naturel que des situations anxiogènes viennent à l'esprit comme champ d'application possible du verset.

2. L'histoire de Joseph (Genèse 37 à 50)
Voici quelques situations qui pourraient venir à l'esprit après la lecture du récit biblique : « Comment réagir spirituellement quand on est licencié injustement » ; « Garder espoir quand on est persécuté par des non-chrétiens » ; « Garder à l'esprit le fait que Dieu accomplit ses desseins même dans une série de revers comme la rupture sentimentale après deux ans de fréquentation ou la diminution de salaire ». La manière dont vous appliquez le passage biblique dépend du sens que vous attribuez à l'histoire de Joseph et de la mesure avec laquelle vous utilisez l'expérience et le caractère de Joseph dans votre application.

3. La prise de l'arche de l'alliance par les Philistins (1 Samuel 4)
Ce passage vous est peut-être moins familier. Et pour cette simple raison, ses applications possibles vous viennent moins facilement à l'esprit. Mais lorsque vous lisez le passage, y a-t-il *quelque chose* qui vous frappe ? Contrairement à l'histoire de Joseph, il n'y a aucun personnage à imiter. (Car vous ne tenez certainement pas à ressembler à Hophni et Phinées !) Contrairement à l'histoire de Joseph, ce récit ne connaît pas une fin heureuse. Il raconte comment les ennemis jurés d'Israël s'emparent de l'arche, le lieu de résidence de Dieu. La gloire est partie ! Comment appliquer ce texte ? Et peut-on l'appliquer sans tenir compte des chapitres 3 et 5 ?

4. « Alexandre, le forgeron, m'a fait beaucoup de mal. Le Seigneur lui rendra selon ses œuvres. Garde-toi aussi

Établir un lien entre la Bible et la vie

de lui, car il s'est fortement opposé à nos paroles » (2 Ti 4.14,15).

Si votre première pensée était « Aïe ! Aïe ! », c'est tout à fait normal ! (Si votre réaction était : « Méfie-toi de la colère des forgerons athées ! », votre imagination est féconde !) Plus sérieusement, que tirer d'un passage comme celui-ci ? Pouvez-vous vraiment l'appliquer à une situation existentielle contemporaine ? Si vous avez réussi à tirer une application possible, à quel « glissement » herméneutique avez-vous dû procéder pour en arriver à votre application ? *Est-ce* facile ?

Passons maintenant à la catégorie des combats existentiels. Déterminez le passage biblique qui répondrait au problème ou à la situation exposée.

1. La colère

    Vous avez peut-être pensé aux passages suivants : « Si vous vous mettez en colère, ne péchez point ; que le soleil ne se couche pas sur votre colère, et ne donnez pas accès au diable » (Ép 4.26,27) ; « Sachez-le, mes frères bien-aimés. Ainsi, que tout homme soit prompt à écouter, lent à parler, lent à se mettre en colère ; car la colère de l'homme n'accomplit pas la justice de Dieu » (Ja 1.19,20) ; « Une réponse douce calme la fureur, mais une parole dure excite la colère » (Pr 15.1). Comme dans le premier cas de la catégorie précédente sur les passages bibliques, le premier texte cité dans ce paragraphe semble aller de soi. Selon toute vraisemblance, les textes bibliques qui vous viennent à l'esprit sont liés à la colère et je suis presque sûr qu'ils se présentent comme des commandements. Songez cependant à l'histoire de Caïn et d'Abel. N'est-ce pas une histoire de colère ? Et que dire des nombreux passages de l'Ancien Testament qui parlent de la colère de *Dieu* ? Auriez-vous pu en choisir l'un d'entre eux ? Et Jésus ne s'est-il pas mis en colère contre les pharisiens ? Finalement, peut-on choisir un passage biblique qui ne mentionne pas explicitement la colère pour aider une personne colérique ?

Contact – entre la Bible et mon histoire

2. Relations conflictuelles

Que proposer ? « D'où viennent les luttes, et d'où viennent les querelles parmi vous ? N'est-ce pas de vos passions qui combattent dans vos membres ? Vous convoitez, et vous ne possédez pas ; vous êtes meurtriers et envieux, et vous ne pouvez pas obtenir ; vous avez des querelles et des luttes, et vous ne possédez pas, parce que vous ne demandez pas. Vous demandez, et vous ne recevez pas, parce que vous demandez mal, dans le but de satisfaire vos passions » (Ja 4.1-3) ; « Repousse les discussions folles et inutiles, sachant qu'elles font naître des querelles. Or, il ne faut pas qu'un serviteur du Seigneur ait des querelles ; il doit, au contraire, être affable pour tous, propre à enseigner, doué de patience » (2 Ti 2.23,24) ; peut-être même : « Et que la paix de Christ, à laquelle vous avez été appelés pour former un seul corps, règne dans vos cœurs. Et soyez reconnaissants » (Col 3.15). Là encore, il n'est pas trop difficile de dresser une liste de versets qui sont assez directs dans leur façon de gérer un conflit.

3. Un couple stérile désire savoir quelle technique de fécondation artificielle est biblique.

C'est moins facile, n'est-ce pas ? Aucun passage de l'Écriture ne vient spontanément à l'esprit. En réfléchissant un peu, vous pourriez peut-être penser à la réponse de Paul aux Corinthiens qui cherchaient à connaître les limites de la liberté chrétienne : « Tout m'est permis, mais tout n'est pas utile ; tout m'est permis, mais je ne me laisserai asservir par quoi que ce soit » (1 Co 6.12). D'accord, mais savez-vous que dans ce passage, Paul traite de l'immoralité sexuelle ? A-t-on le droit d'appliquer ce principe à un problème différent ? Peut-être liriez-vous le Psaume 139 et diriez-vous que la vie commence à la conception, ce qui condamne la création d'embryons multiples ? N'y a-t-il pas quelque chose de plus important dans l'Évangile à dire avec sagesse et compassion à ce couple ?

Établir un lien entre la Bible et la vie

4. Un accroc des jeux, avec trouble bipolaire, qui prend trois médicaments psychoactifs, a une fille qui vient juste de faire une tentative de suicide.

Permettez-moi de vous faire gagner du temps. La réponse la plus appropriée dans ce cas est celle de Job : « Voici, je suis trop peu de chose ; que te répliquerais-je ? Je mets la main sur ma bouche. J'ai parlé une fois, je ne répondrai plus ; deux fois, je n'ajouterai rien » (Job 39.37,38). En d'autres termes ce cas est trop compliqué pour qu'on puisse le résoudre par un appel simple à la Bible, ce qui ne veut pas dire que la Parole de Dieu ne répond pas aux luttes de cet homme. Au contraire ! Mais il est important de se rendre compte que la facilité avec laquelle on cite un passage biblique adapté n'est plus du tout la même que dans notre premier exemple.

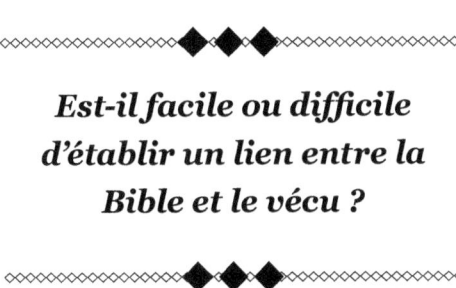

Est-il facile ou difficile d'établir un lien entre la Bible et le vécu ?

Revenons à ma question initiale : Est-il facile ou difficile d'établir un lien entre la Bible et le vécu ? Cela dépend ! Je vais appeler ce que vous venez de constater le phénomène « fossé contre canyon ».

Voici ce que j'entends par là. L'utilisation appropriée de l'Écriture dans le ministère ressemble parfois au franchissement d'un fossé (facile !), et parfois cela ressemble à un saut énorme pour franchir un canyon (impossible !). Le vrai défi est de savoir comment enjamber l'abîme entre un texte biblique ancien et la situation existentielle actuelle. Comment nous efforçons-nous de combler cet espace ? La plupart du temps, nous estimons qu'il existe un lien direct entre la situation d'alors (dans le texte) et celle de maintenant. Ou du moins, nous pensons pouvoir extraire quelque « principe intemporel » du texte et l'appliquer au présent. Cette façon de voir les choses qui nous fait penser qu'il existe une correspondance entre le texte d'autrefois et la situation d'aujourd'hui est admirable dans son but de « rendre » les Écritures pertinentes pour le croyant d'aujourd'hui.

D'ailleurs, ce principe opère souvent lorsque le passage parle précisément d'une situation ou d'une expérience à laquelle nous sommes confrontés. Voici quelques exemples de passages du type « fossé ». Si ces textes ne vous sont pas familiers, lisez-les et voyez si vous êtes d'accord.

- Le Psaume 23 s'applique à la peur.
- Le Psaume 51 s'applique à la repentance.
- Proverbes 22.15 convient à propos de la correction d'un enfant.
- Matthieu 5.27-30 permet de comprendre la profondeur et l'ampleur de l'adultère ou de la convoitise sexuelle.
- Éphésiens 5.22-33 s'applique au rôle des conjoints et à leurs relations.
- Philippiens 4.6 convient en cas d'inquiétude, au même titre que les passages des Éphésiens, de Jacques et des Proverbes à propos de la colère

D'autres passages semblent entrer dans cette catégorie, même s'ils élargissent un peu plus le fossé. Je veux dire par là que ces passages peuvent ne pas évoquer aussi précisément et explicitement la lutte ou la situation particulière, mais ils nous paraissent « assez proches » pour permettre d'y voir rapidement un lien. Parfois c'est parce que le passage évoque un exemple à imiter ou à éviter, ou à cause d'un principe général tiré du texte. Mais dans l'ensemble, la voie vers l'application est assez directe. Exemples :

- Nombres 11 sert d'avertissement contre les plaintes et le mécontentement concernant l'emploi occupé.
- Philippiens 4.8 sert d'encouragement dans la lutte contre les pensées sexuellement immorales.
- Josué 1.9 peut servir à encourager l'Église au début d'une campagne d'évangélisation.

Établir un lien entre la Bible et la vie

- L'histoire de Joseph est encourageante au milieu du harcèlement ou de la persécution.

Mais la recherche d'un lien plus direct se retourne contre nous lorsque nous tombons sur des passages qui semblent très éloignés de nos expériences quotidiennes. Ainsi, quand avons-nous la dernière fois démoli une maison pour un problème de moisissures (Lé 14.33-57) ? Quand nous sommes-nous appuyés sur Nombres 5.11-31 pour mettre au jour un cas d'adultère au sein des couples de nos Églises[1] ? Quand avons-nous suivi les prescriptions données pour la construction du tabernacle (Ex 25 – 31 ; 35 – 40) pour encourager quelqu'un qui bâtit sa maison ? Quelle application transformatrice avons-nous récemment tirée des neuf premiers chapitres de 1 Chroniques qui ne sont qu'une longue succession de noms ? Que faire du livre d'Abdias (une prophétie contre Édom) ? Quand avons-nous utilisé Apocalypse 17 (la femme et la bête) dans une séance de counseling biblique ? Que faire de passages très directifs comme le cas d'Alexandre le forgeron (2 Timothée) évoqué plus haut ? Nous sommes visiblement face à un canyon ! Que faire alors ?

Le défi ne consiste pas seulement à passer de la Bible à la vie quotidienne, mais également à passer des problèmes actuels à l'Écriture.

Notre tendance est évidemment de nous en tenir aux passages du type « fossé » car ils nous paraissent plus faciles à appliquer ; il est plus facile d'établir un lien entre autrefois et maintenant. Et ces passages évoquent plus vite nos propres expériences. Ils sont plus immédiats ; c'est pourquoi nous nous accrochons à ces textes maintes fois éprouvés et vrais et nous effleurons (ou évitons même) ces passages embêtants de type « canyon ». Mais où cela nous mène-t-il ?

Contact – entre la Bible et mon histoire

Pratiquement, cela nous conduit à nous servir d'une Bible sensiblement moins volumineuse mais estimée plus adéquate. Ne vous êtes-vous jamais demandé pourquoi les éditeurs proposent le Nouveau Testament avec les Psaumes ou les Proverbes[2] ? Pourquoi ne le vendent-ils pas avec le Lévitique et Esther ? Ou avec 1 et 2 Rois et les petits prophètes ? Ils font un jugement de valeur. Le Nouveau Testament, les Psaumes et les Proverbes sont jugés plus pertinents pour la vie actuelle. Le Nouveau Testament est inclus parce qu'il parle de Jésus et de l'Église. Le livre des Proverbes y est ajouté à cause de ses conseils concis, utiles et concrets. Et les Psaumes sont importants à cause des sentiments qu'ils suscitent et de leur utilisation dans le culte d'adoration. (Bien sûr, il faut ne pas tenir compte de la difficulté qu'il y a à se servir, par exemple, de Ps 3.8 dans une situation de counseling biblique : « Lève-toi, Éternel ! sauve-moi, mon Dieu ! Car tu frappes à la joue tous mes ennemis, tu brises les dents des méchants. »)

Êtes-vous victime de cette façon de penser même si vous n'utilisez pas une Bible « abrégée » ? Regardez la Bible dont vous vous servez régulièrement : quelles sont ses pages les plus sales et les plus cornées ? La dure réalité est la suivante : les généalogies, les lois alimentaires, les récits de batailles et les prophéties contre les nations anciennes passent bien après les parties de la Bible qui se rattachent plus facilement et plus naturellement à notre vie moderne. C'est vrai même si nous croyons *toute* l'Écriture « inspirée par Dieu » et « utile pour enseigner, pour convaincre, pour corriger, pour instruire dans la justice » (2 Ti 3.16). Nous confessons que toute la Bible est utile pour tous les aspects de la vie, mais ce n'est cependant pas ainsi que nous la laissons opérer dans notre vie et notre ministère.

Le défi ne consiste pas seulement à passer de la Bible à la vie quotidienne, mais également à passer des problèmes actuels à l'Écriture. De nombreux combats et problèmes modernes semblent ne pas être traités dans les Écritures ; il pourrait sembler inutile d'explorer le monde biblique pour y découvrir des directives. Nous sommes assurés que la Bible parle avec pertinence et autorité de problèmes du type « fossé », à savoir les situations que nous rencontrons journellement, comme la colère, les querelles, l'orgueil, la peur et l'argent. Il nous est facile

Établir un lien entre la Bible et la vie

de penser à un passage (voire plusieurs) qui traitent de ces sujets. Vous en avez eu la preuve en abordant le questionnaire.

Mais où chercher dans l'Écriture ce qui pourrait répondre aux problèmes de la boulimie ou de l'anorexie ? Ou, comme nous l'avons vu plus haut, au problème de la stérilité ? Conseilleriez-vous à Madame et Monsieur Durand de se séparer, eux qui sont déjà accablés par leur problème conjugal ? Les parents chrétiens doivent-ils envoyer leurs enfants dans des écoles chrétiennes ou des écoles publiques, ou leur faire l'école à la maison ? Est-il juste de confier vos enfants à une garderie pour que vous puissiez travailler à l'extérieur ? Comment venir en aide à une personne victime d'un trouble obsessionnel-compulsif (TOC), qui craint la contamination par les objets qu'elle touche et se lave constamment les mains au point de saigner ? Que dit la Bible sur la manière d'aider un enfant atteint du syndrome d'Asperger ? Ou une personne qui présente un trouble bipolaire ? La liste est infinie !

Si vous pensez rapidement à un passage qui aborde pleinement une de ces questions, je peux vous garantir à coup sûr que votre interlocuteur le trouvera superficiel ou sans aucun rapport avec son problème[3]. L'application directe ne semble pas fonctionner avec les problèmes de type « canyon ». Or, si la Bible ne répond pas de façon pertinente aux problèmes ardus et aux questions épineuses des gens, ceux-ci se tourneront ailleurs pour obtenir de l'aide.

Fossés élargis et canyons réduits

Avant de semer la confusion à propos de la facilité avec laquelle nous utilisons les passages du type « fossé », je tiens à affirmer plusieurs choses. D'abord, il est tout à fait normal et bon de s'appuyer sur les passages qui répondent de manière précise à nos expériences quotidiennes. En tant que croyants en Christ, nous nous inscrivons dans la continuité du peuple de Dieu de l'Ancien et du Nouveau Testaments. Nous partageons les luttes communes aux gens de tous les temps ; nous pouvons donc nous attendre à ce que la révélation de Dieu *pour* eux trouve aussi un écho en *nous*. N'oublions pas que l'Esprit de Dieu donne sagesse et directives dans l'application de l'Écriture à la vie courante. Même si je vais insister tout au long du livre sur l'importance de l'étude

Contact – entre la Bible et mon histoire

approfondie de l'Écriture et de l'être humain, je tiens à souligner l'existence de liens souvent impromptus et voulus par l'Esprit entre la Bible et la vie ; vous les avez certainement remarqués dans votre ministère. Vous avez la pensée de Christ (1 Co 2.16). Mais le fait que l'Esprit de Dieu utilise votre connaissance actuelle de l'Écriture pour l'appliquer aux gens ne signifie pas que vous ne deviez pas l'étudier encore plus profondément si vous en avez l'occasion. Considérez donc ce livre comme une occasion d'explorer davantage ce trésor, même si vous utilisez déjà les richesses que vous avez découvertes et si vous en jouissez.

Munissez-vous maintenant d'une pelle et examinez la question : *Convient-il* d'appliquer aussi facilement les passages de type « fossé » ? Reprenons un des passages simples les plus faciles : « Ne vous inquiétez de rien ; mais en toute chose faites connaître vos besoins à Dieu par des prières et des supplications, avec des actions de grâces. Et la paix de Dieu, qui surpasse toute intelligence, gardera vos cœurs et vos pensées en Jésus-Christ » (Ph 4.6,7). Vous êtes-vous déjà appuyé sur ce passage dans votre vie et votre ministère lorsque vous étiez en proie à la peur, à l'anxiété et à l'inquiétude ? Moi, oui. Ma question n'est pas de savoir si c'est un texte utile à évoquer dans cette situation, car il l'est ! Mon problème est plutôt de savoir *comment* nous l'utilisons et si nous avons au moins examiné certaines des questions complexes qui accompagnent l'utilisation de ce passage « facile ».

Ainsi, avez-vous bien conscience qu'un abîme de deux mille ans sépare les Philippiens destinataires de la lettre de Paul et votre ami qui se débat avec son anxiété ? Qu'y a-t-il de commun entre les gens, le contexte socioculturel et la situation de cette Église du premier siècle, et l'Occident suburbain deux millénaires plus tard ? Et comment un petit extrait d'une lettre ancienne adressée à d'autres gens peut-il porter du fruit dans notre vie aujourd'hui ? Il y a bien sûr une réponse évidente : parce qu'il se trouve dans la Bible, il est la révélation de Dieu pour les croyants de tous âges, de tous les temps et tous les lieux. C'est vrai ! Je ne veux cependant pas que nous négligions le gouffre historique, culturel et de situation qui existe entre le premier siècle et aujourd'hui. Qu'est-ce qui nous autorise à extraire un verset ou deux pour l'importer

Établir un lien entre la Bible et la vie

dans le présent sans prêter attention à son contexte d'origine ? Ne faut-il pas le prendre en considération ?

Au moment où j'écris ces lignes, la course entre les républicains et les démocrates pour l'élection présidentielle de 2008 bat son plein. L'une des stratégies vieilles comme le monde consiste pour chaque candidat à relever lors des débats une expression ou une déclaration de son adversaire, à la sortir de son contexte et à l'utiliser pour définir ou plutôt caricaturer sa position. Nous nous irritons devant cette déformation en politique, mais également dans nos relations et nos conversations.

C'est pourquoi nous devons nous poser une question que nous préférons ignorer : Comment savoir avec certitude que nous utilisons l'Écriture de façon correcte lorsque nous l'appliquons à la situation de nos amis ? Comment être sûrs que nous ne trahissons pas l'intention de l'auteur ? En d'autres termes, comment savoir si nous avons correctement parcouru la distance qui nous ramène au premier siècle et si nous sommes revenus à notre époque avec le sens exact que l'apôtre avait en écrivant ?

La question est encore plus cruciale quand nous citons des passages de l'Ancien Testament. *Est-il* juste de se servir de Josué 1.9 comme un encouragement au début d'une campagne d'évangélisation sans avoir pris d'abord en compte le fossé historique et culturel entre autrefois et maintenant[4] ? Qu'y a-t-il de commun entre des Israélites nomades qui vont s'engager dans des batailles sanglantes et des croyants timorés qui distribuent des traités et des invitations à des toxicomanes dans les rues d'une grande agglomération ? Nous nous rendons compte immédiatement que le « fossé » ressemble davantage à un « canyon » !

De même, les problèmes que l'on rencontre dans la vie ne se comparent pas facilement à des petits « fossés ». En réalité, la vie des gens est un labyrinthe complexe de pensées, émotions, actions, motivations, circonstances et expériences. Que dire à une femme irritée qui vit avec un mari paresseux et alcoolique, et s'efforce d'élever quatre enfants qui sont eux-mêmes à différents stades de la colère et de la rébellion ? Lui citerez-vous le texte d'Éphésiens à propos de la colère ? Peut-être. Peut-être pas.

Contact – entre la Bible et mon histoire

Pensez encore à ce que la Parole de Dieu pourrait dire à un homme qui ne peut s'affranchir de la pensée angoissante qu'il a peut-être oublié de fermer la porte de sa maison à clé quand il est sorti pour aller à son travail ? Comment la vérité scripturaire peut-elle mettre fin au cycle obsessionnel de sa pensée qui perturbe son programme quotidien ? Lui parlerez-vous de Philippiens 4.6,7 ou de Matthieu 6.25-34 qui abordent explicitement la question des soucis ? Peut-être. Mais peut-être pas. D'ailleurs, un passage sur les inquiétudes est-il forcément le mieux adapté ? Êtes-vous certain que c'est la question la plus importante à traiter dans votre relation pastorale avec cet homme ?

Sachons que des passages bibliques et les problèmes que l'on qualifie de « fossés » faciles à enjamber ne le sont peut-être pas du tout. Une pensée vous vient peut-être alors soudain à l'esprit : *Formidable ! Vous venez de rendre ma « petite » Bible opérationnelle encore plus mince ! J'hésite encore davantage à l'utiliser dans le ministère !* Si telle est votre réaction, alors relisez le premier paragraphe de cette section. Je ne cherche pas du tout à rendre plus difficile l'utilisation de la Bible dans votre ministère auprès des autres. Je n'ai pas l'intention d'ouvrir une boite de Pandore de difficultés qui limitent votre application de l'Écriture. J'espère plutôt que vous userez d'une liberté accrue dans votre ministère qui vous met en contact avec l'Écriture et avec des personnes. Qu'est-ce que cela pourrait signifier ?

J'ai appris à jouer au tennis au lycée. J'ai reçu les notions élémentaires, mais j'ai beaucoup pratiqué ce sport si bien que je suis devenu un joueur honorable. Des années plus tard, j'ai joué pour la première fois avec un ami qui avait été champion universitaire. Reconnaissant que j'avais presque atteint les limites de ma formation et de ma pratique, il me demanda si je voulais quelques conseils. Nous avons commencé par mon service. Je ressentis tout de suite la raquette comme un objet étranger dans ma main ! Les doubles fautes s'enchaînaient. Il me semblait qu'au lieu d'avoir progressé, j'avais régressé. Mais avec le temps, les gestes qui étaient gauches au début se firent plus souples, plus adroits et plus précis. Finalement, ma nouvelle façon de servir surpassa la précision, la rapidité et les effets de l'ancienne. Il s'ensuivit un bénéfice durable. De même, je ne veux pas supprimer

Établir un lien entre la Bible et la vie

votre bon « service » des passages que vous appliquez facilement ; je cherche plutôt à l'améliorer !

Pensez aux questions que j'ai posées comme autant de « ralentisseurs » lors de l'utilisation de passages prétendus faciles pour répondre à des situations prétendues faciles, elles aussi. Ralentissez ! Ne vous contentez pas du premier coup d'œil jeté sur le passage et sur la situation de la personne ! Cherchez à approfondir vos intuitions produites par l'Esprit et vous ferez un usage plus fécond de l'Écriture. Vos « pressentiments » quant à la pertinence du texte biblique et de la situation de la personne sont peut-être justes, mais combien plus utile sera votre ministère lorsque vous comprendrez mieux aussi bien l'Écriture que la situation des gens dans la perspective centrée sur Christ que prône ce livre !

Permettez-moi de vous laisser un autre encouragement. Les passages bibliques difficiles (du type canyon) ne sont pas impossibles à comprendre et les problèmes difficiles ne sont pas insurmontables ! Ce qui rend certains textes de l'Écriture, comme la construction du tabernacle, le livre d'Abdias ou 1 Chroniques 1 à 9, chargés de sens pour les chrétiens d'aujourd'hui, c'est qu'ils font partie du déroulement de l'histoire de la rédemption divine, une rédemption qui trouve son apogée en Jésus-Christ et dans laquelle nous sommes inclus par la merveilleuse grâce de Dieu[5]. Nous faisons partie de ceux qui sont parvenus « à la fin des siècles » (1 Co 10.11). Parce que nous sommes unis à celui qui accomplit et achève l'histoire d'Israël, nous présentons une certaine continuité avec le peuple de Dieu de l'Ancien Testament auquel étaient destinés les livres de l'Exode, d'Abdias et des Chroniques. Et nous sommes apparus après la croix, la résurrection et l'effusion de l'Esprit, dans la lignée des auteurs néotestamentaires et de leurs auditoires. Ce qui rend la lettre à Philémon et les parties les plus troublantes de l'Apocalypse pertinentes pour nous aujourd'hui, c'est que nous avons le même Sauveur, bénéficions de la même rédemption et du royaume nouveau instauré par Jésus-Christ.

Il est vrai que la Bible s'inscrit dans un certain contexte historique et culturel. Il est vrai également que ces facteurs méritent une attention soutenue dans nos efforts d'interprétation. Tout au long du livre, j'insisterai sur cet aspect. Mais parce que la Bible est un « discours divin[6] » qui trouve son accomplissement

Contact – entre la Bible et mon histoire

dans Jésus-Christ, *la* Parole, nous découvrirons qu'*il* est la clé qui permet de combler le fossé ou le canyon. Elle est *notre* Livre parce qu'elle est *son* Livre, et que nous lui appartenons !

Que dire des problèmes difficiles, du genre canyon ? Bien que la Bible ne livre pas une approche complète et détaillée des problèmes modernes que ne pouvaient connaître les auteurs bibliques, elle fournit cependant une vision complète des êtres humains et des difficultés, qui nous permet de creuser avec sagesse dans les questions les plus épineuses de la vie contemporaine. Elle traite le problème du péché et de la souffrance de façon si approfondie et si diversifiée qu'aucune difficulté, aussi complexe soit-elle, n'est hors d'atteinte de la lumière apportée par l'Évangile. Elle est la sagesse qui dénoue les nœuds gordiens de vingt et un siècles de combats.

J'espère que ce livre vous fera découvrir que les passages que vous appliquiez et jugiez faciles avec raison sont également plus riches, plus profonds et plus stimulants que vous l'imaginiez, et que les passages considérés comme difficiles sont aussi plus dynamiques et accessibles. Parallèlement, je souhaite que vous preniez conscience que les problèmes faciles, du type fossé, sont cependant plus ardus que vous le soupçonniez de prime abord, et que les problèmes ardus, du type canyon, sont quelque peu démystifiés grâce à une étude biblique persévérante pour comprendre les gens et leurs difficultés. Bref, j'espère que vous adopterez une approche plus nuancée de la Bible *et* des personnes, une approche qui débouchera sur un ministère plus fécond.

Pour atteindre ce but, nous devons commencer par la nature de la Bible elle-même. Qu'*est* donc exactement ce livre sur lequel nous fondons notre vie et notre ministère ? Comment faire correspondre la Bible tout entière à la vie tout entière ? Ce sera le sujet des deux chapitres suivants.

Questions à creuser

1. Quels sont les versets, les passages ou les livres de la Bible auxquels vous avez tendance à revenir sans cesse ? Pourquoi ?
2. Y a-t-il des parties de la Bible que vous n'avez jamais lues ? Pourquoi ?

3. Quels sont les problèmes courants rencontrés dans votre vie, dans votre ministère et au sein de l'Église qui s'opposent à une application trop facile de l'Écriture ? Comment vous efforcez-vous de répondre à ces problèmes par la Parole de Dieu ?

Chapitre 2

Ce qu'avant tout la Bible n'est pas

J'aime faire des courses dans un magasin de bricolage, et cette expérience peut être passionnante. Les outils, le matériel et les appareils me fascinent, mais je ne suis pas très doué pour la mécanique. Si je les achetais, une bonne partie des objets se retrouveraient rangés dans ma cave et ne me serviraient pas. Pourquoi ? Parce que pour utiliser correctement un outil ou un appareil, il faut savoir ce qu'il est et à quoi il sert.

Il en est de même dans le ministère. Nous tenons dans nos mains la surprenante révélation personnelle de Dieu. Nous savons que la Bible révèle sa nature et ses desseins rédempteurs. Nous savons également que par elle, l'Esprit de Jésus communique la vie. Nous avons vu cette vérité pratique opérer une transformation en nous et en d'autres. Mais nous arrive-t-il de marquer une pause pour nous demander si nous utilisons la Bible d'une manière qui optimise son message centré sur Christ ? Nous arrêtons-nous pour nous poser la question : « Qu'*est* donc la Bible en définitive ? Quel genre de livre Dieu nous a-t-il donné ? Qu'est-ce que cela change dans notre façon de nous en servir dans le ministère ? » Si nous sommes honnêtes, nous devons confesser qu'il existe parfois un désaccord entre ce que nous pensons de la Bible et la manière dont nous l'utilisons dans la vie de tous les jours.

Les deux chapitres suivants ont pour but de préciser la nature essentielle de la Bible, car cette précision doit précéder toute interprétation et application qu'on peut en tirer. Ce que la Bible *est* avant tout conditionne la manière dont nous devons l'interpréter et l'appliquer.

Cela ne devrait pas nous surprendre. Nous faisons la même chose chaque fois que nous abordons un texte. Ce que nous espérons en tirer et la manière d'envisager son utilisation dépendent de la nature du document écrit devant nous. Ainsi, l'approche herméneutique du manuel d'utilisation de votre voiture diffère de votre façon d'interpréter l'e-mail de votre fille. Votre façon de lire l'éditorial de votre journal sera différente de celle de lire la page consacrée aux questions économiques. Vous reconnaissez que l'éditorial reflète la pensée de son auteur, tandis que les informations économiques contiennent des comptes rendus sur l'état de santé des entreprises. Ceci étant, vous exploiterez différemment les informations puisées aux deux sources. De même vous lirez un article du *Devoir* tout à fait autrement qu'un article du *Journal de Montréal* (du moins je l'espère !).

Même la façon dont nous interprétons des affirmations banales diffère selon le type de littérature dans laquelle elles se trouvent. Par exemple : « Les Dogues ne font qu'une bouchée des Lionceaux » se trouve dans un journal sportif et signifie que l'équipe de football de Lille a triomphé de celle de Sochaux. Si cette phrase se trouve dans *Historia-Geographia*, une revue scientifique, son sens est tout à fait différent ; elle concernerait la vie d'animaux sauvages prédateurs !

C'est pourquoi il importe de commencer par cette remarque faussement simple. La nature de la Bible – ce que la Bible est – doit façonner notre façon de l'interpréter et de l'appliquer. D'ailleurs, à partir du moment où nous en avons une idée claire, la nature de la Bible est ce qui justifie son application ! L'identité et la nature de la Bible permettent de répondre aux questions : « Comment savons-nous que la Bible nous est destinée aujourd'hui ? Qu'est-ce qui nous autorise à nous servir de documents anciens initialement destinés à d'autres peuples ? Comment appliquer cette révélation à notre vie ? » Qu'*est* donc finalement la Bible, cette collection de livres de la Genèse à l'Apocalypse ?

Commençons par dire ce que fondamentalement la Bible n'est *pas*, car je pense que les notions suivantes concernant l'Écriture sont profondément ancrées dans notre culture évangélique. Même

Ce qu'avant tout la Bible n'est pas

si chacune de ces idées a quelque mérite en soi, individuellement ou collectivement, elles ne saisissent pas la nature et l'intention essentielles des Écritures. De plus, comme vous le constaterez, chaque affirmation aboutit à une notion de l'application qui est peu perspicace et déficiente à certains égards[1]. En constatant les imperfections de chaque conception, vous serez mieux à même d'utiliser les Écritures pour aider les gens qui luttent.

La Bible n'est pas avant tout un recueil de choses à faire et à ne pas faire

Cette conception reconnaît à juste titre que la Bible contient des commandements, des exhortations et des interdictions. Dieu attend et commande une réponse de son peuple. Comme le dit Jésus, « Celui qui a mes commandements et qui les garde, c'est celui qui m'aime » (Jn 14.21). L'obéissance a son importance, et elle a un contour bien défini. La révélation personnelle de Dieu a pour but de réguler et de façonner les détails de notre vie. Aimer Dieu de tout son cœur, de toute son âme et de toute sa force (De 6.5) n'a rien d'un commandement générique. Dieu l'étoffe de plusieurs façons précises. On le voit dans les lois que Dieu a données à Moïse sur le mont Sinaï, dans les exhortations que les prophètes ont adressées à l'Israël infidèle et rétrograde, dans les paroles de Jésus, dans les commandements précis que Paul a donnés à différentes Églises. La Bible fixe des normes pour la vie. Tout cela est profondément vrai, mais de nombreux problèmes surgissent dès lors qu'on utilise la Bible *principalement* comme un « recueil de règles » pour la vie.

Il y a d'abord le fait que plusieurs grandes parties de l'Écriture, aussi bien dans l'Ancien Testament que dans le Nouveau ne contiennent que peu d'impératifs ou de commandements. Une bonne partie de l'Écriture contient davantage de *descriptions* que de *prescriptions*. Elle ne nous dit pas du tout ce que nous devons faire ; c'est le cas principalement des livres historiques. Donnent-ils tout de même des directives pour l'obéissance ? C'est l'une des raisons pour lesquelles nous revenons sans cesse aux passages qui contiennent des commandements. Il nous semble alors plus facile de déterminer ce que nous avons à *faire* après avoir étudié le verset ou le passage. C'est surtout crucial lorsque les gens nous demandent conseil. Les enjeux sont élevés. Nous ne voulons ni retrancher de ce que Dieu exige des croyants, ni lui ajouter quoi que ce soit.

Cela nous amène à un deuxième problème : si nous sommes portés à observer les lois, comment savoir lesquelles s'appliquent à notre situation contemporaine et lesquelles ne s'appliquent pas[2] ? Considérons par exemple les commandements suivants[3] :

- « Soyez féconds, multipliez, remplissez la terre, et assujettissez-la ; et dominez sur les poissons de la mer, sur les oiseaux du ciel, et sur tout animal qui se meut sur la terre » (Ge 1.28).
- « Tu n'auras pas d'autres dieux devant ma face » (Ex 20.3).
- « Vous ne déroberez point, et vous n'userez ni de mensonge ni de tromperie les uns envers les autres » (Lé 19.11).
- « Si un homme a un fils indocile et rebelle, n'écoutant ni la voix de son père, ni la voix de sa mère, et ne leur obéissant pas même après qu'ils l'ont châtié, le père et la mère le prendront, et le mèneront vers les anciens de sa ville et à la porte du lieu qu'il habite. Ils diront aux anciens de sa ville : Voici notre fils qui est indocile et rebelle, qui n'écoute pas notre voix, et qui se livre à des excès et à l'ivrognerie. Et tous les hommes de sa ville le lapideront, et il mourra. Tu ôteras ainsi le mal du milieu de toi » (De 21.18-21).
- « Ne refuse pas un bienfait à celui qui y a droit, quand tu as le pouvoir de l'accorder » (Pr 3.27).
- « Apprenez à faire le bien, recherchez la justice, protégez l'opprimé ; faites droit à l'orphelin, défendez la veuve » (És 1.17).
- « Ne vous amassez pas des trésors sur la terre, où la teigne et la rouille détruisent, et où les voleurs percent et dérobent » (Mt 6.19).
- « Serviteurs, obéissez à vos maîtres selon la chair, avec crainte et tremblement, dans la simplicité de votre cœur, comme à Christ » (Ép 6.5).
- « En même temps, prépare-moi un logement, car j'espère vous être rendu, grâce à vos prières » (Phm 22).

Ce qu'avant tout la Bible n'est pas

Pourquoi sommes-nous tentés d'observer Lévitique 19.11, mais pas Lévitique 19.19 ? Pourquoi ne prononçons-nous pas la peine capitale sur nos adolescents rebelles, comme le préconise le Deutéronome ? Peut-être direz-vous que la situation d'Israël en tant de théocratie avec la peine de mort comme châtiment pour certaines formes de désobéissance ne s'applique plus à notre contexte. D'une manière plus générale, vous direz que certaines personnes précises (comme Paul) donnent certains commandements précis à des individus précis (comme Philémon) dans des situations historiques précises (le cas d'Onésime, l'esclave en fuite de Philémon). Mais n'est-ce pas le cas de tous les commandements rappelés plus haut ? La liste des règles applicables n'est somme toute pas facile à établir.

Une insistance trop forte risque paradoxalement de porter atteinte au Dieu qui nous rachète par grâce.

Prenons le cas du commandement le plus universel indiqué ci-dessus, celui de ne pas avoir « d'autres dieux devant ma face », le premier des dix commandements. Or, même le décalogue a été donné par des personnes précises (Dieu par l'intermédiaire de Moïse) à des personnes particulières (les Israélites) dans un contexte particulier qui ne se reproduit pas (la délivrance des Israélites de leur esclavage en Égypte[4]).

Il est certain que le premier des dix commandements, sorti de son contexte, semble plus universel et applicable que la directive de Paul à Philémon, mais cela met en évidence un autre problème soulevé par cette conception de la Bible comme un recueil de règles, à savoir qu'elle « décontextualise » la Bible en considérant les commandements comme des entités isolées, sans lien avec les situations historiques concrètes, terre à terre, qui ont motivé leur promulgation initiale. Nous ne communiquons jamais selon ce principe atomistique en tant qu'êtres humains ! Pour qu'une communication significative s'installe, il faut que nos paroles s'inscrivent dans un contexte et des présuppositions compréhensibles à la fois par celui qui parle et celui qui écoute.

Troisièmement, même parmi les commandements considérés comme pertinents à notre époque, nous établissons une certaine hiérarchie d'importance. Pour certaines traditions, ceux qui traitent de justice sociale passent avant les autres ; d'autres insistent davantage sur les commandements concernant l'évangélisation ou la pureté doctrinale. Ne faut-il pas une compréhension d'ensemble de l'Écriture pour nous empêcher d'insister sur certains commandements au détriment des autres ?

Si la Bible est essentiellement un livre de commandements, qu'est-ce qui nous autorise à opérer un tri parmi eux et à les appliquer aujourd'hui[5] ? Il nous faut un principe extérieur aux commandements individuels eux-mêmes, une approche herméneutique (préconisée par la Bible elle-même) qui situe ces commandements dans un cadre rédempteur ou relationnel plus vaste. Alors seulement, l'importance et la pertinence globales des commandements et des interdictions seront mises en lumière pour nous aujourd'hui.

Enfin, une insistance trop forte sur les commandements risque paradoxalement de porter atteinte au Dieu qui nous rachète par grâce. Comme nous allons rapidement nous en apercevoir, la Bible ne sépare jamais les impératifs de leur ancrage dans l'amour rédempteur de Dieu. Enfoncer un coin entre les deux conduit immanquablement au découragement et prive en fin de compte l'Évangile de son pouvoir à transformer.

Il y a de nombreuses années, alors que je pratiquais la médecine avant d'aller au séminaire, j'ai envoyé un patient en consultation chez un conseiller professionnel à cause d'une dépendance sexuelle. C'était un chrétien de nom qui ne semblait pas en mesure de se libérer d'années de convoitise sexuelle profondément ancrée en lui. Malgré de nombreux entretiens, il ne parvenait pas à s'en affranchir. Le conseiller chrétien écouta son histoire, puis lui demanda d'écrire lui-même le texte de Philippiens 4.8 sur une petite carte : « Au reste, frères, que tout ce qui est vrai, tout ce qui est honorable, tout ce qui est juste, tout ce qui est pur, tout ce qui est aimable, tout ce qui mérite l'approbation, ce qui est vertueux et digne de louange, soit l'objet de vos pensées. » Le conseiller lui demanda de toujours conserver cette carte sur lui, de la sortir de sa poche et de la lire chaque fois qu'une tentation sexuelle l'assaillirait. Elle devait lui servir de rappel de ce à quoi il devait penser.

Ce qu'avant tout la Bible n'est pas

Quelques semaines plus tard, mon patient vint me consulter à nouveau, plus découragé que jamais. Le conseiller ne lui avait pas été d'une grande utilité. Le patient s'était tellement concentré sur le contenu du commandement qu'il avait négligé l'œuvre rédemptrice de la grâce divine qui pourtant fonde et motive l'obéissance au commandement. Il avait besoin de voir plus clairement le Dieu qui le poursuit de son amour et qui donne ses commandements pour donner à son peuple la liberté de mener la vie à laquelle il est destiné.

De même, pour reprendre une analogie parentale, que se passe-t-il lorsque vous donnez un ordre à votre enfant ? Il répond parfois : « Pourquoi ? » Ce terme peut indiquer la résistance à obéir, mais il peut également signifier le désir de comprendre la raison qui sous-tend l'ordre. La réponse irritée du parent : « Parce que je l'ai dit ! », ne suffit pas à convaincre l'enfant et à le faire obéir de tout son cœur. En revanche, les enfants qui comprennent la place que Dieu leur confère au sein de la famille, l'amour de leurs parents et celui de Dieu pour eux seront plus à même de recevoir l'instruction et à obéir.

Ces exemples montrent que les commandements de l'Écriture sont toujours ancrés dans une relation[6]. Dieu délivre d'abord son peuple puis il lui dit : « Vis maintenant de façon particulière la liberté de ma rédemption. » Cet ancrage relationnel précède ou suit souvent immédiatement le commandement. En voici quelques exemples. En les découvrant, examinez comment le fondement relationnel du commandement influe sur la manière dont vous l'entendez et le comprenez.

- « Ne faites rien par esprit de parti ou par vaine gloire, mais que l'humilité vous fasse regarder les autres comme étant au-dessus de vous-mêmes. Que chacun de vous, au lieu de considérer ses propres intérêts, considère aussi ceux des autres » (Ph 2.3,4). Voici ce qui précède : « Si donc il y a quelque consolation en Christ, s'il y a quelque soulagement dans l'amour, s'il y a quelque communion d'esprit, s'il y a quelque compassion et quelque miséricorde… » (Ph 2.1).
- « Cherchez les choses d'en haut, où Christ est assis à la droite de Dieu. Attachez-vous aux choses d'en haut, et

non à celles qui sont sur la terre » (Col 3.1*b*,2). Notez les raisons qui précèdent et qui suivent : « Si donc vous êtes ressuscités avec Christ... » (Col 3.1*a*) et : « Car vous êtes morts, et votre vie est cachée avec Christ en Dieu. Quand Christ, votre vie, paraîtra, alors vous paraîtrez aussi avec lui dans la gloire » (Col 3.3,4).
- « Ne vous inquiétez de rien... » (Ph 4.6*a*). La raison précède immédiatement : « Le Seigneur est proche » (Ph 4.5).
- « Tu ne porteras pas un vêtement tissé de deux espèces de fils » (Lé 19.19). Remarquez ce qui précède tous les commandements du chapitre 19 : « L'Éternel parla à Moïse, et dit : Parle à toute l'assemblée des enfants d'Israël, et tu leur diras : Soyez saints, car je suis saint, moi, l'Éternel, votre Dieu » (Lé 19.1,2).

En somme, si nous devons prendre au sérieux les commandements de l'Écriture, nous ne pouvons jamais réduire la Bible à une série d'ordres et d'interdictions dépouillés de tout lien avec le contexte. Les directives nous parviennent enveloppées du vêtement de la rédemption : « C'est ainsi qu'est ton Dieu ! Voici ce qu'il a fait pour sa gloire et ton bien ! Vis désormais dans son amour en obéissant à ses commandements. » Continuons donc à exhorter nos frères et sœurs à vivre selon les commandements de Dieu, mais faisons-le en rappelant le contexte de la rédemption. Nous examinerons davantage au chapitre suivant le fondement relationnel et rédempteur plus vaste.

La Bible *n'est pas* avant tout un livre de principes intemporels répondant aux problèmes de la vie

Cette perspective se rattache à la précédente, mais cette approche considère la Bible comme « transcendant » des commandements explicites. J'ai tendance à dire que cette conception de la Bible comme source de principes de vie est celle qui est la plus répandue au sein du monde évangélique. Ces principes généraux (« intemporels ») sont ensuite appliqués aux situations contemporaines particulières.

Ce qu'avant tout la Bible n'est pas

Cette conception repose sur plusieurs raisons valables. Elle affirme qu'on peut aborder n'importe quel passage et en tirer une application. Quel que soit le texte de l'Écriture, on s'attend à trouver une vérité qui répondra à la situation présente, même si le passage ne contient aucun commandement. Cette idée reconnaît aussi qu'il existe une certaine discontinuité entre le monde de la Bible et celui du lecteur. Cela signifie qu'on ne peut pas passer directement du monde biblique au nôtre sans opérer une *certaine* translation, c'est-à-dire en distillant le message du texte en un principe qu'on peut transporter au temps présent. Cette approche répond aussi au problème soulevé plus haut, à savoir comment appliquer certains commandements d'autrefois à des situations contemporaines. (Recherchons le principe général qui sous-tend une exhortation dans une situation précise d'autrefois, puis appliquons ce principe à une situation contemporaine similaire mais non identique.) Cette démarche fait appel à de la sagesse pour trouver les analogies appropriées entre autrefois et aujourd'hui.

Les auteurs bibliques apportent de l'eau au moulin en s'appuyant eux-mêmes sur d'autres textes dont ils tirent le principe avant de l'appliquer à leur situation. Dans 1 Corinthiens, Paul se sert des Écritures de l'Ancien Testament de cette manière. Voici trois exemples. (1) Il cite Ésaïe 29.14 : « Et la sagesse de ses sages périra, et l'intelligence de ses hommes intelligents disparaîtra » à l'appui de son raisonnement que par la croix, Dieu a anéanti la sagesse du monde (1.19). (2) Paul se sert de l'histoire des Israélites dans le désert pour inciter les Corinthiens à ne pas avoir « de mauvais désirs, comme ils [*les Israélites*] en ont eu » (1 Co 10.6-11). (3) Dans 1 Corinthiens 5.13, il exhorte ses lecteurs à exercer la discipline à l'égard d'un homme qui s'adonnait à l'immoralité sexuelle avec sa belle-mère : « Ôtez le méchant du milieu de vous. » Il semble s'appuyer sur de nombreux passages du Deutéronome où Dieu donne à son peuple des instructions pour sanctionner l'immoralité : « Tu ôteras ainsi le mal du milieu de toi » (De 17.7 ; 19.19 ; 21.21 ; 22.21, 24 ; 24.7). Dans la plupart de ces cas, la sanction qui frappait le coupable était la mort par lapidation (même si son crime n'était pas forcément de nature sexuelle). Paul semble donc retenir le principe général : « Tu ne toléreras pas le mal au sein de la communauté de l'alliance » et l'appliquer (sans la peine capitale) à l'Église de Corinthe.

Comment appliquer ce principe aujourd'hui ? Un exemple tiré du chapitre précédent tombe à pic dans cette catégorie : l'utilisation de Josué 1 pour encourager une équipe d'évangélisation au début de son travail. On pourrait formuler ainsi le principe tiré de Josué 1.9 : « Dieu est présent avec les siens où qu'ils aillent ; n'ayez donc pas peur. » C'est le rappel général que le contexte biblique est assez semblable au contexte moderne ; dans les deux cas, autrefois et aujourd'hui, le peuple de Dieu fait face à une culture incroyante (païenne) et a besoin de la présence et de la force de Dieu pour réussir. Mais les adeptes de cette approche de l'Écriture diraient que les *situations* n'ont pas besoin de se correspondre pour qu'on puisse tirer profit du principe. Il serait ainsi facile de se servir de Josué 1.9 pour encourager une personne angoissée au moment d'occuper un nouvel emploi. Il se pourrait effectivement que l'un des résultats de ce passage *soit* d'encourager à aller de l'avant en face de circonstances difficiles. Mais l'utilisation de ce verset n'est-elle pas potentiellement plus significative si on le place dans le contexte plus large de tout le livre de Josué et de l'Écriture ?

Cette approche qui consiste à tirer un principe recouvre de façon importante l'utilisation de la Bible comme un index des sujets proposant différents versets pour répondre à différents problèmes, même si elle est un peu plus souple dans son herméneutique. On trouve à la fin de nombreuses Bibles un appendice qui indique les passages appropriés et répondant à certains problèmes de la vie. En général l'application des passages aux situations revient à franchir un fossé, car ils mentionnent explicitement le problème à résoudre. Si vous êtes angoissé, par exemple, lisez Matthieu 6.25-34 ou 1 Pierre 5.7. Si vous cherchez des conseils à propos des offrandes, lisez Malachie 3.7-10 ou 2 Corinthiens 8.1-9[7]. Il y a évidemment du juste dans cette idée. Un passage qui mentionne la dîme ou la générosité *doit* d'une certaine manière orienter notre pensée dans ce domaine. Nous *devons* nous servir de passages qui abordent l'anxiété lorsque nous sommes face à des gens inquiets. La question n'est pas : « Est-il juste de tirer des textes bibliques des principes pour le ministère pastoral ? », mais plutôt : « Comment le faire ? » La Bible contient-elle des textes qui indiquent « comment » le faire ?

Ce qu'avant tout la Bible n'est pas

La conception de l'Écriture comme étant avant tout une pépinière de principes généraux soulève des problèmes. Il y a tout d'abord la tendance constante à négliger les aspects historique, culturel et social de la Bible. Au chapitre précédent, j'ai insisté sur la nécessité de prendre en considération les éléments contextuels d'un passage. À proprement parler, il n'existe pas de « textes intemporels » dans l'Écriture. *Toute* l'Écriture trouve son origine dans un contexte historique particulier pour un but pastoral particulier. « Les textes de l'Écriture présupposent et sont destinés à des communautés de foi, dans des situations bien concrètes, avec leur richesse et leur misère[8] ». Si on néglige de tenir compte du caractère concret de la révélation de Dieu, on risque d'aboutir à des conclusions manquant de sagesse quant aux principes à tirer d'un passage particulier. En fait, au lieu de *tirer* des principes des textes, il est plus facile de les y *fourrer* pour venir appuyer une doctrine à laquelle on est attaché, surtout si le texte est arraché de sa place particulière dans l'histoire rédemptrice de Dieu.

Ensuite, comme nous l'avons vu dans l'approche qui insiste sur l'aspect « commandement » de la Bible, la deuxième approche conduit au triomphe du principe sur la personne. Or, dans la Bible, Dieu parle à son peuple. L'Écriture est une communication passionnée et fiable qui révèle la nature et l'œuvre de Dieu, parfaitement adaptée aux besoins pressants de son peuple. Un tel discours refuse de se laisser réduire à des principes et des propositions, même s'il ne s'oppose pas à cette application (nous avons vu que Paul le fait dans son utilisation de passages vétérotestamentaires[9]).

Je préconise une manière d'approcher et d'appliquer l'Écriture qui est plus complète et plus riche, davantage en accord avec sa nature historico-rédemptrice. Il y a des trésors enfouis qui méritent d'être exhumés, car ils rendront votre usage des commandements et des principes plus avisé et plus nuancé.

La Bible *n'est pas* avant tout un recueil de personnages à imiter ou à éviter

Il s'agit d'une variante de la conception précédente de la Bible. Elle met en lumière des personnages particuliers de l'Écriture (ils sont nombreux !) et interroge : « Que dois-je penser, dire ou faire en fonction du portrait qui est brossé de ces personnages ? Quel exemple imiter ou éviter ? »

Cette idée trouve un appui dans la manière dont les auteurs du Nouveau Testament font appel à l'Ancien. « Prenez, mes frères, pour modèles de souffrance et de patience les prophètes qui ont parlé au nom du Seigneur. Voici, nous disons bienheureux ceux qui ont souffert patiemment. Vous avez entendu parler de la patience de Job, et vous avez vu la fin que le Seigneur lui accorda, car le Seigneur est plein de miséricorde et de compassion » (Ja 5.10,11). Plus loin, l'auteur évoque Élie pour illustrer le fait que « la prière agissante du juste a une grande efficacité » (5.16b). Il fait remarquer : « Élie était un homme de la même nature que nous : il pria avec instance pour qu'il ne pleuve point, et il ne tomba point de pluie sur la terre pendant trois ans et six mois. Puis il pria de nouveau, et le ciel donna de la pluie, et la terre produisit son fruit » (5.17,18). Je ne sais pas ce qu'il en est pour vous, mais j'ai du mal à me comparer à Élie sur le terrain de la prière ! C'est pourtant bien le lien que Jacques établit !

Dans sa première épître, à la suite de son commandement : « Nous devons nous aimer les uns les autres » (3.11), Jean nous exhorte à « ne pas ressembler à Caïn, qui était du malin, et qui tua son frère » (3.12a). En d'autres termes, Jean déclare : « Voulez-vous un exemple du contraire de l'amour ? Regardez Caïn qui tua son frère. Vous ne pouvez pas vous considérer comme chrétien et en même temps haïr votre frère. Ne faites pas ce que Caïn a fait ! »

J'ai déjà mentionné l'exhortation de Paul aux Corinthiens, parsemée de références à l'histoire d'Israël dans le désert : « Or, ces choses sont arrivées pour nous servir d'exemples, afin que nous n'ayons pas de mauvais désirs, comme ils en ont eu » (1 Co 10.6). L'apôtre se fait même plus précis : « Ne devenez point idolâtres, comme quelques-uns d'entre eux » (10.7) ; « Ne nous livrons point à la débauche, comme quelques-uns d'entre eux s'y livrèrent » (10.8) ; « Ne tentons point le Seigneur, comme le tentèrent quelques-uns d'entre eux » (10.10) ; « Ne murmurez point, comme murmurèrent quelques-uns d'entre eux » (10.10). Paul s'appuie de plus sur l'exemple des Israélites pour mettre les Corinthiens en garde : « Ainsi donc, que celui qui croit être debout prenne garde de tomber ! » (10.12). Au fond, dans cette série de

Ce qu'avant tout la Bible n'est pas

versets, l'apôtre dit à ses lecteurs : « Ne les imitez pas. Veillez, au contraire, de peur de tomber, vous aussi. »

Les auteurs du Nouveau Testament font aussi appel à l'exemple de Jésus lui-même. L'auteur de la lettre aux Hébreux déclare : « Considérez, en effet, celui qui a supporté contre sa personne une telle opposition de la part des pécheurs, afin que vous ne vous lassiez point, l'âme découragée » (Hé 12.3). À une communauté persécutée, Pierre écrit : « Mais si vous supportez la souffrance lorsque vous faites ce qui est bien, c'est une grâce devant Dieu. Et c'est à cela que vous avez été appelés, parce que Christ aussi a souffert pour vous, vous laissant un exemple, afin que vous suiviez ses traces, lui qui n'a point commis de péché, et dans la bouche duquel il ne s'est point trouvé de fraude ; lui qui, injurié, ne rendait point d'injures, maltraité, ne faisait point de menaces, mais s'en remettait à celui qui juge justement » (1 Pi 2.20b-23). Et, de son côté, Jean dit : « Nous avons connu l'amour, en ce qu'il a donné sa vie pour nous ; nous aussi, nous devons donner notre vie pour les frères » (1 Jn 3.16). Dans chacun de ces cas, les auteurs citent Jésus comme un exemple de foi et d'obéissance. Ils soulignent moins son œuvre rédemptrice que son caractère en action.

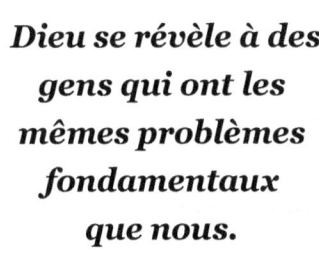

Dieu se révèle à des gens qui ont les mêmes problèmes fondamentaux que nous.

De la même manière, dans 1 Samuel, nous pouvons lire l'histoire de David, l'homme selon le cœur de Dieu et opposer son caractère et ses actes à ceux de Saül. Dans ces chapitres, David fait preuve d'une confiance inébranlable en Dieu, de courage, d'humilité, de patience et de sagesse[10]. Celui qui utilise l'Écriture de cette façon peut aussi trouver des exemples à imiter dans la pureté sexuelle de Joseph (Genèse 39), dans l'intercession de Moïse (Exode 32), dans le zèle spirituel de Josias (2 Rois 22 – 23), dans la consécration de Daniel (Daniel 1) et dans le courage d'Étienne (Actes 7), pour n'en citer que quelques-uns. Parmi les exemples négatifs, on pourrait citer la peur d'Abraham (Ge 12.10-20), l'idolâtrie et la lâcheté d'Aaron (Exode 32), la convoitise de Salomon (1 Rois 11), l'hypocrisie d'Ananias et Saphira (Actes 5).

J'ai récemment entendu une version de cette approche lors d'une remise de diplômes dans un séminaire. L'orateur avait choisi comme texte de prédication la multiplication des pains pour les cinq mille (Jn 6.1-13). Il attira l'attention des auditeurs sur le geste du jeune garçon qui donna le pain et les poissons nécessaires au miracle. Sa conclusion était la suivante : « Diplômés du séminaire, vous avez maintenant en votre possession cinq pains et deux poissons. Ce n'est pas grand-chose, mais voulez-vous confier cet avoir (vos talents, votre instruction, vos dons, vos passions, etc.) au Maître et voir ce qu'il va en faire ? » Autrement dit, ils devaient avoir la foi de faire ce que le jeune garçon fit ! Pour l'orateur, même un « petit » personnage peut servir d'exemple.

En quoi cette approche est-elle utile ? Tout d'abord, si vous êtes dans le ministère, il est naturel d'avoir de l'empathie pour les gens que Dieu a placés sur votre route. Leurs histoires devraient vous inciter à vous réjouir avec ceux qui se réjouissent et à pleurer avec ceux qui pleurent (Ro 12.15). Vous vous efforcez de comprendre leur point de vue, leurs luttes, leurs victoires, les hauts et les bas de leur foi. Il est difficile de faire preuve de détachement, et c'est une bonne chose ! Pourquoi en serait-il autrement lorsque nous rencontrons les personnages de l'Écriture ? Pourquoi ne ressentirions-nous pas l'enthousiasme de leurs succès ou l'agonie de leurs défaites ? Pourquoi n'imiterions-nous pas leur modèle de foi et n'éviterions-nous pas leur exemple d'incrédulité ?

Ensuite, une approche qui tend à imiter un personnage ou un exemple permet de mieux comprendre le fait que Dieu se révèle à des gens qui ont les mêmes problèmes fondamentaux que nous. Pour reprendre les paroles d'un cantique anglais « Jésus ! Quel ami pour les pécheurs ! », les enfants de Dieu de l'Ancien et du Nouveau Testaments sont « tentés, éprouvés et parfois succombent[11]. » Ils avaient aussi besoin d'un Sauveur ! Ils avaient besoin, comme nous, des ressources d'un Rédempteur pour vivre dans un monde déchu. Ils avaient besoin de la sagesse divine pour vivre selon la droiture. En nous mettant dans la peau des personnages de l'Écriture, nous découvrons plus facilement les

Ce qu'avant tout la Bible n'est pas

manières dont Dieu parle et agit, avec compassion et justice, à son peuple souffrant et pécheur. Dans les pages de l'Écriture, Dieu noue des relations avec des êtres de chair et de sang, pas avec des figurines découpées dans du carton ! Quelle précieuse aide pour des gens qui luttent de rencontrer dans les pages de l'Écriture des gens qui ont lutté. Cela rappelle que le Dieu qui s'approche des personnes se débattant dans leurs difficultés « est le même hier, aujourd'hui et éternellement » (Hé 13.8).

Mais cette approche comporte une faille : elle n'aide pas *nécessairement* à comprendre l'intrigue générale qui intègre tous ces personnages, louables ou non. Contrairement au contenu du dernier paragraphe, elle n'éclaire pas *nécessairement* la nature et l'œuvre de Dieu. Comme nous le verrons au chapitre suivant, la Bible est une histoire de Dieu qui vise un but. Les personnages qui remplissent ses pages jouent un rôle secondaire par rapport à Dieu qui pilote l'histoire et préside à sa narration. Le point final ne consiste pas à imiter David, Anne ou Paul, mais de nouer une relation avec le Dieu de David, d'Anne et de Paul, le Dieu qui orchestre l'histoire pour accomplir son plan rédempteur. Les personnages sont des repères de l'amour constant et rédempteur de Dieu.

Pour revenir à un exemple antérieur, s'il est possible de tirer quelque application de l'attitude du jeune garçon lors de la multiplication de la nourriture pour cinq mille hommes, celui à côté duquel il *ne faut absolument pas* passer, c'est Jésus ! C'est lui qui nourrit son peuple, qui comble sa faim spirituelle. En fin de compte il est le pain du ciel, brisé pour les siens. Il est celui dont la chair est la manne envoyée par le Père (Jn 6.32-35). Pourquoi n'apporterais-je pas mes dons et ma formation aux pieds d'un tel Maître plein de grâce ? Remarquez-vous alors quelque chose ? Tout compte fait, j'arrive à la même conclusion que l'orateur lors de la remise des diplômes au séminaire, mais j'y suis arrivé par une démarche centrée sur Christ. Le jeune garçon du récit peut servir de pierre de touche pour l'application, mais son exemple ne concentre pas tout le poids du passage.

En conclusion, il y a place pour l'utilisation de personnages comme exemples à imiter ou à éviter – les auteurs bibliques le font bien – tant que celui qui le fait n'oublie pas que c'est Christ qui est au centre de l'intrigue de la Bible.

La Bible *n'est pas* avant tout un système de doctrines

L'étude de la Bible peut et doit conduire à une réflexion théologique. Cela s'est fait depuis les premiers temps de l'Église. Il est utile que l'Église sache comment présenter l'enseignement de la Bible. Ce travail qui consiste à arranger et présenter les enseignements de l'Écriture en formulations compréhensibles et cohérentes a souvent (et même généralement) été accompli en réponse à des problèmes pressants ou à des controverses dans l'Église[12]. Ces conclusions doctrinales servent ensuite de garde-corps pour de nouvelles études de l'Écriture et réflexions théologiques. Cette organisation de l'enseignement biblique au cours des siècles[13] nous rappelle que l'œuvre d'illumination de l'Esprit n'a pas commencé à notre génération. Que nous en ayons conscience ou non, nous sommes redevables à ceux qui ont étudié et disposé les enseignements de l'Écriture par sujets.

Quels sont certains des problèmes que soulève la conception d'une Bible *avant tout* comme une série de formulations doctrinales ? D'abord, elle réduit la largeur et la profondeur de la sagesse biblique. La théologie systématique permet de distiller les enseignements bibliques, mais elle n'épuise pas la complexité de ce que Dieu a l'intention de dire à l'Église. De même, un compte rendu d'un livre peut souligner et résumer exactement son contenu, mais il ne dispense pas de lire l'ouvrage de la première à la dernière page, de le méditer, de s'en délecter, de se battre avec ses détails. Nous ne voulons jamais remplacer la communication personnelle présentant de multiples facettes de Dieu dans sa Parole par un plan résumé, aussi complet et exact soit-il.

Cette conception soulève un deuxième problème, le syndrome du marteau et du clou. Vous aurez tendance à lire les textes en espérant (et peut-être même en cherchant) à confirmer certaines doctrines théologiques comme la Trinité, la nature de l'expiation, la prédestination, le libre arbitre, la justification par la foi, l'enlèvement des saints, l'enfer et beaucoup d'autres[14]. Cette démarche peut ne pas être appropriée au texte considéré. Dans

Ce qu'avant tout la Bible n'est pas

cette approche, la Bible risque d'être réduite à un ensemble de textes probants qui viennent appuyer certaines doctrines clés[15].

Considérer la Bible sous l'angle de catégories systématiques peut aboutir à la surévaluation de certains passages ou livres et à la sous-évaluation d'autres, selon les prédispositions théologiques du lecteur. Quel en est le résultat ? Le terrain merveilleusement vallonné de la Bible devient plus « plat ». Michael Williams fait remarquer ceci : « La complexité et l'ambiguïté de la réalité se perd dans le mouvement vers une clarté univoque et la convenance rationnelle, et la dynamique des événements et des relations se réduit à de grandes généralités[16]. »

Une Bible privée d'Évangile ? !

J'ai conservé pour la fin le principal défaut de toutes ces approches. Certes, toutes les quatre tirent des textes bibliques du mouvement de l'Histoire. Mais si on minimise l'action historique de Dieu, on minimise le caractère central de la mort, de la résurrection, de l'ascension et du retour de Jésus-Christ. C'est pourtant vers ce point que l'Histoire se dirige ! (Voir 1 Co 15.20-28.) Remarquons qu'il est possible de parler de la manière de corriger un enfant avec la verge (une règle découlant de Pr 23.13,14), de puiser un encouragement de la présence de Dieu au moment de démarrer un nouvel emploi (un principe général tiré d'És 41.10), d'imiter le courage de David (un personnage exemplaire, 1 Samuel 17), et de discuter de la prédestination (une doctrine découlant d'Éphésiens 1) sans jamais faire la moindre référence à la venue du royaume en Jésus-Christ, *ni même* l'avoir rencontré personnellement ! La vie, la mort et la résurrection de Jésus ne devraient-elles pas avoir une portée pratique sur la correction des enfants, la présence de Dieu, la vie avec courage et la doctrine de la prédestination ? Bien sûr que si ! Et elles en ont. Comme nous le verrons, toute la trame du Nouveau Testament insiste sur la venue de Jésus comme Roi. Voilà ce qu'est l'Évangile (Mc 1.15). Voilà ce qu'est la Bonne Nouvelle pour des pécheurs qui souffrent.

Cette approche historico-rédemptrice de l'Écriture ne porte nullement atteinte à l'importance des commandements, des principes, des personnages et de la doctrine dans l'Écriture. Au contraire, elle les situe dans un cadre relationnel centré sur l'Évangile. Elle souligne le fait que la Bible est le « montre et raconte » de Dieu : ses interventions rédemptrices puissantes en faveur des pécheurs, racontées dans le but de rétablir sa relation brisée avec les êtres qui portent son image. Comme je l'ai signalé au chapitre précédent, cette conception doit enrichir et approfondir votre façon de vous approcher à la fois de l'Écriture et des êtres humains. Ne vous découragez pas si votre conception ou utilisation habituelle de l'Écriture se situe dans une ou plusieurs des catégories que j'ai mentionnées dans ce chapitre. Encouragez-vous par l'exemple d'Apollos dans Actes 18.24-26 :

Un Juif nommé Apollos, originaire d'Alexandrie, homme éloquent et versé dans les Écritures, vint à Éphèse. Il était instruit dans la voie du Seigneur, et, fervent d'esprit, il annonçait et enseignait avec exactitude ce qui concerne Jésus, bien qu'il ne connaisse que le baptême de Jean. Il se mit à parler librement dans la synagogue. Aquilas et Priscille, l'ayant entendu, le prirent avec eux, et lui exposèrent plus exactement la voie de Dieu.

Sur quoi est-ce que je veux attirer votre attention ? Dieu avait visiblement utilisé Apollos pour prêcher l'Évangile *avant* sa rencontre avec Priscille et Aquilas, qui lui ont communiqué une connaissance plus complète de l'Évangile (notamment quant au baptême du Saint-Esprit). Avant cette rencontre, il ne faisait rien de mal ni de stupide et il enseignait avec exactitude. Mais il avait encore de la marge pour se développer et augmenter sa compréhension du plan rédempteur de Dieu. N'est-ce pas notre cas à tous ? Ce livre est le fruit de ma propre croissance dans la compréhension des choses de Dieu. J'espère que vous arriverez à la conclusion que ces pages exposent une manière « plus adaptée » de côtoyer l'Écriture et nos semblables, ce qui ne pourra qu'améliorer et enrichir votre ministère déjà actif.

Nous consacrerons le chapitre suivant à préciser ce que la Bible *est* et à voir comment elle pose le décor d'une sage application de l'Écriture à la vie.

Questions à discuter

1. Examinez comment vous avez entendu, lu ou appliqué les Écritures au cours de la semaine écoulée. Quelles sont les conceptions de la Bible mentionnées dans ce chapitre qui

Ce qu'avant tout la Bible n'est pas

caractérisent davantage votre vie, votre communauté et votre ministère ?
2. Dans quels cas ces conceptions de la Bible se sont-elles révélées utiles dans votre vie et votre ministère ? Dans quels cas ont-elles plutôt posé problème ou se sont-elles révélées défaillantes ?
3. Pensez-vous que tout passage de l'Écriture devrait déboucher sur un principe de vie ou sur quelque proposition doctrinale ? Pourquoi ?

Chapitre 3

Ce que la Bible est

Au chapitre précédent, j'ai survolé quelques conceptions de la Bible qui ne rendent pas justice à sa nature essentielle de révélation personnelle progressive de Dieu à son peuple. Ce chapitre prône la « forme historique » ou « structure narrative » de la Bible comme moyen utilisé par Dieu pour se faire connaître. Si vous lisez la Bible de la première à la dernière page, force est de constater qu'elle raconte (proclame !) une histoire vraie et cohérente : la bonne nouvelle qu'en Jésus-Christ, Dieu est entré dans l'Histoire pour libérer le monde de son asservissement au péché et à la souffrance, et le restaurer. C'est l'histoire de Dieu qui poursuit le rétablissement de sa création au prix de sa propre vie. Il fait toutes choses nouvelles (Ap 21.5) ! Tel est le scénario biblique à la fois simple et riche qui change la vie et le monde. Ne souhaitez-vous pas vivre à sa lumière ? Ne désirez-vous pas aider les autres à faire de même ? Aucun aspect de notre vie ne devrait rester inchangé à partir du moment où nous sommes entraînés dans cette histoire rédemptrice.

J'aime raconter l'Histoire

Vous sentez-vous quelque peu mal à l'aise quand on associe la Bible à des histoires ? C'est peut-être à cause de l'idée que notre culture se fait des histoires. Elle les assimile à des « légendes », des « contes de fées » ou de la fiction.

Contact – entre la Bible et mon histoire

Pourtant une grande partie de notre vie se passe à raconter et à écouter des « histoires ». Nos semblables racontent constamment des histoires. Pensez à ce qui se passe lorsque vous rencontrez quelqu'un pour la première fois. À moins que vous ne l'interrogiez pour une embauche éventuelle, vous ne commencez pas par lui demander un résumé des faits marquants de sa vie. Vous posez des questions et vous écoutez. La forme de son histoire – sa façon d'interpréter et de vous présenter les détails de sa vie – vous pousse à poser d'autres questions. C'est ainsi que le dialogue se développe. Vous ne vous dites pas (du moins je l'espère !) : *C'est un récit construit de toutes pièces*. Ou : *C'est votre façon de voir les choses, mais permettez-moi de procéder à des recoupements avec d'autres sources*.

Comment réagissez-vous lorsqu'à votre retour à la maison après votre journée de travail, votre fils vous demande : « Maman qu'as-tu fait aujourd'hui ? » Vous ne cherchez certainement pas votre agenda de la journée pour dire à votre enfant : « Regarde mon emploi du temps ! » Non, vous lui racontez le déroulement de la journée. Vous ne lui donnez évidemment pas tous les détails (« J'ai d'abord arrêté la sonnerie du réveil. Non, je pense avoir appuyé sur le bouton de veille. Ensuite je suis sortie du lit et me suis rendue dans la salle de bain... »). Il y aurait trop d'informations. Vous choisissez celles qui vous paraissent les plus significatives de votre journée et vous en faites un bref récit. Il s'agit bien d'une histoire vraie, mais ce n'est pas un enregistrement vidéo complet de votre journée. On peut définir ce genre de narration comme « une histoire interprétée personnellement » ; elle peut être autobiographique (racontée par soi-même) ou biographique (racontée par quelqu'un d'autre). Remarquez bien que le but d'une telle narration n'est pas simplement de donner une information, mais de nouer une relation.

Il en est de même de la Bible. Elle raconte par la voix de différents auteurs humains une véritable histoire dans la perspective de Dieu. La Bible est l'histoire de Dieu qui dit ce que le monde est réellement. Elle ne relate pas l'histoire exhaustive du monde, mais elle rapporte de façon progressive dans le temps l'histoire des interventions de Dieu et leur signification pour son peuple. Comme dans le cas de la maman qui, au terme de

Ce que la Bible est

sa journée de travail, répond à la requête de son enfant, la Bible n'est pas un compte rendu de faits bruts. Elle n'est pas un documentaire. Par elle, Dieu se révèle pour rétablir une relation avec son peuple. Il entre dans l'Histoire pour sauver sa création et annonce ensuite cette réalité par les nombreux auteurs humains de l'Écriture. Il s'ensuit que chaque partie de l'histoire de Dieu a un impact personnel qui nous aide, nous et les autres, à croître dans la foi. Je crois que cet impact est d'autant plus marquant que nous comprenons comment les diverses parties de la Bible participent au scénario rédempteur général.

Les chapitres de l'histoire

Peut-on décrire plus précisément le scénario de la Bible ? En d'autres termes, quels sont les différents éléments qui composent la totalité du drame ?

Voici comment Ben Witherington le résume : « C'est une Histoire qui se centre sur la relation de Dieu avec l'humanité, depuis l'origine de la race humaine en Adam jusqu'à son apogée dans l'Adam eschatologique (le dernier Adam) et au-delà. C'est une Histoire traitant de la création et de la créature, et leur rédemption par Christ et en lui. C'est une Histoire concernant une communauté de croyants créée à partir de l'humanité déchue[1]. »

Il existe par ailleurs un long courant, surtout dans la tradition calviniste hollandaise, qui voit dans la Bible l'histoire de la création, de la chute et de la rédemption (ou peut-être de la nouvelle création[2]). Genèse 1 – 2 relate l'histoire de la création du monde avec son point culminant dans la création des êtres humains comme porteurs de l'image de Dieu. On y trouve aussi dans Genèse 1.28 la révélation du projet de Dieu pour les êtres faits à son image. Genèse 3 raconte la chute d'Adam et Ève dans le péché avec ses conséquences désastreuses pour eux-mêmes et pour toute la création. Mais la Genèse laisse déjà pointer des signes d'une rédemption future dans la malédiction du serpent (3.14-16) et dans la préservation d'Adam et Ève. La rédemption divine commence réellement dans Genèse 12 avec l'appel adressé à Abram (Abraham) en qui toutes les nations seront bénies. Elle atteindra évidemment son point culminant dans la venue de

Contact – entre la Bible et mon histoire

Jésus-Christ qui, dans sa personne et son œuvre, inaugure la nouvelle création (2 Co 5.17).

Craig Bartholomew et Michael Goheen structurent utilement le récit biblique en un drame en six actes[3] :

Acte 1   Dieu établit son royaume : la création
Acte 2   Rébellion dans le royaume : la chute
Acte 3   Le Roi choisit Israël : la rédemption amorcée
Acte 4   La venue du Roi : la rédemption accomplie
Acte 5   Diffusion de la nouvelle concernant le Roi : la mission de l'Église
Acte 6   Le retour du Roi : la rédemption achevée

Ce résumé présente de nombreux avantages. Premièrement, il éclaire l'importance du royaume de Dieu comme thème dominant de la Bible que quelqu'un décrit comme « le peuple de Dieu à l'endroit voulu par Dieu et sous le règne de Dieu[4]. » Deuxièmement, il rappelle que Dieu a pris l'initiative de racheter son peuple déjà dans l'Ancien Testament, l'exode servant de prototype ; il met ainsi en lumière l'importance d'Israël pour comprendre ce qui se passe dans le Nouveau Testament. Troisièmement, il rappelle que la venue du Roi Jésus marque l'apogée de la rédemption longtemps espérée dans l'Ancien Testament, si bien que l'histoire d'Israël et celle de Jésus sont intimement liées. Quatrièmement, ce plan souligne l'importance de l'Église pour la suite de l'œuvre rédemptrice de Dieu dans le monde ; il permet au moins dans ses grandes lignes de voir où nous nous situons dans l'histoire. On pourrait intituler l'acte 5 « Le Roi et nous » (avec mes excuses à Rodgers et Hammerstein !), car la mission que Dieu poursuit dans le monde est liée à sa présence dans l'Église, le corps de Christ, par le Saint-Esprit qui l'habite.

De façon plus personnelle, ce scénario centré sur le royaume révèle notre véritable identité et nous donne une vraie raison de vivre. En tant que croyants, notre identité est celle de frères et de sœurs du Roi. Nous sommes les frères et sœurs royaux de Jésus, le frère aîné (Hé 2.5-18) qui instaure le règne suprême du Père sur la terre. Nous sommes cohéritiers de Christ (Ro 8.15-17 ; 1 Pi 1.3-5). Cette identité s'accompagne d'une mission : proclamer le règne

Ce que la Bible est

de notre Roi et participer à la restauration de vies conformément à son amour et à son règne empreint de vérité. Dans la banalité de nos vies quotidiennes, et plus particulièrement au milieu des luttes, il est difficile de croire que nous sommes inclus dans une histoire plus vaste dans laquelle nous jouons un rôle vital. Une conception de l'Écriture centrée sur le royaume ou centrée sur Christ nous permet d'avoir toujours devant les yeux notre identité et notre mission royales.

Jésus-Christ, la cheville ouvrière de l'Histoire[5]

Comme le montre le plan indiqué plus haut, l'instauration du royaume en Jésus-Christ marque l'apogée de l'histoire biblique. Où en trouvons-nous la confirmation dans l'Écriture elle-même ? Nous le voyons dans la manière dont le Nouveau Testament présente la vie et le ministère de Jésus comme accomplissement de l'histoire d'Israël. Nous en avons confirmation dans la manière dont Jésus parle de sa vie en relation avec les Écritures de l'Ancien Testament. Nous le découvrons enfin à la manière dont les auteurs du Nouveau Testament utilisent l'Ancien, racontant à nouveau l'histoire d'Israël et du royaume de Dieu en la faisant progresser à la lumière de Jésus le Messie.

Jésus, le véritable Israélite

Remarquons d'abord comment les caractéristiques générales de la vie de Jésus se rattachent à Israël. On peut dire qu'il est l'Israélite représentatif[6]. Sa généalogie remonte à David et Abraham (Mt 1.1) et même à Adam, le « fils de Dieu » (Lu 3.38). Il séjourne en Égypte (Mt 2.13-15), passe par les eaux du baptême et est déclaré Fils de Dieu, au même titre que les Israélites qui avaient été « baptisés » lors de la traversée de la mer Rouge (Os 11.1 ; Mt 3.15,17 ; 1 Co 10.2). Comme Israël, il passe par la tentation dans le désert, mais contrairement à Israël, il en sort victorieux (Mt 4.1-11). Il annonce et explique la loi au peuple, comme l'avait fait Moïse sur le mont Sinaï (Mt 5 – 7). Il observe parfaitement la loi (Jn 8.46 ; 2 Co 5.21 ; Hé 4.15 ; 1 Pi 2.22 ; 1 Jn 3.5). Il est l'incarnation du royaume de Dieu (Lu 17.21 ; Jn 18.36).

Mais il complète l'histoire d'Israël d'une façon inattendue. Il ne rétablit pas la souveraineté de Dieu en ramenant les Juifs de leur exil ou en les délivrant de la tutelle ennemie, conformément aux déclarations prophétiques vétérotestamentaires (par ex. És 52.7-10 ; 59.16-20 ; Za 8.3). Il devient au contraire l'agneau pascal, le sacrifice définitif pour les péchés de son peuple (Mt 20.28 ; 1 Co 5.7 ; Hé 9.11-15 ; 10.11-14). La souffrance, l'humiliation, la croix et la mort précéderont la gloire. Le sacrifice précédera l'exaltation et la justification.

Dans *Le retour du Roi*, de Tokien, Aragorn est celui sur qui reposent grandement les espoirs de la Terre du Milieu. Imaginons ce qui se serait passé s'il était mort sur le champ de bataille au lieu de revenir en Vainqueur et de monter à juste titre sur son trône ! « Un instant, auraient pu dire les habitants, nous espérions que c'était lui qui rachèterait le royaume de Gondor. Mais le voilà qui gît mort, entraînant avec lui la mort de nos espoirs. » Ce découragement ne ressemblerait-il pas à celui des disciples sur le chemin d'Emmaüs (Lu 21.21) ?

La (première) venue du Roi Jésus s'est faite dans l'humilité et le sacrifice de soi (Ph 2.5-11). Mais sa mort ne signifie pas la fin de l'histoire. Sa résurrection d'entre les morts prouve son identité de Messie, de Roi, de Fils de Dieu (Ro 1.3,4). Il n'était pas un Messie humilié qui voulait être ce qu'il ne pouvait pas être. La résurrection prouve que Jésus n'était pas un faux prétendant au trône. Il était (et est toujours) le Fils oint par Dieu, sur lequel la mort ne pouvait avoir le dernier mot. Avec la mort et la résurrection de Jésus s'est levée l'ère de l'Esprit. Le futur a fait irruption dans le présent. Comme le fait remarquer N. T. Wright, ce que les Juifs attendaient à la fin de l'histoire (par ex. la résurrection des morts, le triomphe du peuple de Dieu sur ses ennemis, le siècle à venir manifesté par le règne éternel de Dieu au milieu de son peuple), Dieu l'a accompli en Jésus et pour lui dans le cours de l'histoire[7].

Pourquoi est-ce important de s'en souvenir dans notre ministère auprès de nos semblables ? D'abord, parce que si Jésus accomplit l'histoire d'Israël, nous qui sommes en Christ, nous sommes intimement liés au peuple de Dieu de l'Ancien Testament. Adam et Ève, Abraham, Moïse, David, Jérémie, Esther font tous partie de notre arbre généalogique. Ce fait suffit à souligner l'importance de l'Ancien Testament pour nous qui, par Christ, avons été greffés sur la destinée d'Israël (Ro 9 – 11). Toutes les bénédictions de l'alliance avec Israël sont nôtres par Jésus.

Ensuite, parce que la manière dont Jésus accomplit l'histoire d'Israël suggère un modèle d'ensemble pour notre propre vie chrétienne. Qu'attendez-vous du règne de Jésus dans votre vie et dans celle des autres ? Méditez les paroles de Paul : « Ainsi je connaîtrai Christ, et la puissance de sa résurrection, et la communion de ses souffrances, en devenant conforme à lui dans sa mort, pour parvenir, si je puis, à la résurrection d'entre les morts » (Ph 3.10,11). Vous auriez souhaité que Paul arrête sa phrase après : « Je connaîtrai Christ, et la puissance de sa résurrection » ! Moi aussi ! Le triomphe sur le mal, la victoire sur le péché, la gloire. Mais Paul inclut « la communion de ses souffrances » et la conformité à « sa mort » sur le chemin qui mène à la résurrection. C'est le chemin emprunté par le Roi. C'est ainsi qu'il a décidé d'établir son règne nouveau. La souffrance précède la gloire, et la mort précède la résurrection. Il communique la grâce à son peuple au prix de sa vie. Ce chemin de la croix reste le modèle pour notre vie jusqu'à ce que Jésus revienne mettre fin au péché et à la souffrance (voir Lu 9.22-24 ; 1 Co 2.1-5 ; Ga 2.20 ; Ph 2.5-8 ; Hé 12.2,3 ; 1 Pi 2.20*b*-25). Nous suivons les traces du Sauveur qui s'est sacrifié lui-même[8]. Cette vision de Christ nous aide à persévérer dans les tribulations du ministère. Elle nous donne une vision réaliste de la vie chrétienne qui se déroule devant nous et devant les autres, surtout lorsque nous sommes tentés de penser que la vie en Christ a pour but notre épanouissement et notre bonheur.

« Tout me concerne »

En second lieu, Jésus considérait son ministère comme l'accomplissement des Écritures (vétérotestamentaires). Remarquons comment Jésus inaugure son ministère dans Luc 4. Il cite Ésaïe 61.1,2 qui parle du retour des Israélites exilés, et déclare : « Aujourd'hui cette parole de l'Écriture, que vous venez d'entendre, est accomplie » (Lu 4.21). Il dit en substance : « Votre long exil est passé. Je suis sur le point de mettre fin à toute oppression et à l'infirmité de toute la création. » En se référant plus globalement aux Écritures de l'Ancien Testament, Jésus déclare dans Matthieu 5.17 : « Ne croyez pas que je sois venu pour abolir la loi ou les prophètes ; je suis venu non pour abolir, mais pour accomplir. » Autrement dit, la flèche que les Écritures hébraïques ont tirée atteint sa cible (l'accomplissement) en Jésus de Nazareth.

Le meilleur exemple de cette conception qui voit l'Ancien Testament accompli en Jésus se trouve dans Luc 24[9]. Dans ce récit, Jésus rattrape deux disciples sur la route vers Emmaüs et aborde avec eux les événements qui viennent de se produire tout récemment. Les disciples, qui ne le reconnaissent pas, se lamentent sur la crucifixion et la mort de Jésus en qui ils avaient placé tous leurs espoirs d'un règne messianique. Ils témoignent aussi de leur perplexité devant les nouvelles qu'il serait vivant. Jésus leur répond : « Ô hommes sans intelligence, et dont le cœur est lent à croire tout ce qu'ont dit les prophètes ! Ne fallait-il pas que le Christ [Messie] souffre ces choses, et qu'il entre dans sa gloire ? » (v. 25,26). Luc poursuit : « Et, commençant par Moïse et par tous les prophètes, il leur expliqua dans toutes les Écritures ce qui le concernait » (v. 27).

Plus tard, Jésus déclare à un groupe de disciples : « Il fallait que s'accomplisse tout ce qui est écrit de moi dans la loi de Moïse, dans les prophètes, et dans les psaumes » (v. 44). Par cette manière de s'exprimer, Jésus fait référence à l'ensemble des Écritures hébraïques : (1) la loi de Moïse (c.-à-d. la Torah, de la Genèse au Deutéronome) ; (2) les prophètes qui incluent les livres historiques (de Josué à Rois), Ésaïe, Jérémie, Ézéchiel et les douze « petits » prophètes ; (3) les Psaumes qui représentent les « Écrits », la troisième partie du canon hébreu. Cela revient à dire que toutes les Écritures hébraïques (notre Ancien Testament) attestent la venue du Messie, Jésus.

Plus surprenant encore, Jésus résume ce qui est écrit dans l'Ancien Testament : « Ainsi il est écrit que le Christ souffrirait, et qu'il ressusciterait des morts le troisième jour, et que la repentance et le pardon des péchés seraient prêchés en son nom à toutes les nations, à commencer par Jérusalem » (v. 46,47). Vraiment ? Est-ce écrit dans l'Ancien Testament ? Pas de façon explicite, mais en substance oui. Comme l'affirme Dan McCartney : « Il n'existe pas un seul passage de l'Ancien Testament qui mentionne tous ces

Ce que la Bible est

éléments. Jésus semble plutôt donner aux disciples la clé pour comprendre l'Ancien Testament dans son ensemble[10]. » Au fond, Jésus dit : « Je suis les lunettes à travers lesquelles vous devez considérer l'Ancien Testament. Je suis la clé d'interprétation qui ouvre son précieux trésor de signification. Si vous ne comprenez pas que l'Ancien Testament témoigne de moi, vous ne comprendrez pas où aboutit l'histoire de la rédemption. » Cette paire de lunettes focalisée sur Christ (ou sur l'Évangile) exerce une profonde influence sur la manière dont nous interprétons et appliquons l'Écriture. Elle favorise notre approche « familiale » et relationnelle de l'Écriture, car nous aspirons à voir Jésus dans ses pages. Nous désirons apprendre de Celui « en qui nous avons la vie, le mouvement et l'être » (Ac 17.28). Et, comme je l'ai déjà dit plus haut, elle fixe notre but qui est la mission du Roi, à savoir guérir les gens brisés et le monde autour de nous.

(Re)dire l'histoire ancienne

Troisièmement, les écrivains néotestamentaires ancrent leur message dans la vie, la mort et la résurrection de Jésus-Christ comme accomplissement de l'histoire d'Israël. Considérons le récit que Luc rapporte de la prédication de Paul à Antioche de Pisidie (Ac 13.13-4[11]). Comparons-le à l'équivalent d'un condensé sur clé usb ou peut-être à un guide de référence rapide sur l'histoire de la rédemption ! Paul commence son sermon par le choix divin des patriarches, puis il aborde le point crucial de l'histoire juive, à savoir l'exode, les pérégrinations dans le désert, la conquête de la terre promise, la période des juges et finalement la monarchie davidique, dont descend Jésus le Sauveur (v. 23). Après ce bref survol, Paul proclame la Bonne Nouvelle aux auditeurs juifs et prosélytes, ces personnes qui craignaient Dieu : « Et nous, nous vous annonçons cette bonne nouvelle que la promesse faite à nos pères, Dieu l'a accomplie pour nous, leurs enfants, en ressuscitant Jésus... Sachez donc, hommes frères, que c'est par lui que le pardon des péchés vous est annoncé, et que quiconque croit est justifié par lui de toutes les choses dont vous ne pouviez être justifiés par la loi de Moïse » (Ac 13.32,33,38,39). Paul y voit l'étendue universelle de l'œuvre du Messie en mentionnant l'intégration des non-Juifs

(v. 46,47), ce qui faisait partie dès le début de la mission d'Israël (Ge 12.3 ; És 49.6).

Paul rattache de deux façons différentes les Écritures de l'Ancien Testament à la venue de Jésus : promesse/accomplissement et problème/solution. Tout ce que Dieu avait promis dans l'Ancien Testament est réalisé dans le ministère de Jésus-Christ dont la présence annonce un nouveau commencement, la délivrance du péché et de la souffrance à laquelle les auteurs vétérotestamentaires aspiraient[12]. Tout ce que Dieu avait promis résonne comme un « Oui ! » en Christ-Jésus (2 Co 1.20). Mais Jésus est également la solution au glissement apparemment incessant du peuple de Dieu dans la désobéissance et l'apostasie, un problème qui préoccupe une grande partie de l'Ancien Testament. Qui peut guérir l'éloignement du peuple de Dieu ? Comment sauver la création de sa vulnérabilité et de sa décomposition ? Jésus accomplit ce qui était impossible à Israël. Il apporte le rétablissement que la Loi ne pouvait opérer (Ro 8.3). Il nous donne un cœur nouveau et fait habiter son Esprit au milieu de son peuple (voir Éz 36.26,27). Il est l'auteur d'une alliance nouvelle et éternelle qui ne peut être transgressée (voir Jé 31.31-34). Avant sa conversion, Paul menait une vie façonnée par la Loi ; après la conversion, sa vie est façonnée par la croix (ou, de façon aussi exacte, façonnée par l'Esprit).

> *Une paire de lunettes centrée sur Christ confère un sens à l'Écriture dans son ensemble.*

À travers ces écrits, « Paul se réfère à quatre histoires reliées entre elles et formant un drame plus vaste : (1) l'histoire d'un monde qui va de travers ; (2) l'histoire d'Israël dans ce monde ; (3) l'histoire de Christ, qui, vue sous l'angle humain, se rattache à l'histoire d'Israël et de l'humanité et qui, dans un sens plus large, découle de l'histoire même de Dieu comme créateur et rédempteur ; (4) l'histoire des chrétiens, y compris la sienne, qui

Ce que la Bible est

procède des trois histoires précédentes et représente le premier gage de l'histoire d'un monde redressé[13]. »

En résumé, il faut envisager l'Ancien Testament comme la préparation et l'anticipation de la venue du Roi. Le Nouveau Testament est alors perçu comme la proclamation que le règne attendu de Dieu est instauré en Jésus, avec des implications cosmiques et éthiques qui se répercutent dans de nombreux contextes nouveaux. L'idée maîtresse du Nouveau Testament est celle-ci : maintenant que Dieu a établi son royaume, quelles sont les conséquences de cet Évangile (Bonne Nouvelle) ? C'est pourquoi chaque livre néotestamentaire ne se contente pas de rappeler les faits bruts essentiels de l'histoire – Christ est mort, Christ est ressuscité, Christ reviendra (voir 1 Co 15.3). Au lieu de rejouer indéfiniment la même mélodie, les auteurs du Nouveau Testament la transposent et l'adaptent à de nouveaux contextes et à de nouveaux publics. Mais le point d'ancrage du récit est toujours Christ et son royaume ainsi que l'effusion subséquente de l'Esprit sur l'Église à la Pentecôte.

Les Écritures trouvent donc leur unité en Jésus. Par lui, Dieu le créateur et le rédempteur accomplit son salut. Par lui, Dieu l'Esprit est répandu sur son peuple et l'habite (Ac 2.32,33). Les livres de l'Ancien Testament trouvent leur signification et leur accomplissement ultimes en lui. Les livres du Nouveau Testament fondent leur réflexion sur la venue du royaume en Jésus et annoncent le jour de sa deuxième venue pour la pleine instauration de son règne. La vie, la mort et la résurrection de Jésus constituent à la fois le point final et le point de départ des écrivains bibliques. Comme le déclare Chris Wright, « Jésus n'est pas seulement la fin du commencement [quand on regarde en arrière, l'achèvement de l'histoire qui commence à la Genèse] ; il est aussi le commencement de la fin [quand on regarde vers l'avenir, les prémices d'une nouvelle création[14]. » Il est le pivot de l'histoire. Ben Witherington affirme : « L'histoire de Christ est la charnière, le tournant décisif et le point culminant du drame plus vaste tout entier ; plus que toute autre chose, elle détermine comment *l'*Histoire se terminera. Elle se contracte en Christ, la semence d'Abraham, et se développe à nouveau pour inclure les nombreux disciples de Christ[15]. »

Nous devrions considérer le Nouveau Testament comme la proclamation *et* l'application inspirées par l'Esprit de la mort et de la résurrection de Christ à la vie du peuple de Dieu. Il présente Christ comme l'accomplissement des promesses de l'Ancien Testament, la solution au problème du péché et de la souffrance. Il applique cette réalité en montrant comment le caractère de Christ se forme dans la vie des croyants dans les nombreuses situations variées. Une paire de lunettes centrée sur Christ confère un sens à l'Écriture dans son ensemble et révèle Celui qui est le centre de notre vie. Si nous voulons croître dans l'amour pour Dieu et pour notre prochain, nous ne pouvons pas nous passer de Christ, l'espérance de la gloire (Col 1.27).

Des paroles percutantes

Il importe de comprendre que la Bible ne se contente pas de raconter une histoire ; elle attend une réaction. Les auteurs de l'Écriture écrivent dans un but précis, leurs paroles cherchent à provoquer une réaction du lecteur. En d'autres termes, la Bible suscite une action ! Elle n'informe pas seulement, elle transforme également la vie. C'est un message qui nous invite à nous détourner de l'incrédulité pour participer à la vie de Celui qui, par sa mort et sa résurrection, pardonne nos péchés et nous donne une vie nouvelle par son Esprit.

Pensons au discours de Pierre à la Pentecôte : « Après avoir entendu ce discours [Jésus est Seigneur et Messie], ils eurent le cœur vivement touché, et ils dirent à Pierre et aux autres apôtres : Hommes frères, que ferons-nous ? Pierre leur dit : Repentez-vous, et que chacun de vous soit baptisé au nom de Jésus-Christ, à cause du pardon de vos péchés ; et vous recevrez le don du Saint-Esprit » (Ac 2.37,38). À une autre occasion, Pierre indique à ses auditeurs que Dieu a ressuscité Jésus pour les détourner de leurs iniquités (Ac 3.26). Jésus dit à Paul : je t'ai appelé « afin que tu leur [*aux païens*] ouvres les yeux, pour qu'ils passent des ténèbres à la lumière et de la puissance de Satan à Dieu, pour qu'ils reçoivent, par la foi en moi, le pardon des péchés et l'héritage avec les sanctifiés » (Ac 26.18).

Cette impulsion qui pousse à la transformation progressive jusqu'à la ressemblance au caractère de Christ (sanctification)

Ce que la Bible est

est particulièrement perceptible dans les lettres de Paul dont beaucoup comportent une forme verbale indicative ayant valeur d'impératif. On peut les définir ainsi : Étant donné ce que Dieu a accompli en Jésus-Christ (*indicatif*), voici comment vous devez vivre (*impératif*) désormais[16]. Ainsi, Éphésiens 1 – 3 insiste principalement sur « ce » que le Dieu trinitaire a accompli (le salut), et Éphésiens 4 – 6 sur les implications de ce salut pour l'Église d'Éphèse.

Sachons cependant que *toute* l'Écriture est écrite avec une intention pastorale, et pas seulement ses parties à l'impératif. Les livres de la Bible ont pour but de susciter une réaction dans le peuple de Dieu, sous la forme de l'adoration, de la conviction de péché, de joie, d'œuvres de justice et de compassion, de louange, de prière, de souci pour les perdus, et ainsi de suite. Toute l'Écriture appelle une réponse à Dieu. De ce point de vue, toute l'Écriture est de la « théologie pratique », un récit percutant. Comme le fait remarquer David Powlison : « Parce que l'Écriture révèle un Dieu à l'œuvre, les Écritures *sont* de la théologie pratique. Nous lisons la vérité en action. Nous parlons d'une vérité pertinente. Nous entendons une révélation appliquée[17]. »

Pour nous, c'est plus qu'une sainte indiscrétion. Nous n'écoutons pas une conversation qui s'est tenue entre Dieu et son peuple il y a plusieurs milliers d'années, avec l'espoir de trouver quelque avantage pour notre vie. Nous sommes impliqués dans le même scénario. Nous sommes inclus dans la grande opération divine de sauvetage. Le Messie d'Israël est notre Messie. Le Seigneur et Sauveur des apôtres est aussi le nôtre. C'est pourquoi il est tellement important de considérer la Bible comme le déroulement de l'histoire du salut centrée sur Jésus-Christ. Faisant partie de la nouvelle famille que Dieu crée en Christ Jésus, nous nous approprions les Écritures comme le livre de notre histoire familiale. Si nous ne voyons pas en Jésus l'accomplissement des attentes messianiques de l'Ancien Testament et le fondement de la proclamation du royaume du Nouveau Testament, nous perdons involontairement de vue la pertinence contemporaine de la Bible. Par l'Esprit, Jésus fait le lien entre l'histoire scripturaire et celle de notre vie.

Contact – entre la Bible et mon histoire

Par la grâce de Dieu, cette histoire, cette Parole, est devenue nôtre lorsque nous avons été unis par la foi à notre Sauveur crucifié et ressuscité. C'est *son* histoire et c'est la *nôtre* parce que c'est la *sienne* ! La Bible est donc un livre destiné à être appliqué[18]. Les textes bibliques ont beau ne pas être « intemporels », ils sont certainement des textes « opportuns » pour le peuple de Dieu[19].

Au chapitre suivant, nous aborderons les implications pratiques d'une conception de la Bible comme histoire rédemptrice centrée sur Christ.

Questions à discuter

1. Êtes-vous convaincu que la Bible retrace une histoire cohérente centrée sur l'avènement du royaume en Jésus ? Pourquoi ? Existe-t-il d'autres façons de comprendre la Bible comme un tout ?
2. En quoi cette conception de la Bible simplifie-t-elle et complique-t-elle à la fois votre utilisation de l'Écriture dans le ministère ?
3. À partir de quelques-unes des idées de ce chapitre, quelles implications une conception historico-rédemptrice ou centrée sur Christ de l'Écriture peut-elle avoir sur la façon dont nous interprétons et utilisons l'Écriture dans le ministère ? (C'est une bonne préparation pour le point central du chapitre suivant.)

Chapitre 4

Les implications sur la lecture et l'utilisation de la Bible

Si la Bible est une histoire avec Jésus et son royaume comme point central, en quoi cela influence-t-il notre façon d'interpréter et d'utiliser l'Écriture dans le ministère ? Voici quelques suggestions. Nous les détaillerons dans les chapitres ultérieurs.

1. Nous lisons dans le sens chronologique et dans le sens inverse

Pour interpréter et appliquer la Bible avec sagesse, nous devons prendre l'habitude de la lire « dans le sens du déroulement chronologique » et « dans le sens inverse[1] ».Que signifie lire la Bible dans le sens inverse ? Cela revient à relire tout texte (notamment ceux de l'Ancien Testament) à la lumière de la fin de l'histoire, à savoir la venue du royaume en Jésus-Christ. J'ai écrit l'ébauche de ce chapitre la veille de la sortie tant attendue du dernier livre de la série des Harry Potter. Je savais que lorsque j'aurais terminé ce livre *Harry Potter et les Reliques de la Mort,* la fin modifierait à tout jamais ma manière dont j'avais lu et compris les détails des volumes antérieurs. Les détails qui m'avaient *paru* tellement importants ne le seraient plus une fois que j'aurais connu l'histoire tout entière. Et des détails que j'avais rapidement survolés prendraient une nouvelle importance à la lumière de la fin de l'histoire[2]. « Ah ! voilà donc sa portée ! Je comprends maintenant le sens de cette scène ! »

Cette expérience de lecture dans le sens chronologique inverse, nous pouvons également la faire en regardant des films. Avez-vous vu le film *Un homme d'exception*, l'histoire du mathématicien schizophrène John Nash ? Je me rappelle m'être dit au début du film : *Si j'étais John Nash, je serais paranoïaque moi aussi, compte tenu du stress et du secret qui entourent son travail au service du gouvernement.* Bien sûr, on découvre plus tard que son embauche par les services secrets gouvernementaux, son travail qui consistait à décrypter les messages secrets, et même certains de ses amis (comme son camarade de chambre à l'université) étaient les produits de son esprit. Ce qui semblait tellement réel à l'observateur n'était en fait qu'hallucinations. La fin de l'histoire m'a obligé à revoir certaines parties antérieures sous un nouvel éclairage[3].

De même, la connaissance de la fin de l'histoire biblique ne nous permet plus jamais de lire les premières pages comme si nous ignorions la fin. Il en est ainsi de la manière dont Jésus et les auteurs du Nouveau Testament lisaient et interprétaient les Écritures vétérotestamentaires, comme nous l'avons vu au chapitre précédent. Connaissant la fin de l'histoire, nous nous posons la question : « En quoi la mort et la résurrection de Jésus me font-elles comprendre tel passage autrement[4] ? » La mort et la résurrection de Jésus-Christ marquent l'apogée de la rédemption amorcée dans l'Ancien Testament, et constituent le fondement solide de la vie de l'Église nouvellement établie. Dans la vie de l'Église, les écrivains néotestamentaires examinent à quoi doit ressembler la vie de la nouvelle création (inaugurée par la mort et la résurrection de Christ), même s'ils anticipent la fin ultime de l'histoire, le retour de Christ. Par conséquent, que nous soyons dans l'Ancien Testament ou dans le Nouveau, nous espérons découvrir un lien organique avec la personne et l'œuvre de Christ, ainsi que ses implications aux multiples facettes dans la vie du peuple de Dieu.

Les implications sur la lecture et l'utilisation de la Bible

Il est également vrai que nous devons lire la Bible d'arrière en avant, ce qui nous oblige à prendre au sérieux l'endroit où tel texte se situe dans le déroulement de l'histoire, et cela pour trois raisons. La première est liée à l'idée que la Bible est un ouvrage de « théologie pratique », cette idée que nous avons introduite au chapitre précédent. En fait, la Bible est un ouvrage évolutif de théologie pratique, selon le dessein de Dieu. Dieu se révèle personnellement à son peuple à travers des circonstances qui s'échelonnent dans le temps. Dieu adapte sa Parole aux besoins changeants de son peuple. Cela nous amène à nous demander : « Quelle est pour leurs destinataires l'utilité de la révélation de Dieu dans ce livre et dans ce passage ? » Quel bonheur de réaliser que Dieu ne s'est pas révélé de façon « générique » ou globale, mais de façon précise et variée ! Devant les détails et le contexte historique d'un passage, nous sommes orientés vers une application en notant que la Parole de Dieu répond à un besoin humain particulier. De plus, je suis encouragé à sauter dans tel récit particulier pour voir comment la grâce particulière de Dieu s'adapte à *ma* situation.

Deuxièmement, et en lien avec la raison précédente, la lecture dans le sens chronologique inverse nous empêche de simplifier à l'extrême le scénario biblique. La venue du royaume de Jésus comme point culminant du récit ne signifie pas qu'on puisse le faire entrer artificiellement dans n'importe quel texte. Dans notre zèle pour découvrir le caractère historico-rédempteur de l'Écriture, nous ne voulons certainement pas dire que chaque passage parle *explicitement* de Jésus. Mais les thèmes de chaque livre étudié dans son contexte historique favorisent *implicitement* notre compréhension du royaume. Chaque passage ajoute sa voix distinctive au chœur dont la voix s'amplifie et déclare : « La nouvelle création est inaugurée par le Roi Jésus ! » (Nous verrons dans les chapitres suivants comment tirer profit des caractéristiques distinctives d'un passage tout en le maintenant rattaché au scénario rédempteur plus vaste de l'Écriture.)

Troisièmement, les détails ont leur importance. Pensez à une scène sur laquelle les enquêteurs mènent des investigations à la suite d'un accident. La fin de l'histoire est claire, car les débris de verre qui jonchent le sol en sont la preuve. Mais les détails

Contact – entre la Bible et mon histoire

qui l'entourent comptent. Tel conducteur était peut-être en train de manipuler son téléphone portable ; telle conductrice était peut-être en train de regarder dans le rétroviseur intérieur pour sermonner ses enfants qui s'agitaient sur le siège arrière. Dans les deux cas, les conducteurs n'ont pas prêté attention au panneau qui signalait le virage. Peut-être roulaient-ils à une vitesse excessive. Tous ces détails contribuent à une compréhension plus complète de l'histoire. Les détails *mènent* quelque part ; ils sont importants en eux-mêmes et par eux-mêmes.

D'ailleurs, la fin d'une histoire n'a de sens qu'à la lumière de ce qui précède. Plus les détails nous captivent, plus l'apogée du récit nous paraîtra glorieux. Plus les détails nous intriguent, plus le point culminant s'éclaire et peut-être surprend. Plus nous saisissons l'importance des détails, plus le dénouement sera riche. Si Jésus est l'accomplissement de l'histoire d'Israël dans sa première et sa seconde venues, il nous faut prêter attention à la manière dont le récit rédempteur converge vers Christ et ensuite découle de lui par l'Esprit. Nous apprécierons alors d'autant mieux ce que Dieu a accompli. Gardons présent à l'esprit le fait que notre rédemption est encore en train de « mijoter ». Dieu accomplit lentement, patiemment, ses desseins rédempteurs sur des milliers d'années, et c'est seulement « lorsque les temps furent accomplis » que Dieu envoya son Fils (Ga 4.4). Nous ferions bien de prêter attention à ce dévoilement graduel de son caractère et de son œuvre pour savourer encore mieux sa grâce et sa miséricorde merveilleuses[5].

En résumé, commençons notre interprétation en nous demandant ce que le passage signifiait pour ses premiers destinataires – lecture selon l'axe chronologique[6]. Demandons-nous : « Qu'est-ce que les premiers destinataires ont compris de ce texte *à ce point précis de l'histoire de la rédemption* ? » Cela nous rappelle qu'il y a une certaine progression dans la révélation de Dieu et que nous ne pouvons pas ne pas tenir compte du contexte spécifique dans lequel la Parole de Dieu arrive d'abord.

Ensuite, nous relisons le texte à la lumière de la *fin* de l'histoire – dans le sens du déroulement de l'histoire. Nous *devons* le faire. En fin de compte, qu'est-ce que le futur ? Le livre de

Les implications sur la lecture et l'utilisation de la Bible

l'Apocalypse – le retour du Roi et l'établissement de son royaume – montre où se dirige l'Histoire.

Cette lecture « bidirectionnelle » rend justice à l'unité *et* à la diversité de l'Écriture. Nous écouterons les voix et les thèmes particuliers des livres individuels, mais nous prêterons également attention à la manière dont ils s'intègrent dans la Bible dans son ensemble et plus précisément dans le plan progressif de la rédemption divine.

2. Bible plus volumineuse, ministère plus fécond

Il va de soi que toutes les parties de la Bible apportent leur contribution « vocale » et sont donc pleinement utiles dans le ministère. Le fait de savoir que toutes les parties de la Bible apportent leur contribution particulière à l'ensemble nous encourage et nous motive à lire et à appliquer les Écritures d'une façon large et approfondie.

En le faisant, des parties de notre Bible que nous avons jusque-là négligées – des passages « canyons » – commencent à nous apparaître comme des parties intégrantes du récit que Dieu raconte. Nous apprenons à voir comment ces passages sont liés à Christ et à son Église. Cela ne signifie pas que ce sera toujours facile ! Mais nous serons au moins encouragés à creuser pour découvrir les connexions avec l'Évangile qui pouvaient ne pas être apparentes de prime abord.

Par ailleurs, des passages faciles, du type « fossé » à franchir, prennent une signification nouvelle et plus profonde à la lumière de la personne et de l'œuvre de Jésus-Christ. N'en déduisez pas que vous ne pourrez plus utiliser le texte d'Éphésiens 4.26,27 pour aider une personne aux prises avec sa colère, mais vous le ferez en rattachant cette instruction aux réalités de l'Évangile que Paul expose dans les versets précédents, notamment Éphésiens 4.25 : « Nous sommes membres les uns des autres. » Membres de quel corps ? Du corps de Christ qui « est notre paix, lui qui des deux [*Juif et non-Juif*] n'en a fait qu'un, et qui a renversé le mur de séparation, l'inimitié » (Ép 2.14). Jésus a lui-même négocié la paix entre des adversaires et en a fait des membres de son corps au prix de son sang. C'est une réalité beaucoup plus riche que n'importe quel discours sur les moyens d'éviter la colère coupable !

Contact – entre la Bible et mon histoire

Peut-être vous servirez-vous de l'histoire de David contre Goliath (1 Samuel 17) pour encourager une sœur à tenir ferme contre une adversité écrasante. Mais au lieu de souligner simplement le courage de David et sa confiance en Dieu, vous pourrez ensemble parler des mystères d'un Dieu qui combat pour son peuple mais qui le fait en revêtant la faiblesse de la chair humaine et en mourant sur la croix, apparemment vaincu. Selon toute vraisemblance, « Goliath » devait remporter la victoire sur Jésus, le Fils de David ! Ce ne fut pas le cas ! Jésus-Christ est le Roi qui triomphe du dernier ennemi, la mort. Votre amie peut donc trouver de la consolation dans la pensée que la mort ayant été vaincue, plus rien ne peut nous séparer de l'amour de Christ (Ro 8.38,39), même si elle doit encore « gémir » au milieu de ses tribulations présentes (Ro 8.18-25). Situé dans ce contexte plus large de l'histoire de la rédemption, le récit de 1 Samuel 17 nous rappelle que notre vie en Christ ne se caractérise pas toujours par la mise à mort de géants. De ce côté-ci de la gloire, nous faisons l'expérience d'un mélange de souffrance et de triomphe.

3. Le caractère central de la mission de Dieu[7]

Considérer la Bible comme une histoire unifiée de la mission rédemptrice de Dieu permet d'éviter des applications introspectives et individualistes. L'aboutissement de la rédemption n'est pas une vie individuelle rachetée et transformée (la mienne ou celle d'un autre) ; c'est la transformation de *toutes* choses ! Avez-vous saisi cette vision immense ? Sature-t-elle votre vie et votre ministère ? Nous pouvons viser trop peu dans notre utilisation de l'Écriture, même lorsque nous nous y référons sincèrement pour guider notre vie. Pour paraphraser C. S. Lewis, nous ressemblons à des petits enfants qui se contentent de faire des pâtés de boue dans la petite cour de leur maison, alors qu'on leur offre une location sur la plage[8]. Nous accrochons-nous à l'espoir que « la terre sera remplie de la connaissance de la gloire de l'Éternel, comme le fond de la mer par les eaux qui le couvrent » (Ha 2.14) ?

Voyez comment Prince Caspian stimule le courage et la motivation de ses matelots fatigués dans *L'Odyssée du Passeur d'Aurore*, de C. S. Lewis. Tandis que l'équipage discute du pour

Les implications sur la lecture et l'utilisation de la Bible

et du contre de poursuivre la traversée vers le Bout-du-Monde, Caspian prend la parole :

« Mes amis, dit-il, je crois que vous n'avez pas tout à fait compris notre projet. Vous parlez comme si nous étions venus vers vous le chapeau à la main, pour mendier des hommes d'équipage. Ce n'est pas du tout cela. Nous-mêmes, nos frères et sœurs royaux et leur parent, et Messire Ripitchip, le bon chevalier, et le seigneur Drinian, nous avons une mission à remplir au Bout-du-Monde. C'est notre bon plaisir que de choisir parmi ceux d'entre vous qui le désirent des hommes que nous estimerons dignes d'une aussi haute entreprise. Nous n'avons pas dit que n'importe qui pouvait venir rien qu'en le demandant. C'est pourquoi nous allons maintenant ordonner au seigneur Drinian et à maître Rhince d'examiner avec soin lesquels parmi vous sont les plus durs au combat, les hommes de mer les plus qualifiés, les plus loyaux à l'égard de notre personne, les plus irréprochables dans leur vie et leur comportement, et de nous en donner la liste.

Il marqua une pause, et enchaîna plus rapidement :

– Par la crinière d'Aslan ! s'exclama-t-il. Pensez-vous que le privilège de voir les choses ultimes soit à vendre pour une chanson[9] ? »

Qu'est-ce qui nous pousse à aller de l'avant dans la foi lorsque l'aventure dans laquelle nous nous sommes engagés semble plus ardue que nous l'aurions souhaité ? Si nous avons de l'Évangile une vue à court terme et individualiste – « Oui, je sais que Jésus est mort pour mes péchés, mais qu'a-t-il fait pour moi *récemment* ? » – nous serons enclins à devenir cyniques et égocentriques. En revanche, si nous considérons cette vie sous l'angle de la collaboration avec notre Roi en tant que chargés du « ministère de la réconciliation » (2 Co 5.17-20), nous recevons la force de poursuivre et d'élargir notre mission en exprimant notre amour pour autrui de façon sacrificielle. Présentons-nous aux autres cette tâche expansive et glorieuse ?

Les auteurs du Nouveau Testament considéraient l'Évangile comme la proclamation que le vrai Roi est venu revendiquer son trône, avec toutes ses conséquences cosmiques, communautaires *et* individuelles. Notez comment Paul résume l'Évangile dans Galates 3.8 : « Aussi l'Écriture, prévoyant que Dieu justifierait les païens par la foi, a d'avance annoncé cette bonne nouvelle à Abraham : Toutes les nations seront bénies en toi ! » Je suis incontestablement changé sur le plan individuel par cette bonne nouvelle ! Mais je suis changé *pour* être en bénédiction à d'autres, par Christ.

Nous formons donc un peuple qui regarde constamment en arrière et en avant en déroulant notre histoire dans le présent.

Comme nous le verrons plus clairement au chapitre suivant, nous avons été créés pour faire partie d'une réalité qui nous dépasse. La Bible révèle la véritable histoire qui doit captiver notre vie. Nous sommes ambassadeurs du Roi, nous annonçons à des êtres humains brisés et pécheurs la mort et la résurrection de Jésus-Christ, ainsi que sa seigneurie sur toute la création jusqu'à son retour. En gardant ce tableau devant nos yeux, nous serons préservés du danger de nous appuyer sur la Bible « pour expliquer ou faire cadrer la sainte Trinité à nos saints besoins, nos saints désirs et nos saintes émotions[10]. » Il est facile de perdre de vue l'œuvre grandiose que Dieu est en train d'accomplir dans la création lorsque notre propre mètre carré de création est chaotique. Sous la pression des luttes journalières, il est facile de devenir myope et égocentrique. C'est à ce moment-là que la seigneurie de Christ et sa mission de rétablir toutes choses relèvent notre tête écrasée par les difficultés. La joie dans l'accomplissement du ministère découle en partie de l'aide plus efficace apportée à quelqu'un

Les implications sur la lecture et l'utilisation de la Bible

et d'une vie plus riche menée en contemplant avec un objectif « grand-angle » le scénario biblique de la rédemption.

4. Vie bidirectionnelle

L'Écriture exerce une pression vers l'avant. C'est ce que les théologiens bibliques appellent l'impulsion « eschatologique » (poussée vers les « choses dernières »). Il y a une explication à cela : Dieu agit dans l'Histoire et respecte son calendrier rédempteur jusqu'au retour de Jésus. Bien que la révélation de Dieu à son peuple ait pris fin, Dieu continue d'œuvrer dans ce monde par son Esprit, sa Parole et son Église. Où que vous soyez arrivé dans l'Écriture, vous devriez sentir l'inexorable poussée vers le terme de l'Histoire.

Mais en même temps, l'Écriture nous ramène constamment à ce que Dieu a déjà accompli pour son peuple. L'Ancien Testament évoque fréquemment l'exode comme étant le point de départ de la rédemption divine. Le Nouveau Testament pointe évidemment vers la mort et la résurrection de Christ comme événement rédempteur divin définitif.

Il est intéressant de faire remarquer que Tite 2.11-14 rattache les éléments futurs et passés à la vie présente : « Car la grâce de Dieu, source de salut pour tous les hommes, a été manifestée [passé]. Elle nous enseigne à renoncer à l'impiété et aux convoitises mondaines, et à vivre dans le siècle présent selon la sagesse, la justice et la piété, en attendant la bienheureuse espérance, et la manifestation de la gloire de notre grand Dieu et Sauveur Jésus-Christ [futur]. Il s'est donné lui-même pour nous, afin de nous racheter de toute iniquité, et de se faire un peuple qui lui appartiennent, purifié par lui et zélé pour les bonnes œuvres [présent]. » Cette dynamique bidirectionnelle, « Qu'est-ce que Dieu a déjà fait ? » et « Qu'envisage-t-il pour l'avenir ? » se retrouve dans toute l'Écriture[11]. Nous formons donc un peuple qui regarde constamment en arrière et en avant en déroulant notre histoire dans le présent. La Bible montre que nous ne pouvons pas simplement vivre comme des chrétiens « du présent ». Nos heures présentes sont encadrées par les actions rédemptrices de Dieu dans le passé et par l'avenir glorieux qu'il a en réserve (1 Co 2.9,10).

Contact – entre la Bible et mon histoire

5. L'interprétation et l'application sont du ressort de la communauté

À de rares exceptions près (3 Jean, peut-être 2 Jean, Philémon), l'Écriture est adressée à des communautés. Et de toute façon, dès lors que ces livres sont acceptés comme des parties de la Bible, ils sont reconnus comme sacrés et revêtus d'autorité pour toute l'Église. On peut résumer cette pensée de la façon suivante : la Bible est *son* histoire (celle de Dieu) et *notre* histoire avant d'être réellement *mon* histoire.

Il s'ensuit que nous devons rechercher l'interprétation et l'application de l'Écriture en concertation avec d'autres croyants, du passé comme du présent. Nous devons prendre au sérieux les efforts herméneutiques et les idées pertinentes des croyants du monde entier, et non seulement de ceux qui ont la même couleur de peau, le même langage ou la même tradition religieuse que nous. Cela vous semble-t-il risqué ? Il est sans doute encore plus risqué de transformer l'interprétation et l'usage de l'Écriture en un « monologue » ou en une discussion « interne » qui ne remettent jamais en question les idées préconçues, ne les éprouvent pas, ne les réaffirment pas et ne les rejettent pas. Il y a des interprétations que je ne vois pas bien, qui m'échappent et que vous-même (ou un croyant nigérian ou coréen, par exemple) comprendrez plus clairement. L'inverse est également vrai. C'est particulièrement important dans le ministère personnel qui se déroule souvent derrière des portes closes.

Dès lors qu'il s'agit de la transformation de vie annoncée par l'Évangile, cela signifie que je *suis* le gardien de mon frère. Dans le scénario de la Bible, c'est l'Église de Christ qui est transformée à son image. Il ne s'agit donc pas d'une affaire privée dans laquelle

> *Or, lorsque nous lisons la Bible de façon fragmentaire, nous passons à côté de l'intention de l'Auteur qui est de façonner notre vie par cette Histoire.*

Les implications sur la lecture et l'utilisation de la Bible

j'organise ma vie devant Dieu (comme si c'était possible !). Loin de là ! Parce que l'Esprit de Dieu, au moyen de la Parole de Dieu, s'active à édifier une communauté libérée et transformée par l'Évangile, j'ai des yeux « de service » pour les membres de mon Église locale et au-delà. J'aspire à voir mes frères et mes sœurs, et l'Église dans son ensemble, vivre d'une manière en accord avec le règne de Jésus-Christ[12].

Des morceaux sans liens ?

Dans les deux derniers chapitres, j'ai tenté de présenter une vision de l'Écriture qui montre la Bible comme le déroulement de l'histoire de la rédemption divine. Vivons-nous à la lumière de cette histoire globale sublime ? Ou choisissons-nous des morceaux épars de la Bible pour structurer des morceaux épars de notre vie, perdant ainsi les avantages du mouvement rédempteur d'ensemble de l'Évangile ? Craig Bartholomew et Michael Goheen soulignent le danger qu'il y a dans cette façon de faire :

> Beaucoup d'entre nous ont lu la Bible comme si elle n'était qu'une mosaïque de petits fragments – des fragments théologiques, des fragments moraux, des fragments de critique historique, des fragments de sermons, des fragments de piété. Or, lorsque nous lisons la Bible de façon fragmentaire, nous passons à côté de l'intention de l'Auteur qui est de façonner notre vie par cette Histoire. Toutes les sociétés humaines se nourrissent d'une histoire qui permet de comprendre le sens de l'Histoire et qui façonne et oriente leur vie. Si nous fragmentons la Bible, nous l'exposons au danger d'être absorbée dans *n'importe* quelle histoire qui façonne notre culture ; du coup, elle cessera de façonner notre vie comme elle le devrait. L'idolâtrie a faussé l'histoire culturelle dominante du monde séculier occidental [en fait, de tous les cœurs humains !]. Si les croyants que nous sommes permettent à cette histoire (plutôt qu'à la Bible) de devenir le fondement de notre pensée et de notre action, alors notre vie n'exprimera plus les vérités de l'Écriture mais les mensonges d'une culture idolâtre. C'est pourquoi la

question de l'unité de la Bible n'est pas une affaire sans importance : une Bible fragmentée peut engendrer de pieux adorateurs d'idoles qui sont théologiquement orthodoxes et moralement droits[13] !

C'est l'une des raisons pour lesquelles la Bible assène parfois un coup à notre vie. Parce que nous sommes tentés de nous servir de « morceaux épars » de la Bible pour réparer des morceaux épars de la vie quotidienne sans prêter attention à l'ensemble, la vie globale des gens ne change pas. L'utilisation d'une Bible « désintégrée » aboutit souvent à une vie également « désintégrée » et réduite à des compartiments. N'en déduisons pas que nous devons raconter toute l'histoire chaque fois que nous sommes au service de la Parole. Beaucoup de conversations ne permettent pas d'arriver à cette profondeur. Il n'en demeure pas moins que seul le scénario scripturaire d'ensemble et centré sur Christ est en mesure de façonner progressivement notre façon de considérer et d'utiliser n'importe quel passage.

Lorsque nous mettons l'histoire du royaume de Dieu au premier plan, nous sommes plus à même de porter un regard global sur notre vie individuelle et sur la vie communautaire, d'être « une proie idéale » pour la puissance transformatrice de l'Histoire. Comme le déclare N. T. Wright, « Dites à quelqu'un d'accomplir quelque chose, et vous changerez sa vie *pour une journée* ; racontez-lui une histoire, et vous transformerez sa vie[14]. »

Questions à discuter

1. Pensez à votre lecture et étude de la Bible de la semaine écoulée. Prenez un passage au hasard et réfléchissez à son emplacement dans le déroulement de l'histoire de la rédemption divine. Comment les thèmes de votre passage se rattachent-ils à ce qui le précède et à ce qui le suit ? S'il s'agit d'un texte de l'Ancien Testament, posez-vous la question : « Comment les idées et les thèmes de ce passage trouvent-ils leur accomplissement en Christ ? » S'il s'agit d'un passage du Nouveau Testament, demandez-vous comment les idées et les thèmes qu'il contient s'ancrent en Christ.

Les implications sur la lecture et l'utilisation de la Bible

2. Pensez à une occasion qui s'est présentée à vous cette semaine où vous avez utilisé un passage de l'Écriture dans une conversation avec une personne. L'Évangile était-il au centre ? L'histoire d'ensemble de l'Écriture faisait-elle partie de votre façon d'utiliser la Bible ? Si ce n'était pas le cas, auriez-vous pu faire autrement ?
3. À quoi ressemble votre « ration » de l'Écriture ? Suivez-vous un plan de lecture ? Êtes-vous enclin à lire de grandes portions de l'Écriture ou à vous concentrer sur l'étude de textes plus courts ? Pourquoi ces deux approches peuvent-elles être des conséquences importantes d'une prise au sérieux de la structure narrative de la Bible ?
4. Avez-vous déjà lu la Bible du commencement à la fin ? Dans la négative, qu'est-ce qui vous en empêche ? Dans l'affirmative, continuez-vous à pratiquer cette discipline de façon régulière ?
5. Quels sont les défis ou les obstacles que vous rencontrez lorsque vous envisagez d'utiliser l'Écriture à la lumière de son histoire globale ?

Chapitre 5

Quelle est votre histoire ?

Dans les deux chapitres précédents, nous avons dénoncé une approche parcellaire de la Bible et insisté au contraire sur l'importance d'une lecture globale de la Bible présentée comme l'histoire de la venue de Jésus-Christ et de l'inauguration de son règne qui restaure toutes choses. Ce cadre plus vaste et centré sur Christ, voilà ce qui nous aide à bien comprendre la vraie portée des différents écrits qui composent la Bible.

Mais une telle lecture de la Bible ne représente qu'une partie de l'équation. Pour appliquer l'Écriture à la vie contemporaine, il faut également comprendre nos semblables. Apprenons à « lire » nos contemporains de manière sage afin d'être en mesure d'incarner pour eux l'amour et la vérité de Christ.

Comme lors des deux chapitres précédents, je vais établir quelques grandes catégories pour nous aider à comprendre et aborder les gens. Ainsi, nous serons mieux équipés pour accomplir une œuvre plus précise dans les chapitres ultérieurs.

Une vie « racontée »

Dans notre ministère au service des autres, il est facile de nous intéresser aux détails épars de leur vie, aux paroles et aux actions évidentes. On se focalise sur le fait que telle mère crie toujours après ses enfants, qu'Untel a eu commerce avec une prostituée, que tel adolescent a triché lors d'un contrôle de mathématiques, que tel homme donne généreusement de son temps et de son

Contact – entre la Bible et mon histoire

argent pour soutenir une œuvre locale qui vient au secours des SDF, que telle épouse ne réagit que par un silence méprisant, que tel malade a fait face à sa fin de vie avec dignité et espérance. Mais sur quel « squelette » du vécu, ces morceaux épars viennent-ils se greffer ? Comme dans le cas de la Bible, ces détails de nos vies se combinent pour former un tout cohérent. Malgré la diversité des pensées, des actions, des émotions, des paroles, des situations et des relations qui façonnent notre vie, on peut distinguer certains schémas directeurs. Les histoires de nos vies aboutissent quelque part.

Nous avons tous une certaine idée, même si nous n'en avons pas conscience, que les différents aspects de notre vie – notre identité, nos relations avec Dieu et avec les autres, nos expériences, les événements – se rattachent les uns aux autres et confèrent un sens et un but à la vie[1]. Nous avons tous une grille qui donne un sens à nos expériences, une sorte d'étoile polaire d'après laquelle nous orientons notre vie.

De ce point de vue, tout le monde a une histoire. Pas seulement une histoire à raconter, mais également une histoire (ou des histoires) à vivre, une trame qui aboutit quelque part. Pour employer une autre métaphore, les arbres isolés constituent une forêt. Fixer l'attention sur les détails (les arbres) sans tenir compte de l'ensemble (la forêt) peut aboutir à nous faire emprunter un itinéraire en méandres, à nous perdre dans les détails de la vie d'une personne sans être capables de lui fournir une « carte » pour lui donner l'orientation, la direction et la destination de sa vie.

L'une des clés d'un bon diagnostic consiste pour le médecin à connaître « l'histoire » de son patient. Pour cela, il l'interroge de manière intensive et extensive à propos de différentes choses : (1) les symptômes qui l'ont amené à consulter le médecin ou à se rendre à l'hôpital (« l'histoire » de la maladie présente) ; (2) son histoire médicale passée ; (3) son histoire familiale ; (4) son histoire sociale, y compris ses rapports au tabac, à l'alcool ou à la drogue ; (5) les traitements suivis et (6) un examen des autres « systèmes » organiques que celui pour lequel le malade est venu le consulter. Le tout aboutit à un examen complet et à différents diagnostics.

Quelle est votre histoire ?

Survient alors la question cruciale : quel diagnostic tous ces détails suggèrent-ils ? Quelle est la vue d'ensemble qui se dégage de cette masse d'informations ? La négligence ou l'incapacité de se faire une idée juste de l'histoire du patient peut aboutir à retarder le diagnostic ou à en faire un faux, et donc à un retard dans la mise en route d'un traitement, voire à un mauvais traitement. L'écoute de l'histoire d'un patient n'a pas pour but de constituer une liste de détails, mais de mettre au jour le « scénario » médical permettant d'expliquer tous les détails mentionnés par le patient et de prescrire le traitement le mieux adapté.

De manière tout à fait semblable, si nous voulons sincèrement aider les autres, nous devons les écouter attentivement pour qu'un fil directeur apparaisse à partir des détails de leur vie. Les indices ainsi recueillis nous permettront de mieux leur présenter l'Évangile vivifiant. En découvrant la manière dont les personnes donnent un sens aux détails de leur vie, nous nous faisons une idée d'ensemble de leur histoire (ou de leurs histoires) qui constitue la trame de leur vie journalière.

Questions de visions du monde

Une façon de parler de la valeur de la vie racontée consiste à dire que chaque individu ou communauté pose, consciemment ou inconsciemment, des questions fondamentales concernant la nature de la vie, et y répond. Les réponses que nous donnons à ces questions définissent notre vision du monde, notre « emprise » sur la nature de la réalité. La Bible elle-même répond à ces questions fondamentales et nous exhorte à vivre à la lumière de la vision biblique du monde, la véritable histoire du monde. D'ailleurs, on peut dire qu'en nous posant ces questions, nous prouvons que nous portons l'image de Dieu. Comme nous le verrons plus tard, le fait que nous sommes des porteurs brisés et déchus de l'image divine signifie que nous donnons à ces questions des réponses qui entrent en conflit avec celles du récit biblique.
Brian Walsh et J. Richard Middleton proposent quatre questions fondamentales concernant la vision du monde[2] :

1. Où sommes-nous ? Autrement dit, quelle est la nature du monde dans lequel nous vivons ?

Contact – entre la Bible et mon histoire

2. Qui sommes-nous ? Ou quelle est la nature essentielle de l'être humain ?
3. Qu'est-ce qui va mal ? Ou : Pourquoi le monde (et ma vie !) sont-ils dans un tel état de délabrement ?
4. Quel est le remède ? Autrement dit : Comment résoudre nos problèmes ?

Ces questions – et les réponses que nous leur donnons – constituent la colonne vertébrale narrative de notre vie. Elles conditionnent notre interprétation des événements, depuis les choses les plus banales (le manque de lait au réfrigérateur pour le petit déjeuner) jusqu'aux plus terrifiants (la perte d'enfants dans un accident de voiture). Elles façonnent notre vision de nous-mêmes et des autres ; elles façonnent notre façon de définir ce qu'est une vie riche, et même un instant mémorable. Elles façonnent nos croyances, nos émotions et nos décisions quotidiennes. Tout être humain vit chaque instant selon une histoire d'ensemble[3]. Chacun fabrique un sens à sa vie en s'appuyant sur des catégories adaptées. Nous n'affrontons pas la réalité de façon brutale ; elle nous parvient toujours à travers nos filtres de perception. La vraie question est : quelle paire de lunettes allons-nous utiliser ? Sur quelle histoire, sur quelle narration allons-nous nous appuyer pour voir notre monde et interpréter notre vie[4] ?

Une histoire de l'extérieur

Puisque nous sommes créés à l'image de Dieu, nous possédons une interprétation innée de notre nature personnelle et de celle du monde. En réalité, cela inclut une certaine connaissance innée de Dieu, de « sa puissance éternelle et [de] sa divinité » (Ro 1.20). Être porteur de l'image de Dieu, c'est avoir l'empreinte de l'Histoire de Dieu et de sa vision de la réalité gravée en nous ! La vie dans le monde de Dieu nous expose journellement à des rappels visibles des réalités invisibles (Ro 1.19).

Notons que *même avant* la chute dans le péché, Adam et Ève avaient besoin d'être informés sur Dieu et sur son monde. Ils avaient besoin de « l'emprise » de Dieu sur sa création, du scénario extérieur à eux-mêmes. Quels en étaient les éléments[5] ? Comment Dieu fixa-t-il le cadre permettant à ces êtres nouvellement créés de

Quelle est votre histoire ?

trouver un sens et une raison d'être ? Considérons Genèse 1.28-30 et 2.15-17.

Premièrement, Dieu leur confia une *tâche noble* : se multiplier et dominer sur la terre entière (Ge 1.28). Pour Adam et Ève, la ressemblance à Dieu signifiait amener toute la création sous la domination de Dieu. Leur identité d'images de Dieu leur imposait une mission particulière, celle de vivre en gérants de la création de Dieu[6]. Le jardin avait besoin de jardiniers (Ge 2.5-8) ! Même si je ne me considère pas comme un jardinier chevronné, mon « jardinage » me confère un sentiment de satisfaction lorsque je collabore avec Dieu à mettre de l'ordre, de la beauté et de la fécondité dans mon univers.

Deuxièmement, Dieu leur donna *la liberté de manger* du fruit des arbres et des plantes portant de la semence (Ge 1.29). Dieu rappelait ainsi à Adam et Ève qu'ils dépendaient de la générosité du Créateur qui leur donnait la nourriture.

Troisièmement, bien qu'il leur ait accordé une grande liberté, Dieu leur adressa aussi une parole négative. Il leur *interdit* de manger du fruit de l'arbre de la connaissance du bien et du mal. Il les avertit que s'ils transgressaient cette interdiction, ils mourraient (Ge 2.16,17).

Tel était le scénario simple. *Où sommes-nous ?* « Dans un endroit merveilleux et parfait créé par Dieu. » *Qui sommes-nous ?* « Nous sommes les porteurs de l'image de Dieu, des créatures uniques parmi tous les êtres créés, destinés à vivre dans la création de Dieu, chargés d'établir son règne jusqu'aux extrémités de la terre. Nous sommes des créatures appelées à vivre sous la sage autorité du Créateur. » Voilà le scénario selon lequel Adam et ses descendants auraient dû vivre. Hélas, même dans le paradis, un autre scénario leur fut proposé.

Scénarios concurrents, êtres déchus

On peut dire beaucoup sur la manière dont Satan a défié Dieu, mais nous allons simplement souligner comment il a insinué le doute sur les informations données par Dieu, sur sa façon d'ajouter une nouvelle information et jeté le doute sur le scénario divin (Ge 3.1-5). Le serpent commence par donner de Dieu une représentation radine : « Dieu a-t-il réellement dit :

Contact — entre la Bible et mon histoire

Vous ne mangerez pas de tous les arbres du jardin ? » (Ge 3.1.) Ève donne une réponse presque exacte : « Nous mangeons du fruit des arbres du jardin. Mais quant au fruit de l'arbre qui est au milieu du jardin, Dieu a dit : Vous n'en mangerez point et vous n'y toucherez point de peur que vous ne mouriez » (v. 2,3). Ève ajoute quelque chose au scénario initial en prêtant à Dieu les propos suivants : « Vous n'y toucherez point [*au fruit défendu*] ». Soit que Dieu ait prononcé ces mots et que la Bible ne les rapporte pas, ou qu'il s'agisse du commentaire personnel d'Ève, ce qui est plus vraisemblable de penser.

Le serpent réagit en mettant directement en doute la parole divine (« Vous ne mourrez point », v. 4) *et* ajoute quelques détails séduisants (« Mais Dieu sait que, le jour où vous en mangerez, vos yeux s'ouvriront, et que vous serez comme Dieu, connaissant le bien et le mal », v. 5[7]). Ève se trouve désormais devant un choix. Quelle histoire ou scénario fait autorité sur sa vie ? Quels sont les détails qui comptent le plus ? Quelle est la parole la plus fiable ?

Malheureusement, Ève prête attention aux détails qui font miroiter une situation dans laquelle les humains sont au centre et le reste de la création et même Dieu occupent un rang subalterne. Ainsi, au moment où elle « vit que l'arbre était bon à manger et agréable à la vue, et qu'il était précieux pour ouvrir l'intelligence ; elle prit de son fruit, et en mangea » (Ge 3.6). En agissant de la sorte, Adam et Ève apportèrent des réponses totalement différentes aux deux questions concernant la vision du monde : *Où sommes-nous ?* « Dans un monde merveilleux et parfait où tout est mûr pour être cueilli. » *Qui sommes-nous ?* « Des créatures indépendantes, libres de choisir ce qui leur semble source de délice. Nous sommes des créatures capables de choisir le sentier de la sagesse divine. Nous avons la capacité de discerner le bien et le mal. » C'est une perception très différente de la réalité, n'est-ce pas ?

Ensuite, les choses vont rapidement de mal en pis avec l'entrée dans le monde de la souffrance, de la peine, de la misère, du péché et de la mort[8]. Depuis ce premier écart par rapport au vrai scénario de l'univers, l'humanité a suivi d'autres scénarios qui ont tous exclu l'autorité du projet de Dieu pour sa création et son peuple. À quoi cela a-t-il mené ? Au meurtre d'Abel par Caïn (Ge 4.1-16).

Quelle est votre histoire ?

Aux propos vantards de Lémec (Ge 4.19-24). Et finalement à la situation d'avant le déluge, où la Bible mentionne que « toutes les pensées de leur cœur [*des hommes*] se portaient chaque jour uniquement vers le mal » (Ge 6.5). L'appât du pouvoir, la cupidité, la jalousie, l'élévation de soi au-dessus d'autrui, faire retomber la faute sur autrui, se faire justice soi-même, les injustices et autres choses semblables font partie des thèmes et des pratiques des scénarios qui excluent Dieu.

La troisième grande question existentielle est : « *Qu'est-ce qui va mal ?* » La Bible répond que nous avons délibérément choisi de mener notre vie indépendamment de Dieu, en suivant notre propre scénario. Nous avons rejeté l'idée que nous sommes créés en tant qu'adorateurs du Dieu vivant, destinés à le refléter et à le glorifier dans tous les aspects de notre vie. Nous avons opté pour d'autres identités, d'autres valeurs et d'autres buts dans la vie. Nos pensées, nos attitudes, nos émotions et nos actions procèdent jour après jour de ces scénarios différents. Le résultat est conforme à la description que Paul donne dans Tite 3.3 : « Car nous aussi, nous étions autrefois insensés, désobéissants, égarés, asservis à toute espèce de convoitises et de voluptés, vivant dans la méchanceté et dans l'envie, dignes d'être haïs, et nous haïssant les uns les autres. »

Heureusement que les premiers chapitres de la Genèse ne constituent pas la fin de l'histoire ! L'Écriture apporte aussi la réponse à la quatrième question concernant la vision du monde : « *Quel est le remède à ce gâchis ?* » Voici comment Paul le décrit : « Mais, lorsque la bonté de Dieu notre Sauveur et son amour pour les hommes ont été manifestés, il nous a sauvés, non à cause des œuvres de justice que nous aurions faites, mais selon sa miséricorde, par le bain de la régénération et le renouvellement du Saint-Esprit. Il l'a répandu sur nous avec abondance par Jésus-Christ notre Sauveur, afin que, justifiés par sa grâce, nous devenions héritiers dans l'espérance de la vie éternelle » (Tit 3.4-7).

La mission que Dieu a confiée à son peuple d'être gérant de son royaume ne peut être modifiée. L'histoire de Dieu pour sa création ne peut être « réécrite », malgré les puissances du mal qui s'efforcent de mettre un terme prématuré et désastreux au dessein de Dieu. C'est au contraire Dieu qui vient lui-même secourir son peuple rebelle et brisé par le péché, en recréant pour lui-même un « nouveau » peuple (Israël) qui sera source de bénédiction pour toutes les nations (Ge 12.2,3). Comme nous l'avons vu au chapitre 3, l'histoire et la mission d'Israël trouvent leur accomplissement en Jésus-Christ. C'est lui, l'homme parfait et Fils unique de Dieu, qui subit le châtiment de nos péchés et se voit justifié par sa résurrection d'entre les morts. Par le don du Saint-Esprit, il crée l'Église, cette petite bande d'hommes du royaume qui feront des disciples de toutes les nations (Mt 28.19,20), une nouvelle création qui fait écho à Genèse 1.28.

L'histoire à laquelle se conformer

Le défi auquel nous sommes confrontés est donc celui-ci : Répondrons-nous aux questions existentielles fondamentales conformément à l'histoire biblique ou en nous référant à d'autres histoires ? Nous interprétons toujours les événements de notre vie en nous référant à certains présupposés généraux concernant notre nature et celle du monde. La Bible est écrite pour nous révéler la vraie nature de la réalité. Soit la Bible confirme, soit elle infirme les histoires sur lesquelles nous nous appuyons pour donner un sens aux détails de notre vie.

En tant qu'histoire globale, la Bible répond aux quatre questions qui nous permettent de nous comprendre. Les quatre socles de l'Histoire – création, chute, rédemption, consommation – façonneront notre vision du monde. Comme le fait remarquer Richard Harris, « La vision du monde fournit le métier à tisser pour réaliser la tapisserie de notre vie au moyen des fils épars de l'expérience[9]. » Se pose alors de nouveau la question : Quel métier à tisser utilisons-nous pour rassembler de façon harmonieuse les différents fils de notre vécu ?

Il est facile d'affirmer de façon quelque peu abstraite que nous vivons conformément à « l'Histoire de Dieu ». Mais lorsqu'il se produit une déconnexion évidente entre la vision biblique et les caractéristiques de notre vie (ce qui est fréquemment le cas !), marquons une pause et demandons-nous : « Quelles sont les autres histoires, interprétations de la vie et croyances qui inspirent vraiment notre façon de faire ? » Ces histoires rivales

Quelle est votre histoire ?

rendent indispensable un ministère auprès des individus, c'est-à-dire une intervention auprès d'eux pour les aider à découvrir les scénarios qui inspirent leur vie. Qu'est-ce que cela signifie en pratique ?

À la découverte des histoires qui inspirent notre vie... et notre mort

Permettez-moi d'illustrer mon propos par une scène familière, celle d'une famille en vacances. Il n'y a pas longtemps, nous avons passé une semaine de vacances dans une petite maison à la campagne sur la côte méridionale de l'État du Maine, aux États-Unis. C'était en avril et nous nous attendions à un temps plutôt froid. Mais nous n'escomptions certainement pas la pire tempête de neige de la saison ! Elle nous a privés d'eau et d'électricité pendant deux jours. Curieusement, cette situation ne parvint pas à tuer l'enthousiasme de deux d'entre nous, tandis que les deux autres, dont je tairai le nom, trouvèrent que ce qui ressemblait à du camping sous abri n'avait vraiment rien d'attrayant ! Pour être honnête, j'ajoute que nous nous sommes tous lassés de devoir faire fondre de la neige pour avoir de l'eau.

Pourquoi la même série d'événements a-t-elle incité un groupe de personnes à réagir d'une certaine manière – relever facilement les défis, ne pas se plaindre du manque de douche – et l'autre groupe d'une manière très différente – à ronchonner et à vouloir écourter le séjour ? Tout simplement parce que les membres ronchonneurs de la famille suivaient un autre scénario que les membres plus heureux. Une vision différente du monde inspirait les deux groupes. Voici comment chaque groupe aurait répondu aux questions fondamentales indiquées plus haut (avec une *pointe* d'exagération, j'en conviens !)

Les ronchonneurs ou pessimistes

- *Où sommes-nous ?* Nous sommes sur un lieu de vacances mal équipé pour répondre à nos besoins.
- *Qui sommes-nous ?* Nous sommes le centre de notre univers. La création tout entière est là pour se mettre à notre service ! Seul notre confort compte.

- *Qu'est-ce qui va mal ?* Cette stupide tempête de neige ruine tout. Nous espérions le confort et la détente, et non le stress.
- *Quel est le remède ?* Nous devons fuir ce cauchemar ; en attendant, nous continuerons de nous plaindre.

Les satisfaits ou optimistes

- *Où sommes-nous ?* Nous sommes en vacances sur une splendide partie de la création de Dieu.
- *Qui sommes-nous ?* Nous sommes des serviteurs de Dieu, appelés à nous conformer aux valeurs du royaume de Jésus-Christ où que nous soyons. Nous sommes des gens rachetés, mais nous attendons encore la pleine rédemption que Jésus apportera à son retour.
- *Qu'est-ce qui va mal ?* Il s'est produit quelque chose d'inattendu qui révèle à quel point nous sommes exigeants et égocentriques. Cette situation imprévue existe même sous le règne de notre Père sage et aimant. Il est également vrai qu'entre la première venue de Jésus et la seconde, la souffrance et les épreuves font partie de la vie chrétienne normale, comme le rappelle Romains 8.18-23.
- *Quel est le remède ?* Accepter la tempête de neige comme conforme au dessein de Dieu, apprécier la beauté de la neige, demander à Dieu de nous aider à passer de la déception au contentement *et* réfléchir sereinement s'il ne serait pas plus sage de quitter les lieux plus tôt au cas où nous ne pourrions pas prendre de douches ni tirer la chasse d'eau des toilettes.

Remarquons à quel point les scénarios d'ensemble qui inspirent les réactions des deux groupes sont différents. Les ronchonneurs utilisent des lunettes qui focalisent les événements sur eux-mêmes et ils réagissent en conséquence. Le groupe qui accepte la situation de manière plus paisible se sert de lunettes bibliques qui situent les mêmes événements dans le scénario plus vaste du plan rédempteur divin.

Quelle est votre histoire ?

Ce même affrontement se produit journellement dans notre vie. Chaque fois que vous vous montrez durs avec vos enfants, que vous utilisez la parole pour manipuler votre conjoint, que vous vous détournez alors que vous auriez pu offrir votre aide, vous révélez le scénario égocentrique qui inspire votre style de vie. Et chaque fois que vous décidez de ne pas rendre le mal pour le mal, que vous accueillez l'étranger dans votre cercle, que vous vous sacrifiez pour votre conjoint, vous indiquez que vous conformez votre vie au scénario de Dieu. Si vous êtes comme moi, le passage du script dont Dieu est l'auteur à celui écrit par l'homme peut s'opérer instantanément.

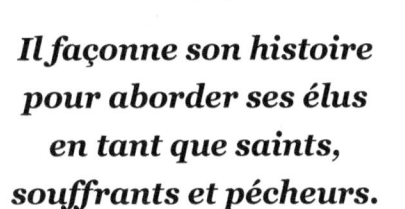

Il façonne son histoire pour aborder ses élus en tant que saints, souffrants et pécheurs.

Dans notre ministère d'aide auprès des personnes, nous devons prêter attention à la manière dont les détails de leur vie se rattachent à des visions plus larges du monde. Au fur et à mesure que vous liez connaissance avec eux, posez-leur le genre de questions qui révéleront leurs motivations et leurs pensées concernant Dieu, les autres, eux-mêmes et le monde. En reconnaissant combien il *nous* est difficile de vivre conformément au scénario de Dieu, nous resterons humbles en prenant connaissance des histoires différentes de ceux que nous cherchons à aider.

Aborder les gens comme des saints, des souffrants et des pécheurs

La Bible fait davantage qu'écrire un vaste scénario auquel conformer notre façon de vivre. Elle ne se cantonne pas non plus aux questions fondamentales que nous venons d'examiner, liées à la vision du monde. Elle adapte les contours de l'histoire à des gens qui ont besoin d'entendre comment les actes rédempteurs de Dieu influencent tous les aspects de la vie quotidienne. Geerhardus Vos déclare : « Tout ce que Dieu a révélé de lui-même l'a été en réponse aux besoins religieux pratiques de son peuple au fur et à mesure du déroulement de l'Histoire[10].» Et comment Dieu parle-t-il à son peuple en réponse à ses besoins ? Il façonne son histoire pour aborder ses élus en tant que saints, souffrants et pécheurs[11].

Pourquoi est-ce si important de souligner ces aspects de notre identité de croyants ? Ils correspondent à notre expérience avant le retour de Jésus pour instaurer pleinement son règne. La façon dont nous tenons notre « rôle » de saints, de souffrants et de pécheurs indique notre degré de conformité à la Parole de Dieu. La manière dont les gens expriment leur identité de fils et de filles de Dieu montre à quel point ils sont proches ou éloignés du scénario rédempteur de Dieu. Leur attitude devant la nature et la finalité de la souffrance de ce côté-ci du ciel révèle si, à l'instant présent, ils sont en accord avec le plan divin global. Enfin, la façon dont les individus s'approprient leur péché et le combattent dans leur vie prouve leur désir de se conformer aux détails de la Parole de Dieu.

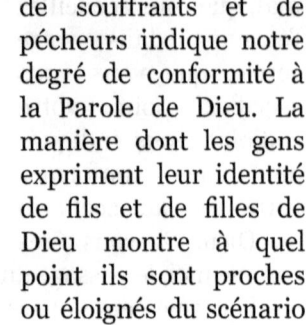

Contrairement aux définitions mondaines de l'identité, notre identité et notre héritage ne peuvent se flétrir.

On peut présenter les choses sous un autre angle et dire que toute personne rencontrée se débat avec deux problèmes. Il y a d'abord celui de l'identité et du but : qui suis-je et que suis-je censé faire dans ce monde ? (Cela correspond à l'idée que Dieu se fait de nous comme saints.) Ensuite, le problème du mal : celui qui nous est « extérieur » (il correspond à notre expérience de souffrants), et celui qui nous est « intérieur » (c'est notre expérience de pécheurs).

Où l'Écriture nous présente-t-elle ces distinctions de saint, de souffrant et de pécheur ? Remarquons que ces catégories opèrent toujours de façon simultanée et implicite en nous. Mais un passage donné de l'Écriture éclaire souvent explicitement un seul de ces aspects. Certains passages se focalisent plus particulièrement sur l'identité du peuple de Dieu, d'autres sur la consolation des affligés, d'autres encore sur la question du péché dans la vie des croyants. Examinons ces choses de plus près.

Quelle est votre histoire ?

Saint

L'existence même de la Parole de Dieu présuppose la distinction « saint ». En effet, la Parole divine s'adresse au peuple *élu* et aimé, les descendants d'Abraham, d'Isaac et de Jacob ; elle parvient ensuite aux païens qui ont été greffés sur l'histoire d'Israël (Romains 11). Il ne fait cependant aucun doute que le terme *saint* trouve son expression la plus complète dans l'œuvre de Christ – nous sommes saints (ou mis à part) parce que nous avons été sanctifiés en Jésus-Christ (1 Co 1.2 ; 6.11). Tout au long de l'Écriture, Dieu considère son peuple comme formé par ceux qui ont été mis à part pour lui.
Dieu rappelle souvent à ses élus ce qu'ils sont. La Bible abonde de références à ce sujet. Évoquons-en quelques-unes[12] :

- Nous portons l'image du seul vrai Dieu (Ge 1.26).
- Nous sommes ceux à qui et en qui les bénédictions promises aux nations ont été accordées (Ge 12.2,3 ; Ga 3.8,9).
- Nous faisons partie de la communauté que Dieu s'est choisie (De 4.32-40).
- Nous sommes ceux qui se différencient par la présence même de Dieu (Ex 33.16).
- Nous sommes sanctifiés et justifiés en Jésus-Christ (1 Co1.2 ; 6.11).
- En Christ, nous sommes des enfants de Dieu qui ont été choisis, rachetés, pardonnés et qui ont reçu le Saint-Esprit (Ép 1.3-14 ; Ga 4.6,7).
- Nous formons « une race élue, un sacerdoce royal, une nation sainte, un peuple acquis » (voir 1 Pi 2.4-11[13]).

Remarquez à quel point l'identité du peuple de Dieu dépend de Dieu lui-même. Nous sommes définis par notre relation à lui ! Dans un monde qui incite les gens à se définir sous des identités fausses et éphémères fondées sur l'apparence, l'intelligence, la richesse, le pouvoir ou le succès, notre référence à Dieu est plutôt une bonne nouvelle ! Contrairement aux définitions mondaines de l'identité, notre identité et notre héritage ne peuvent se flétrir (1 Pi 1.3,4). Dans notre lecture biblique, prêtons attention à la manière dont la Parole de Dieu s'adresse à nous en tant que saints, des gens mis à part pour notre bien et pour la gloire de Dieu. Cette attitude nous préparera à parler à des êtres qui ont oublié qui ils sont réellement !

Souffrant

Que dire de notre « rôle » de souffrant ? Là encore, l'Écriture déclare que depuis la chute, les humains que Dieu a choisis *sont* des souffrants. Ils sont agressés en permanence par des maux extérieurs à eux-mêmes. Voici quelques références bibliques appropriées :

- La sortie d'Égypte. Exode 3.7,8 est particulièrement instructif : « L'Éternel dit : J'ai vu la souffrance de mon peuple qui est en Égypte, et j'ai entendu les cris que lui font pousser ses oppresseurs, car je connais ses douleurs. Je suis descendu pour le délivrer de la main des Égyptiens. »
- Dans le livre des Juges, les Israélites crient sans cesse à Dieu pour qu'il les délivre de l'oppression des nations étrangères. Il est dit que « l'Éternel avait pitié de leurs gémissements contre ceux qui les opprimaient et les tourmentaient » (Jg 2.18). Notons avec intérêt que dans le chapitre précédent, c'est Dieu lui-même qui livre son peuple à ses ennemis à cause de son idolâtrie. Le livre des Juges (comme toute l'Écriture) lie le péché et la souffrance. On ne découvre pas de lien artificiel entre les deux. Dieu prend au sérieux à la fois le péché et la souffrance, même lorsque celle-ci découle de décisions coupables. Dieu est plein de compassion pour les pécheurs qui souffrent à cause de leur péché. Il ne hausse pas les épaules devant les Israélites qui n'en font qu'à leur tête et qui souffrent à cause de leurs mauvais choix, et il ne leur dit pas : « Je vous l'avais bien dit ! »
- Les psalmistes (dans les Psaumes de lamentations 13, 22, 44, 88, entre autres) supplient Dieu du fond de leur détresse et comptent sur l'intervention de Dieu car « il n'a ni mépris ni dédain pour les peines du misérable, et il ne lui cache point sa face ; mais il l'écoute quand il crie à lui » (Ps 22.25).

Quelle est votre histoire ?

- Dieu fait rendre compte à tous ceux qui oppriment les autres et se montrent injustes à leur égard (Jé 23 ; Éz 34 ; Amos).
- Paul déclare que cette vie s'accompagne de « gémissements » au sein de la souffrance (Ro 8.18-27).
- La lettre aux Hébreux, la première épître de Pierre et l'Apocalypse sont écrites à des communautés qui souffrent ; elles leur donnent de l'espoir, ouvrent une perspective et indiquent une direction au sein de la souffrance et de la persécution.

L'Écriture montre clairement que la souffrance est un fil qui parcourt toute l'histoire du peuple de Dieu. En Jésus et à cause de sa résurrection, les saints aspirent au jour où « il n'y aura plus ni deuil, ni cri, ni douleur et où « Dieu essuiera toute larme de leurs yeux » (Ap 21.4). Mais en attendant, les croyants souffrent par leur union avec leur Sauveur, lui qui a connu la souffrance avant d'accéder à *sa* gloire[14].

Pécheur

Considérons maintenant l'aspect de notre vie de pécheur. L'Écriture est formelle : ses lecteurs et ses auditeurs *ont besoin* d'être rachetés puisque l'humanité est tombée dans le péché. La Bible affirme que nous sommes constamment confrontés aux maux *en* nous. Le péché est une réalité qui ressemble à la loi de la gravitation universelle qui pousse le peuple de Dieu vers le bas. Elle explique la question qui tourmentait Paul : « Qui me délivrera de ce corps de mort ? » (Ro 7.24.) En fin de compte rien d'autre que le sacrifice de Christ ne peut racheter des pécheurs (Hé 7.26,27 et ailleurs dans Hébreux ; 2 Co 5.21).

Chaque page de la Bible concerne implicitement des pécheurs. Voici cependant des passages qui soulignent plus spécifiquement la gravité et la folie du péché.

- L'Éternel vit que la méchanceté des hommes était grande sur la terre, et que toutes les pensées de leur cœur se portaient chaque jour uniquement vers le mal » (Ge 6.5).

- Dans le Lévitique, le système des sacrifices constituait un rappel sensoriel de la réalité et du salaire du péché. Les pécheurs qui voulaient retrouver la communion avec Dieu entendaient les cris de l'animal égorgé, voyaient la couleur rouge du sang versé, touchaient le sang gluant et visqueux, et sentaient l'odeur des sacrifices consumés par le feu. Il n'y avait pas moyen de se soustraire au sérieux de toute transgression même involontaire, de la loi divine.
- Le livre des Juges rappelle qu'en ce temps-là, « chacun faisait ce qui lui semblait bon » (21.25) et rapporte l'un des actes pécheurs les plus horribles de toute l'Écriture (Juges 19).
- Les deux livres des Rois racontent le schisme du puissant royaume de David et Salomon en deux faibles royaumes d'Israël et de Juda, et l'inexorable descente du peuple de Dieu dans l'idolâtrie, ce qui aboutit à la destruction des deux nations. Même les conséquences de leurs péchés ne les empêchèrent pas de se rebeller contre Dieu (voir Amos 4).
- Seule l'intervention de Dieu lui-même peut guérir son peuple de son apostasie et de ses rechutes. Et il ne s'agit rien de moins que d'une transplantation cardiaque ! Voir Jérémie 3, surtout 3.22 ; Ézéchiel 36.24-32 ; 37.

Vous acceptez à la rigueur de rattacher cette description repoussante du péché et de ses connaissances à l'Ancien Testament, mais quel portrait le Nouveau Testament en brosse-t-il ? Jésus n'a-t-il pas triomphé du péché ? Ne vivons-nous pas sous l'ère de l'Esprit ? C'est vrai, mais le Nouveau Testament affirme aussi que nous vivons la période intermédiaire qui sépare la résurrection de Jésus de son retour. Par Jésus, le siècle à venir a déjà fait irruption dans le présent siècle mauvais (Ga 1.3,4). Jésus nous donne son Esprit comme « prémices » de la nouvelle création de Dieu ; il nous *garantit* la possession *future* de la pleine rédemption, y compris la résurrection (Ro 8.23 ; Ép 1.13,14). Bien que Jésus-Christ ait déjà accompli la rédemption, celle-ci n'est pas encore pleinement réalisée dans le peuple de Dieu (Ph 3.12-14). La lutte constante contre le péché, la guerre entre la chair et l'Esprit, voilà ce qui caractérise notre vie dans le temps présent.

Les épîtres du Nouveau Testament montrent clairement que la vie nouvelle en Christ n'a rien d'automatique. Le peuple de Dieu a toujours lutté contre la présence du péché, et il continue de le faire[15]. Les chrétiens ont donc besoin d'être instruits, repris, encouragés et avertis. Les auteurs humains du Nouveau Testament ont proclamé haut et fort l'œuvre accomplie parfaitement par Christ, mais ils ont également insisté sur la nécessité d'appliquer cette œuvre achevée à la vie de tous les jours. Toutes les Églises luttent journellement contre d'autres scénarios à propos d'identité, de sens et de but. Tout groupe de croyants s'efforce de combler le fossé entre les indicatifs et les impératifs de l'Évangile. Toute Église cherche à voir la vie et à la mener grâce aux yeux nouveaux que l'Évangile lui a donnés. Cette lutte incessante a été au cœur même du ministère des apôtres et des auteurs néotestamentaires. Nous avons, nous aussi, le privilège d'aider les gens à trouver leur identité et à détourner leurs oreilles du chant des sirènes du monde, de la chair et du diable.

Concluons. La Bible parle de nos expériences de saints, de souffrants et de pécheurs. Les paroles rédemptrices de Dieu *confirment* notre identité de peuple élu de Dieu, *réconfortent et consolent* son peuple affligé, et *condamnent* notre éloignement de sa nature et de son œuvre rédemptrice. La vision du monde que les Écritures présentent n'est pas dépersonnalisée, comme si nous pouvions nous poser les quatre questions fondamentales dans l'abstrait. Nous sommes au contraire destinés à entrer dans le scénario écrit par Dieu par nos expériences personnelles d'existence vécue comme des saints, des souffrants et des pécheurs. Comme nous le verrons dans les chapitres suivants, notre façon d'utiliser l'Écriture devra avoir cette même nature à plusieurs faces.

L'ignorance n'est pas une béatitude !

Comment se présente le ministère si nous ne tenons pas compte de ces grandes catégories pour comprendre nos semblables ? Si nous négligeons le fait que nos contemporains ont une histoire ou des histoires dominantes qui façonnent et orientent le cours de leur vie, nous ressemblerons à des serviteurs de Dieu qui ne font qu'éteindre des feux de broussailles. L'avez-vous remarqué ? Vous avez éteint un feu et vous avez de nouveau besoin du tuyau d'arrosage la semaine suivante ! Pourquoi ? Si nous ne prenons pas en considération les histoires qui façonnent la vie des gens, nous leur donnerons des conseils pour répondre à une question, mais nous passerons à côté du vrai problème existentiel. C'est comme si nous coupions l'herbe qui affleure au lieu d'arracher ses racines. N'en déduisons pas que le dépannage est une mauvaise chose. D'ailleurs, dans des situations de crise aiguë (comme dans des cas de violence conjugale ou de tentatives de suicide), je ne pose pas de questions sur les histoires qui ont façonné la vie de mes interlocuteurs ! Je pare au plus urgent et agis au plus vite pour préserver la vie. Je creuserai plus tard. Mais généralement, si nous ignorons les visions du monde auxquelles se fient les gens, nous ne pouvons bien comprendre les pensées, les attitudes, les paroles et les actions qui découlent du fil conducteur de leur vie. Les gens n'ont pas besoin de solutions compartimentées à leurs problèmes compartimentés. Il leur faut l'histoire libératrice de la rédemption qui unit peu à peu les différents aspects de leur vie et les met en accord avec la vérité de l'Évangile.

Si nous négligeons la catégorie de « saint », nous serons enclins à insister uniquement sur l'aspect « pas encore » de la vie des êtres humains. Au lieu de célébrer les signes de la rédemption déjà présents en eux, nous serons tentés de nous polariser sur ce qui leur fait encore défaut. Je parle en tant que parent. Il est juste que je souligne le péché chez mes enfants et que je les encourage à se repentir. Il est juste que je les éduque à vivre autrement, en conformité avec la vérité biblique. Mais voilà où le bât blesse ! Je les surprends à *mal* agir, mais est-ce que je les vois accomplir quelque chose de *bien* ? Est-ce que je souligne l'œuvre que l'Esprit accomplit en eux ? Combien de fois leur ai-je dit mon bonheur d'être leur père ? Comme nous le verrons au chapitre 7, c'est pourtant ce que Paul fait fréquemment pour ses enfants spirituels. Si nous n'exerçons pas notre ministère de cette façon, en valorisant l'identité chrétienne de nos interlocuteurs et le fruit de l'Esprit dans leur vie, nous risquons de les décourager, de les démotiver et d'entretenir leur colère.

Quelle est votre histoire ?

Que se passe-t-il si nous omettons de voir le « souffrant » chez les gens auprès desquels nous exerçons notre ministère ? Nous serons insensibles à leurs difficultés relationnelles et à leurs circonstances. Nous atténuerons l'importance du péché commis contre eux et amplifierons le péché qu'ils commettent. Dans notre zèle pour qu'ils reconnaissent et confessent leur péché, nous passerons sous silence les injustices dont ils sont victimes. Nous ne comprendrons pas la peine qu'ils ressentent. Et nous n'entendrons pas leur appel au secours !

Je n'oublierai jamais l'une des premières leçons de counseling biblique que m'enseigna Paul Tripp. Nous regardions en groupe la première session enregistrée sur vidéocassette d'une rencontre avec un homme colérique et enclin à faire retomber la faute sur autrui. La leçon imposée pour la session suivante consistait à réfléchir à la manière d'aborder cet homme. J'étais censé avoir eu maille à partir avec lui. Je supposais que quoi que je dise, il refuserait mes conseils et un nouveau rendez-vous. Je lui passai donc un savon. Je lui décochai

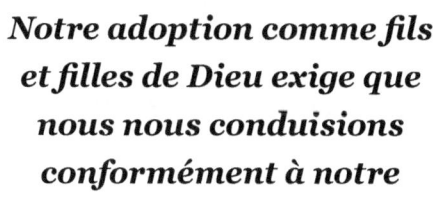

Notre adoption comme fils et filles de Dieu exige que nous nous conduisions conformément à notre héritage royal.

des salves de vérités bibliques pour l'obliger à changer sa façon égocentrique de vivre. *Pas mal*, me dis-je. *Peut-être acceptera-t-il ce que j'ai dit et l'Esprit s'en servira-t-il plus tard*. Je retournai ensuite dans le groupe pour écouter Paul parler de l'importance de se mettre d'abord sur la même longueur d'onde que cet homme dans sa souffrance pour pouvoir l'aider. « Autrement, il est fort probable qu'il ne revienne plus jamais ! », dit-il. J'en pris pour mon grade. Ce n'est pas que cet homme était indemne de péché, mais la priorité numéro un consistait à se mettre à son niveau d'homme souffrant. Rappelez-vous que la plupart des gens sollicitent de l'aide parce qu'ils souffrent et ont besoin d'espoir.

Enfin, si nous minimisons la catégorie « pécheur », nous atténuons une réalité importante : les gens sont des porteurs de l'image divine et ils auront à en rendre compte. Le jugement que porte Jérémie pourrait s'appliquer à nous : « Ils pansent à la légère la plaie de la fille de mon peuple : Paix ! paix ! disent-ils ; et il n'y a point de paix » (Jé 6.14). Nous ne rendons pas service aux gens en passant outre leurs comportements autodestructeurs et destructeurs d'autrui. Le dessein de Dieu est de voir ses enfants ressembler de plus en plus à Christ : « Comme des enfants obéissants, ne vous conformez pas aux convoitises que vous aviez autrefois, quand vous étiez dans l'ignorance. Mais, puisque celui qui vous a appelés est saint, vous aussi soyez saints dans toute votre conduite, selon qu'il est écrit : Vous serez saints, car je suis saint » (1 Pi 1.14-16). Notre adoption comme fils et filles de Dieu exige que nous nous conduisions conformément à notre héritage royal. La foi authentique opère des changements tangibles, comme le souligne l'épître de Jacques (2.14-17).

Vous vous rendez compte que les trois perspectives sont indispensables pour exercer un ministère équilibré. Cela ne signifie pas que nous pouvons connaître une personne de façon exhaustive ou que nous devons connaître parfaitement ces catégories avant de pouvoir intervenir dans la vie de quelqu'un. Elles servent cependant comme pierres de touche d'une expérience humaine capable de guider nos efforts pour comprendre nos semblables.

Le moment de nouer le contact

J'ai consacré les trois derniers chapitres à un large survol permettant de lire la Bible et de lire les gens. Je vais maintenant tenter de réunir ces deux lectures. Comment *faisons-nous* pour relier pratiquement le récit de l'Évangile au récit de la vie des gens ? Comment l'histoire de Dieu nous plonge-t-elle pleinement dans notre expérience de saints, de souffrants et de pécheurs ? C'est dans cette direction que s'engage la deuxième partie du livre.

Questions à discuter

1. Lorsqu'une personne vous fait part des joies et des difficultés de la vie, sur quelle catégorie d'ensemble vous appuyez-vous pour comprendre les détails de sa vie ?
2. Examinez votre vie et celle des personnes auxquelles vous vous intéressez. Quels sont les autres scénarios

Quelle est votre histoire ?

(interprétations de la réalité) qui menacent de masquer la perspective dominante de la Parole de Dieu ? (Il peut être utile de revoir les quatre questions fondamentales concernant la vision du monde.)
3. Qu'est-ce qui vous freine quand vous cherchez à introduire le message rédempteur de Dieu dans votre vie ? Dans la vie des autres ?
4. Duquel des trois aspects de votre expérience – saint, souffrant, pécheur – vous sentez-vous le plus proche ? Pourquoi ?
5. Lequel de ces trois aspects trouvez-vous le plus facile à aborder dans vos contacts avec les gens ? Pourquoi ? Qu'est-ce qui vous empêche d'avoir une approche équilibrée ?

Chapitre 6

Relier les histoires

Nous avons encouragé à lire l'Écriture comme une histoire du déroulement de la rédemption qui culmine en Christ. Nous avons également exhorté à « lire » les gens d'une manière qui tient compte du scénario général de leur vie. Efforçons-nous maintenant de relier l'Écriture à la vie des individus. Nous devrons pour cela combler l'abîme entre autrefois et maintenant, que ce gouffre semble aussi large et profond qu'un canyon ou aussi insignifiant qu'un petit fossé. Commençons par des conseils généraux pour l'utilisation de la Bible dans le ministère.

L'utilisation de l'Écriture dans le ministère auprès des personnes[1]

Rappelons-nous plusieurs choses très importantes lorsque nous cherchons à relier l'histoire de la Bible à celle des individus.

1. Certains passages abordent plus clairement que d'autres certains sujets, mais tous les passages jettent une lumière sur n'importe quel sujet.

Prenons un exemple. Luc 12.22-34 aborde clairement le problème de l'inquiétude et de la peur, tandis que 1 Pierre 1.3-9 (qui présente la compassion rédemptrice de Dieu comme raison de persévérer au milieu de la persécution) ne le fait pas. Je me suis pourtant servi des deux textes pour aider une personne anxieuse. Dans Luc 12, l'« antidote » à la peur se fonde sur le verset 32 :

« Ne crains point, petit troupeau ; car votre Père a trouvé bon de vous donner le royaume », une possession que rien au monde ne peut nous ôter. En nous appuyant sur le texte de Pierre, nous pourrions mettre en avant l'espérance vivante que nous procure la résurrection de Christ et l'héritage impérissable qui nous attend. En fin de compte, nous goûtons dès à présent un peu de cet avenir en Christ ; c'est ce qui nous permet de faire face à l'angoisse liée aux difficultés présentes.

Voici un autre exemple. Pour aider un couple qui vit une situation conflictuelle, nous pourrions nous servir de Jacques 4.1-11, qui commence par la question : « D'où viennent les luttes, et d'où viennent les querelles parmi vous ? » Nous pourrions également évoquer 1 Pierre 2.9,10 qui ne parle pas du tout de difficultés relationnelles, mais décrit l'identité des croyants en se servant d'un langage rappelant l'histoire d'Israël. La parole de Jacques nous servirait à insister sur le fait que les relations conflictuelles sont en définitive ancrées dans l'attitude personnelle à l'égard du Seigneur et exhorter chacun des conjoints à examiner ses intentions et ses motivations devant le Seigneur. Par le texte de Pierre, nous inviterions le couple à lutter avec les implications relationnelles liées à notre qualité de membres du peuple de Dieu, un peuple élu, un sacerdoce royal, une nation sainte.

2. Dans notre ministère auprès des personnes, nous passons de la vie au texte *ou* du texte à la vie

Que signifie passer « de la vie au texte » ? Nous sommes à l'affût des thèmes et des besoins pastoraux présents dans la vie de la personne que nous espérons aider. Ensuite, nous cherchons quels sont les passages qui répondent à ces besoins. Nous prenons celui ou ceux qui, à notre avis, semblent répondre à l'attente de la personne dans ses luttes. Nous choisirions par exemple Luc 12 ou Philippiens 4.5-7 pour une personne anxieuse. Pour un individu qui a du mal à pardonner à autrui, nous citerions Matthieu 18.31-35 (la parabole du serviteur impitoyable) ou Colossiens 3.12-14. Nous cherchons un passage qui traite plus particulièrement du problème. C'est comme un sermon qui se concentre sur un sujet plus particulier, comme le mariage ou l'argent ; le prédicateur choisit les textes bibliques qui parlent directement de ces questions.

Relier les histoires

Mais nous voulons également améliorer notre capacité à passer « du texte à la vie ». Supposons que j'aie été frappé par un texte particulier, par exemple lors de mon culte personnel, et je décide de m'appuyer sur ce texte pour aider une personne que je guide ou conseille. Le pendant de cette situation serait la prédication textuelle dans laquelle le prédicateur expose un livre de la Bible, verset par verset, et tire des applications pour la vie de ses auditeurs au fil du texte. Le texte fournit le matériau brut pour ma rencontre avec autrui, et je me demande : « Comment faire de ce texte un «repas» pour celui que je vais aborder ? » Dans mon counseling biblique auprès des personnes, il n'est pas rare que je me serve d'un passage qui m'a beaucoup parlé et que je le cite à plusieurs personnes dans la même journée ! Certes, je peux souligner différents aspects du passage en fonction des personnes abordées, mais c'est le même texte que j'ai appliqué à la vie.

Dans le contact personnel, nous choisissons probablement de passer de la vie au texte. En écoutant la personne nous faire part de détails de sa vie, certains thèmes nous viennent à la mémoire ; l'Esprit nous oriente alors sur certains thèmes et passages bibliques appropriés. En général, lorsque je me prépare pour une séance de counseling biblique, je prie pour savoir quelle orientation donner à la session et quelle facette de l'Évangile mon interlocuteur a le plus besoin d'entendre. Certains passages qui me sont familiers pour les avoir utilisés précédemment me viennent à l'esprit. Il est possible que je m'y réfère en fonction de l'orientation que prendra notre entretien, mais quoi qu'il en soit, je les garde à l'esprit.

Ce mouvement qui consiste exclusivement à passer de la vie au texte comporte cependant un danger : le risque de se constituer un arsenal limité de textes faciles, un peu passe-partout. Nous sommes peut-être naturellement enclins à avancer un texte biblique comme « preuve » et à donner des principes et des conseils superficiels. Mais si nous situons le passage que nous avons choisi dans le contexte plus vaste du déroulement de l'histoire rédemptrice de Dieu, nous serons gardés d'une approche simpliste qui consiste à citer des textes répondant, selon nous, à la situation de l'interlocuteur. Je ne milite pas contre l'utilisation de textes simples, ni contre l'idée de tirer des principes d'un texte.

Je tiens plutôt à ce que l'utilisation de tels passages et de tels principes reste connectée à l'histoire globale de Dieu.

3. Certains passages *s'utilisent* plus facilement que d'autres dans le ministère auprès des individus

Cela signifie que le fossé entre l'univers du texte et la situation présente se franchit plus facilement. Par exemple, si j'interviens auprès d'un couple en conflit conjugal, je pourrais me servir d'Éphésiens 5.21-33 ou de Philippiens 2.1-11, car tous deux ont une connotation relationnelle évidente. Il est infiniment moins probable que je cite 1 Chroniques 1 – 9, qui mentionne la généalogie des Israélites revenus en Palestine ! Si nous les utilisons, les passages les plus difficiles offriront une perspective plus générale à propos des problèmes étudiés. Les passages que nous considérons comme faciles (du type « fossé ») concernent plus directement le problème posé. C'est d'ailleurs pour cela qu'ils sont plus faciles à appliquer !

Je devine votre question : *Comment appliquer 1 Chroniques 1 – 9 à un problème conjugal ?* Nous y voilà ! Le texte des Chroniques est vraisemblablement écrit à l'intention des Juifs (et à leurs descendants) qui étaient revenus en Judée après l'exil[2]. Ils s'interrogeaient probablement sur leur lien avec l'œuvre et les promesses passées de Dieu. La généalogie leur rappelait que ce lien existait toujours et qu'il remontait à Adam. La généalogie leur rappelait que Dieu poursuivait inlassablement et passionnément son œuvre de préservation de son peuple, malgré le désir des Israélites de vivre selon d'autres scénarios. Finalement, la rédemption et la préservation divines se focalisent sur Jésus-Christ. Aujourd'hui, il inclut les époux querelleurs dans le même peuple que Dieu aime. On peut espérer que la vision du monde de ces époux, une vision qui s'est réduite aux limites étouffantes de leurs déceptions et de leurs chamailleries, s'élargira à nouveau quand ils découvriront que Dieu les a inclus dans sa grande histoire. De même que les Juifs revenus au pays faisaient face à la reconstruction de Jérusalem en étant assurés de la fidélité de Dieu malgré leur péché, les deux conjoints pourront faire chacun un pas en direction de l'autre pour reconstruire leur mariage, assurés de la fidélité de Dieu manifestée en Jésus-Christ. Ces

Relier les histoires

réalités rédemptrices ne devraient-elles pas inciter ce couple à marquer une pause avant de s'affronter la prochaine fois ?

Nous pouvons donc nous appuyer sur Éphésiens 5 et 1 Chroniques 1 – 9 pour aider ce couple, mais le deuxième passage fournira une perspective plus générale (et exigera du conseiller un travail d'exégète plus important pour montrer la pertinence du texte à la situation des personnes secourues). Une question se pose alors : Sous prétexte que je *pourrais* utiliser le texte de 1 Chroniques 1 – 9 pour venir en aide à un couple, *dois-je* le faire ? En bref, non, probablement pas. Vous devez faire preuve de sagesse. Si les époux ne connaissent pas bien le passage des Chroniques, vous devriez passer trop de temps à le leur rendre familier et utile. Il ne faudrait pas que le voyage éclipse la destination ! L'utilisation d'un tel passage pour résoudre un problème très fortement chargé sur le plan émotionnel pourrait sembler trop « cérébrale ». Je ne souhaite pas que les gens opinent poliment de la tête lorsque nous abordons la lecture ou le résumé d'un texte biblique. Je fais tout mon possible pour qu'ils participent à la discussion. Pour ces raisons, je pense que j'utiliserais de nombreux autres passages que celui des Chroniques dans ce cas de figure.

Où est-ce que je veux en venir ? J'essaie de vous pousser un peu, de vous encourager à sortir des sentiers battus. Je voudrais vous faire comprendre que des passages plus difficiles (du type « canyon ») s'appliquent à notre vie. Je ne tiens pas à ce que vous effaciez 1 Chroniques 1 – 9 de votre Bible en le jugeant inadapté pour notre temps. Comme je l'ai déjà dit précédemment, je veux que votre Bible « grossisse » dans le volume des passages que vous pourrez appliquer. Bien sûr, je vous demande de vous montrer sages pour décider du thème ou du passage le mieux adapté aux personnes que vous aidez. Moins ces personnes sont familiarisées avec la Bible, plus nous devons nous appuyer sur des passages courts présentant des points clairs et des liens immédiats avec la situation dans laquelle elles se trouvent.

4. Insistez sur les liens qui découlent du passage dans son ensemble plutôt que sur des expressions isolées

Plus le corps du texte est important, meilleurs et plus naturels seront les liens d'application. Les érudits des sciences bibliques insistent sur le fait que la signification ressort au moins au niveau de la phrase, mais plus généralement au niveau de parties plus complètes du discours[3]. Cela ne veut pas dire que les détails et les mots d'un passage ne comptent pas. C'est souvent l'étude attentive des détails qui met en lumière la signification d'un passage. Ce sont parfois ces détails qui font le lien avec la situation de la personne concernée. Encore faut-il comprendre le thème de tout le passage en question.

5. Rappelez-vous que tous les passages sont liés d'une manière ou d'une autre à Jésus-Christ et à son œuvre rédemptrice

Chaque texte révèle une facette particulière de l'histoire qui converge – en avant et en arrière – vers les venues de Jésus-Christ.

Lorsque nous abordons l'Écriture et les gens, nous devons rendre justice à la fois à la diversité et à l'unité du scénario biblique.

Comme nous l'avons vu, la trajectoire de l'Écriture centrée sur Christ accroît son applicabilité à notre situation. En vertu de notre union avec *la Parole*, Jésus-Christ (Jn 1.1,14), nous buvons au même cours d'eau de la révélation que les générations chrétiennes passées. J'ajoute cependant deux mises en garde.

Tout passage ne parle pas *explicitement* de Christ. Les détails d'un texte n'ont pas forcément une signification christologique précise. En d'autres termes, gardons-nous d'établir des liens avec l'Évangile de façon fantaisiste et allégorique. Prenons le cas d'Augustin. Dans un sermon sur Proverbes 31.10-31, Augustin voit dans la femme en question un symbole de l'Église. En conséquence, il aborde le texte en cherchant une signification ayant un rapport avec Christ ou avec l'Église. Il interprète ainsi l'expression « elle se lève lorsqu'il est encore nuit » (v. 15) comme l'annonce des tribulations de l'Église. La « lampe » (v. 18) représente l'espérance chrétienne. Dans les mots « fin lin et pourpre » (v. 22), Augustin

Relier les histoires

perçoit la double nature de Christ[4]. Je ne sais pas ce qu'il en est pour vous, mais *personnellement*, ce n'est pas ce à quoi *je* pense en lisant ces versets. Que penser de cette approche ?

D'un côté, nous devons applaudir Augustin et d'autres Pères de l'Église primitive qui ont utilisé les lunettes de l'Évangile pour interpréter n'importe quel passage de l'Écriture[5]. Il ne faudrait cependant pas que cette approche masque l'intention première de l'auteur biblique. Les interprétations de l'Écriture centrées sur Christ et sur l'Église sont liées d'une certaine manière aux buts initiaux qui ont incité Dieu à parler de rédemption. J'espère que la fin de ce chapitre et le suivant fourniront des garde-corps utiles pour empêcher des connexions très complexes et fantaisistes avec Christ et l'Église[6].

En guise de second avertissement, considérons l'histoire que Graeme Goldsworthy raconte au sujet d'une monitrice d'école du dimanche en Australie. Elle estimait son enseignement trop simple et ses questions trop faciles. Elle décida donc de changer de méthode. Le dimanche suivant, elle demanda à sa classe d'enfants âgés de cinq ans : « Qu'est-ce qui est gris, poilu et vit dans un eucalyptus ? » Surpris par la question, les enfants se dirent qu'il devait y avoir un piège et regardèrent la monitrice d'un air ahuri. « Allez !, leur dit-elle. Il y a certainement un enfant qui connaît la réponse ! Qu'est-ce qui est gris, poilu, vit dans un arbre, possède un nez noir et des yeux perçants ? » Toujours pas de réponse. Finalement, une petite fille leva la main. « Oui, Suzie, je t'écoute », dit la monitrice. L'enfant répondit : « Je sais que la réponse est Jésus, mais il semblerait que l'animal en question soit un koala[7] ! »

Gardons-nous d'établir des rapprochements trop simplistes et prévisibles, de sorte que chaque question appelle la réponse « Jésus » ! Une critique adressée à l'approche historico-rédemptrice des Écritures est qu'elle atténue les contours et les détails de la Parole. Rappelons-nous l'anecdote de Goldsworthy. Je tiens cependant à souligner que lorsque nous abordons l'Écriture et les gens, nous devons rendre justice *à la fois* à la diversité et à l'unité du scénario biblique. Dans les derniers chapitres, j'espère que le lecteur verra que c'est possible.

En un mot : rappelez-vous que tout texte fait partie de la révélation de Dieu qui atteint son apogée dans les venues de Christ. C'est pourquoi tout passage doit en définitive se comprendre *en relation* avec la venue du royaume en Jésus, même si les détails du texte ne lui correspondent pas explicitement. Ne compliquons pas exagérément un texte en ayant recours à l'allégorie, mais ne le simplifions pas non plus outre mesure en le rattachant à Jésus d'une manière quasi générique.

Un diagramme de l'approche

Je suggère le diagramme suivant pour illustrer le lien entre la lecture de la Bible et la « lecture » de l'individu en quête d'aide. Je l'expliciterai davantage au chapitre suivant.

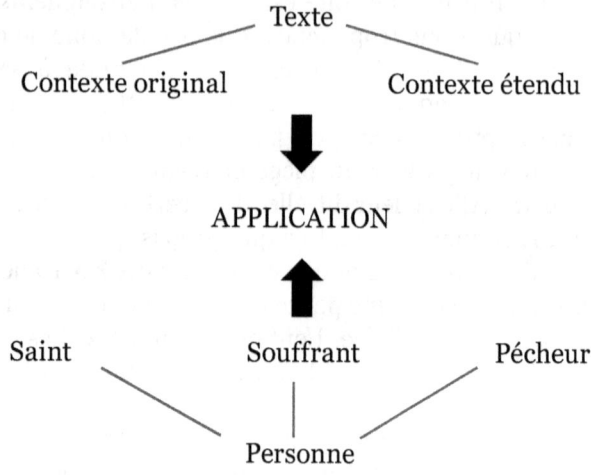

Dans le ministère auprès des gens, nous lisons simultanément deux « textes » : le récit de l'Écriture et celui de la personne que nous aidons. Nous devons donc constamment avoir un œil fixé sur le texte biblique et l'autre fixé sur l'individu. Plus exactement, notre regard doit se porter rapidement et successivement sur les deux. Lire la Bible sans « lire » la personne débouche sur un ministère inefficace. « Lire » la personne sans lire la Bible aboutit à un

Relier les histoires

ministère privé de la puissance transformatrice de vie provenant de l'action de l'Esprit par sa Parole.

Lorsque nous lisons l'Écriture, nous remarquons des détails qui révèlent les intentions pastorales d'un texte pour son public original (« contexte original »). Nous nous attendons aussi à découvrir comment les thèmes du passage se rattachent au reste de la Bible et en particulier à l'apogée de la rédemption en Christ (« contexte étendu »). Quand nous « lisons » les gens, nous sommes attentifs aux détails de leur vie. Nous découvrons comment ces détails s'harmonisent avec leur expérience de saints, de souffrants et de pécheurs. Cela nous aide à comprendre le scénario centré sur Dieu ou centré sur eux-mêmes qui inspire leur vie.

Notre but ultime se trouve dans l'application, là où les deux lectures s'unissent pour porter un bon fruit, un plus grand amour pour Dieu et pour le prochain. Il y a application lorsque les gens s'approprient la vision du monde qui ressort du texte au point d'acquérir, dans leur situation, une clarté et une direction centrées sur l'Évangile, et d'agir en conséquence. Tout compte fait, voilà à quoi se résume le rattachement de l'Écriture à la vie. La lecture de l'Écriture n'a pas simplement pour but d'obtenir un plan exact et détaillé du passage, ni de comprendre de quelle manière un passage a pu avoir un impact sur ses premiers destinataires. Il ne s'agit pas non plus de trouver un lien époustouflant et innovant du passage avec la personne et l'œuvre de Christ. Il n'est pas question non plus de dresser une liste des initiatives à prendre. De même, la « lecture » des personnes ne se limite pas à la compréhension des particularités de leur vie de saints, de souffrants et de pécheurs. Ces données seules ne produiront aucun changement. La lecture *simultanée* de l'Écriture et la « lecture » des êtres humains a pour but d'aider ces derniers à refléter de plus en plus la nature et les valeurs prioritaires du royaume de Jésus-Christ. L'incorporation de l'Écriture dans la vie réelle vise la création de vies changées, d'une communauté changée et d'un monde changé, au fur et à mesure que des gens écoutent le Dieu de vérité et d'amour. C'est un *dialogue* en action !

Pour favoriser ces liens rédempteurs entre Écriture et vie, je proposerai au chapitre suivant quelques questions à poser au texte biblique devant vous, ou aux personnes que vous conseillez.

Questions à discuter

1. Comment vous appuyer sur Philippiens 4.5-7 pour venir en aide à une personne anxieuse ? Comment pourriez-vous utiliser le Psaume 77 ?
2. Comment vous serviriez-vous de Jacques 1.19-27 pour aider une personne colérique ? Comment pourriez-vous utiliser le Psaume 77 ?
3. Quel passage de l'Écriture a récemment attiré votre attention ? Pourquoi est-il devenu important pour vous ? Demandez-vous comment vous pourriez vous en servir pour aider deux personnes que vous connaissez.
4. Pensez à une personne dont vous vous occupez actuellement. Quels sont les thèmes qui ressortent de sa vie ? Réfléchissez à cinq passages bibliques possibles sur lesquels vous pourriez vous appuyer pour rattacher la vérité de l'Écriture à la vie de cette personne. Demandez-vous : « Qu'est-ce qui m'a poussé à les choisir pour elle ? »

Chapitre 7

Un examen plus précis du modèle

Abordons maintenant quelques questions précises que vous pourrez utiliser pour parfaire le modèle ébauché au chapitre précédent. Elles vous aideront à comprendre la personne en face de vous et aussi à comprendre le texte biblique que vous envisagez de lui appliquer.

Mais permettez-moi d'abord de répondre à quelques-unes des interrogations que fera naître la lecture de ce chapitre. Je suppose que vous vous sentez écrasé à l'idée d'utiliser ces questions dans le cadre concret de votre ministère. Vous avez peut-être l'impression que l'exercice de votre ministère ne vous permet pas de procéder à une étude approfondie de la personne ou de la Bible. Et vous avez peut-être raison ! Je ne vous demande certainement pas de faire attendre votre interlocuteur pendant une heure, le temps qui vous est nécessaire pour les approfondir ! De quelle manière ces questions pourront-elles vous aider ? Je vais me servir de plusieurs métaphores : musicale, athlétique et culinaire.

Imaginez l'utilisation de l'Écriture dans le ministère comme le jeu d'un accordéon. Parfois l'accordéoniste tire au maximum sur les soufflets de son instrument pour aspirer l'air. À d'autres moments, il comprime l'air en poussant sur les soufflets. Pour produire les sons musicaux de sa partition, le musicien ouvre, puis ferme, ouvre à nouveau, puis referme son instrument. Le ministère ressemble beaucoup à cet exercice. Nous ne disposons parfois que de cinq ou dix minutes d'entretien avec une personne. Notre temps est *contracté* ; nous faisons alors tout notre possible pour écouter et comprendre. Nous faisons tout ce que nous pouvons pour introduire une perspective biblique dans ses luttes, même si nous nous limitons à la lecture d'un verset ou deux, sans autre commentaire. Peut-être soulignerons-nous un point important du texte. Mais il se peut aussi que nous ne fassions aucune référence à un verset et que nous nous contentions d'écouter ou de prier. À d'autres moments, notre counseling biblique *s'étend* sur des jours, des semaines et des mois. Ces relations durables donnent l'occasion de mieux connaître la personne et de faire un choix plus judicieux de textes de l'Écriture. Considérez les questions qui suivent comme des moyens utiles de préparer ces contacts prolongés. Je pense, néanmoins, qu'en les gravant dans votre mémoire, vous enrichirez également vos contacts plus fugitifs.

Deuxièmement, considérez ces questions (et notamment celles qui sont liées à l'Écriture) comme un entraînement qui vous prépare pour le jour des épreuves sportives. Les exercices auxquels s'astreint l'athlète entre les compétitions augmentent ses chances de victoire. Je vous encourage donc à utiliser les « Questions qui facilitent la compréhension du passage biblique » dans votre étude personnelle régulière de la Bible. En abordant l'Écriture à travers les lunettes de ces questions, vous vous préparerez mieux pour l'entrevue avec une personne en quête d'aide, car Dieu vous remettra en mémoire votre étude passée avec les idées que vous en aurez tirées. Rappelez-vous que vous ne pouvez pas montrer à autrui ce que vous n'avez pas vu vous-même.

Troisièmement, je vois dans ces questions les ingrédients d'un repas gastronomique. Souvent, dans l'exercice de votre ministère auprès des individus, vous n'avez que le temps d'un « casse-

> *Rappelez-vous que vous ne pouvez pas montrer à autrui ce que vous n'avez pas vu vous-même.*

Un examen plus précis du modèle

croûte » ! Point n'est besoin de connaître les réponses détaillées à toutes les questions pour préparer un repas nutritif à la personne en face de vous. D'ailleurs, vous n'aurez peut-être l'occasion que de proposer un cordial en-cas (par ex. en soulignant l'attitude d'un personnage biblique devant Dieu). Mais plus vous aurez acquis de la pratique dans votre approche de l'Écriture et des gens, grâce à ces questions, plus il vous sera facile de leur servir un festin au bon moment.

Finalement, voyez dans ces questions une invitation à cultiver votre relation avec Dieu et avec les individus. Elles doivent vous conduire vers une connaissance personnelle de Dieu (par sa Parole) et des gens, une connaissance que l'Esprit réunit et applique d'une manière qui change la vie.

Questions qui facilitent la compréhension de la personne

Les questions suivantes ne sont pas nécessairement celles que vous poseriez directement à quelqu'un (même si certaines peuvent l'être). Considérez-les comme des moyens de glaner des informations sur les gens que vous apprenez à connaître. Elles vous aideront à comprendre comment leur façon de vivre répond aux quatre questions fondamentales liées à la vision du monde (voir le chap. 5). Servons-nous des trois catégories que la Bible utilise pour décrire les êtres humains : saint, souffrant et pécheur.

Questions adressées au saint
Voici deux questions à méditer :

1. Quelle preuve de la grâce de Dieu voyez-vous dans la vie de votre interlocuteur ?
2. En quoi voyez-vous l'individu vivre conformément à sa véritable identité en Christ ? (Autrement dit, comment manifeste-t-il déjà la nature de Christ en parole et en acte[1] ?)

Pourquoi commencer par là ? Il est important de chercher des signes de la rédemption divine dans la vie des gens. Le ministère accompli auprès des gens ne consiste pas seulement à corriger et à reprendre. Il inclut aussi l'encouragement (« Voilà où j'aperçois Jésus déjà à l'œuvre en vous »), la communication d'une vision et le développement d'une espérance.

Pensez à la manière dont Paul s'adresse à l'Église de Corinthe. Cette assemblée rencontrait tellement de problèmes qu'il dut lui écrire deux lettres. Prêtez attention à ses premiers mots : « À l'Église de Dieu qui est à Corinthe, à ceux qui ont été sanctifiés en Jésus-Christ, appelés à être saints » (1 Co 1.2). Il ajoute : « Je rends à mon Dieu de continuelles actions de grâces à votre sujet, pour la grâce de Dieu qui vous a été accordée en Jésus-Christ. Car en lui vous avez été comblés de toutes les richesses qui concernent la parole et la connaissance, le témoignage de Christ ayant été solidement établi parmi vous, de sorte qu'il ne vous manque aucun don, dans l'attente où vous êtes de la manifestation de notre Seigneur Jésus-Christ. Il vous affermira aussi jusqu'à la fin, pour que vous soyez irréprochables au jour de notre Seigneur Jésus-Christ. Dieu est fidèle, lui qui vous a appelés à la communion de son Fils, Jésus-Christ notre Seigneur » (v. 4-9). Ce passage est plein à craquer d'affirmations concernant l'identité des Corinthiens – ce qu'ils sont – et de déclarations de ce que Dieu a accompli au milieu d'eux. Après, et seulement après, l'apôtre aborde leurs problèmes.

Nous voyons la même chose dans 6.9,10 : « Ne savez-vous pas que les injustes n'hériteront point le royaume de Dieu ? Ne vous y trompez pas : ni les débauchés, ni les idolâtres, ni les adultères, ni les efféminés, ni les homosexuels, ni les voleurs, ni les cupides, ni les ivrognes, ni les outrageux, ni les ravisseurs, n'hériteront le royaume de Dieu. » Cet avertissement solennel est conforme à ce qu'il leur a écrit aux chapitres 5 et 6. Mais regardez la phrase suivante : « Et c'est là ce que vous étiez, quelques-uns d'entre vous. Mais vous avez été lavés, mais vous avez été sanctifiés, mais vous avez été justifiés au nom du Seigneur Jésus-Christ, et par l'Esprit de notre Dieu » (v. 11). Malgré un péché sexuel tout à fait anormal dans l'Église, Paul insiste sur la véritable identité des Corinthiens et les exhorte à vivre conformément à leur noble vocation.

Pensons encore à l'exhortation de Paul aux Thessaloniciens : « Au reste, frères, puisque vous avez appris de nous comment vous devez vous conduire et plaire à Dieu, et c'est là ce que vous faites, nous vous prions et nous vous conjurons au nom du Seigneur

Un examen plus précis du modèle

Jésus de marcher à cet égard de progrès en progrès » (1 Th 4.1). Il confirme ce jugement dans les versets 9,10 : « Pour ce qui est de l'amour fraternel, vous n'avez pas besoin qu'on vous en écrive ; car vous avez vous-mêmes appris de Dieu à vous aimer les uns les autres, et c'est aussi ce que vous faites envers tous les frères dans la Macédoine entière. Mais nous vous exhortons, frères, à abonder toujours plus dans cet amour. » Paul leur dit au fond : « Vous êtes formidables ! Continuez ! »

Pour une autre raison, il est important de souligner « la rédemption en progrès » dans le counseling biblique avec quelqu'un. Quand les gens commencent à s'apercevoir que Dieu les transforme dans un domaine de la vie, ils prennent conscience que cette œuvre peut se transposer dans d'autres domaines. La rédemption a des répercussions. Quand un compartiment de la vie change ou est en cours de changement, les autres compartiments seront vraisemblablement pris dans le même mouvement de transformation. Et ce n'est pas de l'autosuggestion ! En constatant l'action de Dieu dans un domaine de notre vie, notre foi en son pouvoir et en son désir d'agir dans d'autres domaines se développe. La foi a la capacité de grandir. Le counseling biblique présente l'un de ses aspects les plus réjouissants lorsque la personne conseillée affiche un développement qui va au-delà des questions abordées dans le counseling biblique. L'Évangile gagne du terrain dans tous les aspects de la vie.

C'est pourquoi relevez l'œuvre de l'Esprit chez quelqu'un chaque fois que vous l'apercevez ou l'avez aperçue. Soulignez les domaines dans lesquels les valeurs de l'Évangile sont manifestes dans la vie de votre ami.

Question pour le souffrant

Voici plusieurs questions permettant de comprendre la personne du souffrant.

1. Quels sont les facteurs stressants auxquels il est confronté ? Songez aux problèmes de santé corporelle (influences « intra-personnelles »), aux pressions relationnelles (influences « interpersonnelles »), aux influences

circonstancielles et socioculturelles (influences « extra-personnelles[2] »).
2. Quels ont été les événements majeurs qui ont façonné sa vie ?
3. De quelle manière a-t-il été offensé ?
4. Comment l'individu s'accommode-t-il de ses problèmes ?

Les trois premières questions se résument à celle-ci : Avez-vous une idée claire des différentes circonstances en jeu dans la vie de la personne ? Il ne fait aucun doute que la manière dont l'individu réagit à ces circonstances révèle s'il vit à l'intérieur d'un cadre biblique ou non. Nos circonstances ne *disent* pas d'avance de façon fataliste si nous croîtrons en Christ ou non. Comme je l'ai appris lors de la tempête de neige dans le Maine, la même situation peut provoquer différentes réactions chez différentes personnes. Néanmoins, si vous ne comprenez pas la situation de votre interlocuteur, vous ne le comprenez pas lui non plus car il ne vit pas dans le vide.

La Bible affirme que nous exerçons les uns sur les autres une influence pour le meilleur ou pour le pire. « Une réponse douce calme la fureur, mais une parole dure excite la colère » (Pr 15.1). Les parents *peuvent* irriter leurs enfants (Ép 6.4). Nous *pouvons* nous faire du bien les uns aux autres dans le Seigneur (2 Ti 1.16-18). Nous créons un contexte relationnel qui aide ou empêche les autres d'obéir à Christ. Dieu admet ce fait et il s'intéresse aux souffrances que des gens subissent de la part d'autres, comme nous l'avons vu au chapitre 5.

Nos circonstances agissent positivement ou négativement sur notre vie. Rappelons-le : la Parole de Dieu atteint des gens dans des situations particulières. Ce que les Corinthiens avaient besoin d'entendre différait de ce que les Galates devaient entendre. Et la situation à Colosses différait de celle de Crète où Tite exerçait son ministère. Paul et les autres auteurs bibliques n'écrivaient pas des documents généraux et vagues envoyés sous forme de circulaires à tous les chrétiens ! Dieu s'est servi des auteurs de l'Écriture pour communiquer des messages portant la marque du lieu et du temps, répondant de façon précise aux besoins et aux problèmes des destinataires. Nous devons, nous aussi, chercher à

Un examen plus précis du modèle

comprendre les facteurs contextuels qui interviennent dans la vie d'une personne si nous voulons espérer lui apporter la Parole de manière adaptée et utile.

La quatrième question nous rappelle que ce n'est généralement pas par son péché que nous pénétrons dans la vie d'une personne, mais par son expérience de la souffrance. Paul Tripp invite les conseillers à découvrir la « porte d'entrée » dans la vie d'une personne comme la démarche initiale de son ministère auprès d'elle[3]. Il ne faut pas voir la porte d'accès à la personne dans le problème particulier qui l'amène à vous rencontrer, ni dans ses circonstances ou ses relations particulières. La porte d'entrée est « l'*expérience* particulière que la personne fait de sa situation, de son problème ou de ses relations[4]. » Les thèmes qui donnent accès à la personne peuvent inclure la peur, la colère, le désespoir, la confusion, la honte ou la culpabilité. Si vous ratez la porte d'entrée que la personne vous ouvre en racontant son histoire, vous vous déconnectez d'elle. Une tirade d'exhortations contre le péché ou une forte insistance sur l'identité en Christ peuvent être ressenties comme un leurre, à moins que la personne soit convaincue que vous comprenez ses expériences et que vous l'abordez avec empathie et amour.

Nous sommes enclins à adorer ce que nous croyons être source possible de joie, de bonheur, de paix, de contentement et autres choses semblables.

Encore une chose : ce ne sont pas toujours les difficultés de la vie qui exercent un impact négatif. Les bonnes choses – les bénédictions – comme une promotion professionnelle avec un salaire plus élevé peuvent provoquer une bonne *ou* une mauvaise réaction. Il est intéressant de noter que dans Philippiens 4.10-13, Paul parle d'être « content de l'état » où il se trouve, « dans l'humiliation » comme « dans l'abondance ». On pense généralement que difficultés et contentement s'excluent mutuellement. Paul élargit donc notre compréhension du contentement en faisant remarquer qu'en dehors de Christ, le contentement est insaisissable, que les circonstances soient favorables ou non.

Questions pour le pécheur
Demandez-vous :

1. Quels sont les désirs, les pensées, les émotions et les actions qui sont en désaccord avec les valeurs de l'Évangile ou du royaume ?
2. Quels thèmes, motivations et interprétations de la vie entrent en conflit avec le récit biblique ?

Ces questions vous aident à découvrir les histoires, valeurs et croyances qui guident la personne et aboutissent à des paroles, attitudes, émotions et actions pécheresses. Sachez que la Bible ne parle pas seulement des aspects les plus visibles de notre vie, mais également des intentions et attitudes sous-jacentes du cœur. Les motivations sont importantes.

Dans Luc 6.43-45, Jésus dit : « Ce n'est pas un bon arbre qui porte du mauvais fruit, ni un mauvais arbre qui porte du bon fruit. Car chaque arbre se reconnaît à son fruit. On ne cueille pas des figues sur des épines, et l'on ne vendange pas des raisins sur des ronces. L'homme bon tire de bonnes choses du bon trésor de son cœur, et le méchant tire de mauvaises choses de son mauvais trésor ; car c'est de l'abondance du cœur que la bouche parle. »

De même, dans Matthieu 15.18-20, il enseigne que pour Dieu l'impureté est une question interne et non externe : « Mais ce qui sort de la bouche vient du cœur, et c'est ce qui souille l'homme. Car c'est du cœur que viennent les mauvaises pensées, les meurtres, les adultères, les débauches, les vols, les faux témoignages, les calomnies. Voilà les choses qui souillent l'homme. »

Dans Matthieu 6.21, Jésus utilise la terminologie du « trésor » : « Car là où est ton trésor [ce que tu as estimé avoir de la valeur], là aussi sera ton cœur. » Notre vie est contrôlée ou orientée par ce à quoi nous attachons de la valeur[5]. Nous sommes enclins à adorer ce que nous croyons être source possible de joie,

Un examen plus précis du modèle

de bonheur, de paix, de contentement et autres choses semblables. Il nous est facile d'affirmer qu'en définitive nous adorons Dieu, mais notre vie quotidienne révèle les « dieux » concrets que nous servons au moment présent.

Voici quelques questions additionnelles susceptibles de vous aider à identifier les motivations et croyances sous-jacentes qui mettent en lumière l'histoire et les valeurs auxquelles la personne que vous conseillez est attachée[6].

1. Que voulez-vous ou désirez-vous ?
2. Que redoutez-vous ? (Autrement dit, que *ne* voulez-vous *pas* ?)
3. Qu'est-ce qui compte vraiment pour vous en ce moment ?
4. Qu'éprouvez-vous en ce moment ?
5. Où (ou dans quoi) placez-vous vos espoirs ? (Qu'espérez-vous voir se produire ?)
6. Complétez la phrase : « Si seulement je.............., alors............. » Cette question révèle la réalité idéale de la personne.
7. De quoi estimez-vous avoir besoin ? Pourquoi ?
8. De quoi ne pouvez-vous pas vous passer ? (Qu'avez-vous peur de perdre ?)

Les réponses à ces questions indiquent ce que nous pensons *réellement* à tout instant de nous-mêmes, des autres et de Dieu. Elles aboutissent aux paroles et actions coupables qui surviennent dans nos relations.

Ainsi, lorsque je parle sur un ton dur et sévère à ma fille ou à mon fils, il ne suffit pas de confesser : « J'ai péché en étant rude. » Même si c'est vrai, je dois cependant rechercher les « pourquoi » derrière mes paroles et le ton de ma voix, surtout si mon attitude est habituelle. En réfléchissant à ces questions, je m'apercevrai peut-être que j'ai à tout prix besoin de paix et de calme. Ou bien j'ai besoin d'un enfant soumis et docile pour être un parent fier de l'éducation qu'il dispense. Or, ces attitudes sont contraires à l'Évangile ! De tels scénarios égocentriques n'ont rien à voir avec l'idée du sacrifice de soi inhérente au royaume. Dans les moments qui ont débouché sur mon péché manifeste, je me suis polarisé sur un scénario mensonger qui me faisait croire la chose suivante :

« Ton confort est roi. Ce qui est mal en ce moment, c'est la présence de ton enfant. Il perturbe ta tranquillité. » Par bonheur, les Écritures s'adressent de façon profonde et rédemptrice à des pécheurs et les invite à revenir au scénario de l'Évangile.

En posant ces questions, pensez à d'autres valeurs et actions qui *sont* en harmonie avec l'Évangile. Demandez-vous : « Quels sont les aspects de la Bonne Nouvelle susceptibles de communiquer de l'espoir, une perspective et une direction à cette personne engluée dans ses luttes ? » Votre mémoire devrait alors déjà fonctionner et vous suggérer les passages et les thèmes de l'Écriture applicables dans ce cas.

Pour résumer, sachez que lorsque vous intervenez auprès d'individus qui sont simultanément saints, souffrants et pécheurs, vous devrez établir une priorité. Vous estimerez que la personne a un besoin urgent d'être consolée dans sa détresse (même si vous constatez qu'elle a réagi de façon non spirituelle aux circonstances). Peut-être sentirez-vous le besoin de la mettre en face de son péché, même si celui-ci est provoqué par le péché d'autrui contre elle. De cette manière, et comme nous l'avons vu au chapitre 5, nous utilisons la Bible de plusieurs façons : (1) la Bible *valorise* l'identité du saint, (2) *réconforte* le souffrant et (3) *interpelle* le pécheur. La valorisation, la consolation et la confrontation ont toutes les trois leur place dans le ministère auprès des personnes et correspondent à des modes d'action des Écritures.

Abordons maintenant les questions qui peuvent vous aider à déchiffrer sagement un passage donné.

Questions qui facilitent la compréhension du passage biblique

Elles vous aideront à faire trois choses : (1) comprendre le passage dans son contexte original, (2) comprendre le passage dans le contexte plus large de l'histoire de la rédemption et (3) passer à l'application. Rappelez-vous une nouvelle fois que point n'est besoin de répondre de façon exhaustive à ces questions pour que la rencontre avec Dieu par sa Parole puisse changer la vie. Et l'étude détaillée n'aboutit pas nécessairement à la transformation du caractère à l'image de Christ. Nous dépendons de l'Esprit de Dieu pour comprendre et que notre vie change, que nous ayons

Un examen plus précis du modèle

fixé notre attention sur un passage pendant cinq minutes ou cinquante-cinq minutes (voire davantage). Mais si nous arrivons à creuser plus profondément lors de notre étude personnelle de l'Écriture, ou en vue d'un rendez-vous avec quelqu'un, nous serons encore plus surpris par la profondeur et la pertinence de la Parole de Dieu.

Contexte original

Cette étape suppose une réflexion sur la manière dont le texte a pu être compris par ses premiers destinataires. Cette démarche inclut la nécessité d'une étude minutieuse des caractéristiques historiques, grammaticales et littéraires du texte, ainsi que sur la manière dont le passage particulier s'articule dans le reste du livre. De ce point de vue, il existe de nombreux livres utiles sur l'interprétation biblique[7]. Je vous encourage à en lire au moins un en même temps que ce livre. Mais ne vous laissez pas rebuter par cette tâche si vous n'avez pas reçu une formation suffisante pour étudier la Bible. Sachez qu'avec l'aide de l'Esprit, l'observation attentive, une bonne Bible d'étude et les idées d'autres croyants, vous pouvez vous dispenser d'une bibliothèque remplie d'ouvrages savants[8]. Quelles questions pourriez-vous poser pour faire ressortir le contexte original ? Voici quelques suggestions.

1. Que s'est-il passé dans l'histoire de la rédemption avant le moment où le passage (ou livre) a été écrit ? Vous voulez savoir où le passage se situe dans l'histoire. Les émissions télévisées qui présentent des récits à épisodes commencent généralement par rappeler l'épisode précédent. Avant de vous lancer dans l'étude d'un passage, il est important d'avoir une idée fondamentale de ce qui s'est passé dans l'histoire de la rédemption.

2. En vous appuyant sur les données historiques, grammaticales et littéraires du passage, qu'est-ce que, selon vous, Dieu et les auteurs humains cherchaient à communiquer à leur public à cet instant particulier de l'histoire de la rédemption ? Cela confirme-t-il le livre dans son ensemble ? Où retrouvez-vous le ou les thèmes de votre passage dans le reste du livre ? Ces deux dernières

questions soulignent l'importance de comprendre un passage dans son contexte plus large. Même si vous n'avez pas lu récemment le livre qui contient votre passage, la lecture de l'Introduction du livre dans votre Bible d'étude vous indiquera ses principaux accents et thèmes.
3. Voici une autre façon de poser la question : quel but pastoral et théologique l'auteur poursuivait-il en composant cette partie de l'Écriture ? Quel semble être le point ou thème principal, en ne perdant pas de vue les buts thématiques et théologiques du livre tout entier ? C'est une bonne chose de résumer le passage en une seule phrase brève.
4. D'après vous, quelle réaction l'auteur cherchait-il à provoquer ? Autrement dit, de quelle manière ce passage aurait-il pu agir sur la vie de ses premiers destinataires ? Quelle réaction idéale ce message de Dieu pour eux a-t-il pu provoquer ?

Ces questions vous préparent pour l'application. La manière dont un passage de l'Écriture a pu être compris et traduit *autrefois* suggère au moins quelques pistes quant à la manière dont il peut être utilisé aujourd'hui[9].

Le contexte plus large de l'histoire de la rédemption

L'étape suivante consiste à comprendre comment le passage et son message s'intègrent dans le scénario divin plus vaste. Voici quelques questions et remarques pour vous aider.

1. Pourquoi estimez-vous que ce passage était particulièrement important dans le déroulement de l'histoire de la rédemption à l'époque où il a été écrit ? En d'autres termes, en quoi pensez-vous que ce passage apporte sa contribution au déroulement de la révélation divine ? En quoi le scénario de la Bible serait-il différent si ce passage ou ce livre ne figuraient pas dans la Bible ?
2. Comment les écrits ultérieurs développent-ils le thème, la pensée ou l'emphase essentiels de votre passage ? Et dans quelles portions antérieures de la Bible trouvez-vous ce thème, même s'il n'est pas pleinement développé ? En quoi votre passage a-t-il fait progresser la compréhension du

Un examen plus précis du modèle

principal thème ou de l'idée majeure ? Cette façon de faire rejoint la lecture dans le sens chronologique et dans le sens inverse, dont nous avons parlé antérieurement. C'est dans ce travail que les chaînes de références, les concordances et les notes des Bibles d'étude sont particulièrement utiles. Elles ne sont certes pas infaillibles et ne doivent pas limiter vos rapprochements avec d'autres passages bibliques.

3. En quoi votre passage est-il une « histoire inachevée » ? Quelles sont les questions qui restent sans réponse à la fin ? Quelles tensions sont restées en suspens ? Ce sera particulièrement le cas dans les textes de l'Ancien Testament, mais rappelez-vous que l'histoire de la rédemption ne prendra fin qu'à la consommation du royaume lors du retour de Jésus. Il est donc normal que des passages néotestamentaires comportent également cette note d'inachevé.

4. Comment les thèmes de votre passage se rattachent-ils à la vie, à la mort et à la résurrection de Jésus-Christ ? Pour les passages de l'Ancien Testament, vous pouvez vous demander en quoi la venue de Jésus (l'Évangile) complète ou donne une orientation inattendue au scénario de votre passage. Pour un passage de l'Évangile, demandez-vous de quelle manière l'auteur décrit l'irruption du royaume de Dieu en Christ. Quels aspects de la venue du royaume éclaire-t-il ? Qu'apprenons-nous sur Jésus lui-même ? Pour un passage du Nouveau Testament, cherchez à comprendre comment l'apogée de la rédemption en Christ ancre ce récit ou cet enseignement.

5. Plus précisément, quels liens le passage présente-t-il avec l'Église, le Corps de Christ, la demeure de son Esprit ? Rappelez-vous que même si la venue de Jésus – sa vie, sa mort et sa résurrection – marque l'apogée de l'histoire biblique, le scénario de l'Évangile continue de se traduire dans la vie de l'Église[10].

Pour faire ce genre de rapprochements entre différents textes bibliques, il n'existe pas de raccourci à une connaissance plus large et plus profonde de l'Écriture. Si nous (et je m'inclus dans ce « nous ») ne développons pas l'étendue de notre connaissance de la

Contact – entre la Bible et mon histoire

Bible, notre utilisation de l'Écriture tendra à devenir plus étriquée, limitée et superficielle. Les gens que nous secourons sentiront qu'au lieu de recevoir un plat de choix, ils devront se contenter des restes d'un casse-croûte que nous aurons englouti une semaine plus tôt. Que Dieu nous donne des yeux pour voir les nombreux points de contact entre les passages bibliques pour qu'avec nous, beaucoup d'autres puissent s'écrier : « Ô profondeur de la richesse, de la sagesse et de la science de Dieu ! » (Ro 11.33.)

> *L'application sage n'est rien de moins qu'un culte rendu à Dieu de tout son cœur et un amour tangible du prochain.*

Passage à l'application

Vous êtes désormais mieux équipé pour voir comment utiliser tel passage dans une situation particulière. Voici quelques questions utiles.

1. Comment, à la lumière des rapprochements avec l'Évangile précédemment découverts, ce passage concerne-t-il les gens en tant que saints, souffrants et pécheurs ? N'essayons pas de trouver coûte que coûte une réponse à chaque question. Il se pourrait que le passage n'appelle qu'une seule des trois réponses. Il vaut toutefois la peine de poser les questions.
    a. Que déclare ce passage au sujet de l'identité et du privilège de faire partie du peuple de Dieu ?
    b. Que dit-il à propos de la nature et du but de la souffrance, et de la manière dont Dieu s'approche du souffrant ?
    c. Qu'enseigne ou suggère le passage quant au comportement des chrétiens, à la lumière de leur identité ? Autrement dit, comment le message du texte

Un examen plus précis du modèle

façonne-t-il vos pensées, vos attitudes, vos émotions ou vos actions ? Que pourrait être un retour à Dieu à la lumière de ce passage ? Sachez que les passages ne vous donneront pas la forme exacte de l'obéissance évangélique ! On adapte toujours le contenu d'un passage aux circonstances particulières (moment, lieu et personne aidée) en cherchant à manifester un amour plus grand à Dieu et au prochain.

2. Une question plus générale, ouverte, pourrait être : comment ce passage donne-t-il à votre interlocuteur de meilleures « lunettes » pour interpréter ses expériences ? Comment devrait-il alors vivre devant Dieu et devant les autres ?

Rappelez-vous que l'application n'est pas un exercice cognitif, une sorte de substitution de pensées qui consisterait à remplacer des pensées fausses et idolâtres par des pensées justes et vraies. La vraie application, qui cherche à produire une vie sage à la lumière du passage biblique considéré, correspond toujours à une expérience relationnelle qui met en jeu notre être tout entier. Une application féconde fait brûler notre cœur pour Dieu et pour les autres. Elle aligne nos pensées et nos attitudes sur les contours de la vérité de Dieu. Elle appelle des actions concrètes qui montrent ouvertement au monde extérieur notre attachement à Dieu et notre service du prochain. L'application sage n'est rien de moins qu'un culte rendu à Dieu de tout son cœur et un amour tangible du prochain[11].

Pourquoi avoir tellement compliqué les choses ?

Même après mes remarques au début de ce chapitre, vous vous demandez peut-être pourquoi j'ai rendu les choses aussi compliquées. Pourquoi ne me suis-je pas limité à poser la question : « Dans ce passage, quel principe est susceptible d'aider la personne en face de moi ? » Cette remarque n'est pas forcément totalement illégitime (comme je l'ai abordée au chapitre 2), mais vous rappelez-vous ce qu'il advient lorsque nous découpons la Bible en petites tranches ? Nous pourrions ne pas dénoncer les mensonges et les idolâtries dans lesquels nous vivons. Des

Contact – entre la Bible et mon histoire

fragments épars de la Bible pourraient ne pas avoir de prise sur notre vie ni sur celle des personnes que nous souhaitons aider.

Plusieurs raisons peuvent expliquer pourquoi une personne ne saisit pas la vérité, ou pourquoi un contact avec Dieu ne produit aucun changement. L'une de ces raisons a peut-être été notre négligence ou notre incapacité à aider notre interlocuteur à situer ce passage *et* sa propre vie dans le grand plan de Dieu. Tant qu'il n'aura pas compris comment un passage biblique l'invite à se situer dans le grand plan rédempteur de Dieu, il risque d'arriver à la conclusion : « Ce passage ne s'applique pas à ma vie. »

Comme l'a dit le philosophe Alasdair MacIntyre : « Je ne peux répondre à la question : «Que dois-je faire ?» (et j'ajouterais : «Pourquoi dois-je le faire ?») que si je peux répondre à la question préalable : «De quelle(s) histoire(s) suis-je partie intégrante[12] ?» »

J'espère que les questions posées dans ce chapitre vous aideront à comprendre les histoires des personnes et à les rattacher à l'histoire de l'Écriture. Même si je propose une certaine méthodologie, je tiens à préciser que ce cadre doit servir de guide et non de « livre de recettes » pour votre ministère personnel. Tout compte fait, si nous avons une part dans le développement spirituel d'une personne, c'est parce qu'il a plu à Dieu le Saint-Esprit de faire croître la semence que nous avons jetée dans le cœur (1 Co 3.7). Servez-vous de tous les outils proposés, mais faites-le en vous appuyant humblement sur le Saint-Esprit et en communion avec d'autres croyants qui ont du discernement.

Questions à discuter

1. Quelle a été votre méthodologie pour rattacher les gens à l'Écriture ? En quoi les deux derniers chapitres ont-ils modifié votre approche des personnes et de l'Écriture ?
2. Quelles barrières voyez-vous se dresser devant vous dans l'application de ce modèle à votre propre vie et à votre ministère ?
3. Pensez à une personne que vous aidez et servez-vous des « Questions qui facilitent la compréhension de la personne » pour affiner la connaissance que vous avez d'elle. Votre approche s'est-elle révélée bénéfique ? Pourquoi ?

Un examen plus précis du modèle

4. Pensez à un passage biblique que vous avez lu récemment. Utilisez les « Questions qui facilitent la compréhension du passage biblique » pour approfondir le sens du passage. Les questions vous y ont-elles aidé ? Pourquoi ?

Chapitre 8

Présentation de Tom et de Nathalie

Dans les trois chapitres suivants, je vais aborder de manière plus précise le modèle que j'ai décrit et montrer comment l'appliquer à un passage particulier dans une situation de counseling biblique concrète. Je vais, en fait, appliquer un passage de l'Ancien Testament et un du Nouveau Testament à deux personnes qui sont aux prises avec des luttes différentes et se posent des questions différentes. Ce sera une manière d'illustrer comment un même passage biblique peut s'appliquer à de nombreuses situations que les gens rencontrent dans la vie. Cet exemple illustrera également comment deux passages (ou plus !) différents de l'Écriture peuvent s'appliquer à la même personne plongée dans ses luttes et ses préoccupations particulières.

Voici comment va se présenter le contenu de ces chapitres :

	« Lire la personne	Contact avec l'Ancien Testament	Contact avec le Nouveau Testament
Tom	Chapitre 8	Chapitre 9	Chapitre 10
Nathalie	Chapitre 8	Chapitre 9	Chapitre 10

Commençons par faire la connaissance de Tom[1].

Contact – entre la Bible et mon histoire

L'histoire de Tom

Tom est âgé de trente-deux ans, marié depuis douze ans et père de trois enfants. Il vient vous parler de sa vie conjugale. Il craint que Sarah, sa femme, le quitte après avoir récemment découvert sa dépendance à la pornographie sur Internet.

Tom raconte avoir découvert la pornographie au début de son adolescence, du temps où il vivait avec sa mère et le nouveau mari de celle-ci. En effet, ses parents avaient divorcé alors qu'il n'avait que trois ans, et il n'eut que des contacts occasionnels avec son père biologique. Il est fils unique. Son beau-père, sensiblement plus âgé que sa mère, avait une cachette où il empilait des revues et des romans pornographiques que Tom pouvait facilement lire. À l'époque, ni lui ni les autres membres de la famille n'étaient chrétiens. Pendant ses études secondaires, il avait mené une vie sexuelle active et avait eu de nombreuses partenaires. Il se rappelle avoir dû se débrouiller tout seul la plupart du temps, car sa mère et son beau-père travaillaient de longues heures.

Lors de sa première année universitaire, Tom eut comme camarade de chambre un chrétien dont le témoignage le conduisit à Christ. Immédiatement, il renonça à toutes ses perversions sexuelles – débauche, masturbation et lecture de revues pornographiques. Il grandit dans la connaissance du Seigneur. Il lui arrivait parfois de lutter contre des sentiments de culpabilité et nourrissait du regret d'avoir passé tant d'années à satisfaire ses convoitises, mais il trouva de plus en plus la paix dans le pardon de Jésus. Au cours de sa deuxième année à l'université, il fit la connaissance de Sarah qui venait d'une autre université et s'était immédiatement jointe au GBU. Ils commencèrent à se fréquenter et ne tardèrent pas à avoir des relations sexuelles. Bien qu'ayant confié leur problème au responsable local du GBU, ils continuèrent à avoir des rapports sexuels, et Sarah tomba enceinte. Ils se marièrent durant la troisième année universitaire de Tom, mais tous deux abandonnèrent leurs études pour que Tom puisse travailler à plein temps et Sarah s'occuper de son bébé.

Leur première année de mariage fut difficile. Chacun nourrissait des regrets et de la colère vis-à-vis de l'autre. Tom se sentait coupable, honteux et responsable de leur situation. Il estimait être un « raté » à la fois comme chrétien et comme mari.

Présentation de Tom et de Nathalie

Pendant environ quatre mois, ils bénéficièrent d'un counseling biblique, et tous deux sentirent que de réels progrès s'étaient produits dans leur relation.

Les luttes de Tom contre la pornographie refirent surface lors de leur troisième année de mariage. Avant cette date, il lui était déjà arrivé de regarder occasionnellement de la pornographie sur le net, mais il en prit l'habitude à ce moment-là. « Je savais que j'agissais mal, dit-il, mais j'avais besoin de me soustraire au stress d'un nouvel emploi. De son côté, Sarah était épuisée par les soins dispensés aux deux enfants, et je ne pouvais pas l'accabler par mes soucis professionnels. Je pense que nous nous sentions tous les deux bien seuls. Je me réfugiai dans un monde qui me conférait un certain sentiment de puissance, de contrôle et de plaisir que je ne trouvais ni sur mon lieu de travail ni à la maison. »

Sarah fut anéantie en découvrant la pile de revues et de DVD dont il se servait une fois qu'elle s'était endormie pour la nuit. Pendant six mois environ, Tom chercha des conseils auprès de son Église. Sarah elle-même chercha de l'aide pour pouvoir pardonner à son mari. Tous deux reconnurent que Dieu avait apporté un apaisement dans leur relation à cette époque.

Au cours des années suivantes, Tom connut par intermittence des périodes de luttes contre la pornographie sur Internet. Il cédait davantage lorsqu'il était soumis à un stress intense sur son lieu de travail, lorsqu'il rencontrait des problèmes financiers ou que ses relations avec Sarah étaient conflictuelles. Sa lutte la plus intense se déroula il y a environ deux ans, lorsque pendant plusieurs semaines, il resta rivé devant l'écran de son ordinateur à regarder des scènes pornographiques durant plusieurs heures d'affilée et jusque tard dans la nuit. Sarah s'inquiétait des heures tardives auxquelles il se couchait et de l'indifférence qu'il affichait envers elle. Elle nota les sites qu'il avait consultés ainsi que la durée de consultation et le prit directement à partie. Elle lui dit que s'il recommençait, elle engagerait une procédure de divorce pour infidélité sexuelle. Tom suivit des séances de responsabilisation pour acquérir une bonne discipline de vie au sein de l'Église à laquelle il était redevable ; ses combats diminuèrent et la qualité de leur mariage s'améliora. Tom estime cependant n'avoir plus expérimenté les relations chaleureuses que lui et Sarah avaient connues dans les premiers temps de leur mariage. Il croit que Sarah le tient à distance pour se protéger. Elle l'interroge parfois pour vérifier qu'il ne s'adonne pas à la pornographie. Ces derniers temps, ils n'ont plus fait appel à un conseiller, car Sarah estime que c'est le problème de Tom.

Tom reconnaît qu'avec le temps, il s'est relâché au niveau de ses responsabilités et qu'il s'est réfugié dans un mode « routine » avec Sarah. Les époux consacrent moins de temps à discuter de choses sérieuses, ils ont moins d'intimité physique et ne pratiquent aucun vrai partage sur le plan spirituel. Il dit : « J'ai parfois l'impression que nous sommes des camarades de chambre et deux parents plutôt que mari et femme. » Il admet ses failles : « Je ne savais pas comment m'engager plus ardemment. Je me sentais grandement inadéquat. Qui étais-je pour être le chef de famille ? Je ne pense pas que Sarah m'a jamais réellement respecté, et je ne l'en blâme pas. »

Il se met souvent à rêver à ce que la vie serait devenue si lui et Sarah étaient restés vierges avant le mariage et s'il avait terminé ses études universitaires. Pendant des années, il avait rêvé d'un mariage heureux avant de faire face aux difficultés de la vie familiale. Il avait envisagé de terminer des études d'architecture, mais il était réduit à travailler comme responsable des ventes dans une entreprise de taille moyenne spécialisée dans la fabrication d'outils de jardinage.

Il y a deux mois, après être passé à côté d'une promotion professionnelle, sous le poids de dettes croissantes et écrasé par un sentiment croissant d'insatisfaction et d'inadaptation, il s'était remis à consulter de nouveau des sites pornographiques sur Internet. Mais il s'est senti repris dans sa conscience et avait cessé de lui-même au bout de quelques jours. « Je savais que je péchais

> *Enfin, il lutte certes contre des désirs coupables, mais il mène son combat honnêtement devant Dieu.*

Présentation de Tom et de Nathalie

contre Dieu et contre Sarah, et je ne tenais pas à me retrouver dans l'impasse. » Il lutta intérieurement pour savoir s'il devait le dire à Sarah, compte tenu de son ultimatum deux ans plus tôt. Finalement, il décida qu'il ne pouvait pas vivre dans l'hypocrisie et espérait que son honnêteté se révélerait payante.

La réaction de Sarah fut d'abord celle de la colère, puis celle de la résignation. Elle dit : « Je savais que je ne pouvais pas te faire confiance ! J'ai bien fait d'attendre que le vase déborde. Depuis le début, tu m'es infidèle et tu es infidèle au Seigneur. » Elle parla de séparation, mais ne prit aucune initiative. Elle ne tient plus à poursuivre les séances de thérapie avec des conseillers conjugaux – « Je ne pense pas que Tom puisse faire quoi que ce soit pour remédier à cette situation. » Plusieurs hommes de l'Église, dont un des anciens, rencontrent régulièrement Tom, mais ils ont suggéré qu'il s'adresse aussi à vous. Deux femmes expérimentées de l'Église ont également commencé à rencontrer Sarah.

Voici certaines des choses que Tom vous a confiées lorsque vous l'avez rencontré : « Cette fois-ci, j'ai dépassé les limites. Je ne pourrai jamais être ce que je dois. Impossible de réparer les dommages que j'ai causés. Quelles en seront les conséquences pour nos enfants ? Ai-je fait avorter le plan de Dieu pour ma vie ? Peut-être me suis-je fourvoyé le jour où j'ai rendu Sarah enceinte. Je voudrais encore bien croire que Dieu est pour nous, mais je ne suis pas sûr de n'avoir pas ruiné son plan ni épuisé sa patience. Je n'ai plus beaucoup d'espoir qu'il puisse encore sortir du bien de tout ce gâchis. Depuis que tout a éclaté, je suis encore davantage tenté par ces sites. Jusqu'ici, tout va bien, mais je me demande parfois à quoi bon une obéissance si limitée et si tardive ? »

« Lire » (interpréter) l'histoire de Tom

Si vous deviez vraiment conseiller Tom, vous lui poseriez beaucoup d'autres questions. Il est probable que vous voudriez (et devriez) être très prudent dans votre interprétation de ses luttes. Mais pour illustrer le rapport entre la vie et l'Écriture, je vais relever quelques pensées initiales en m'appuyant sur les trois catégories bibliques de saint, de souffrant et de pécheur ainsi que sur les questions qui leur sont associées (voir le chapitre précédent). Avant de poursuivre, demandez-vous : « Comment est-ce que je comprends Tom ? Quels sont les thèmes dominants ou scénarios de sa vie ? De quoi a-t-il le plus besoin en ce moment ? »

Saint : Où sont les signes de la grâce dans sa vie ? Où vit-il conformément à son identité de fils du Dieu vivant ?

Dans certains compartiments de sa vie, il y a des changements et un développement qui indiquent à Tom que le scénario dominant de sa vie ne se déroule pas exclusivement dans le négatif.

Il avait pris l'habitude de cacher son péché jusqu'au jour où Sarah l'a découvert. Il semble désormais avoir pris conscience lui-même de son péché contre Dieu et contre Sarah. Il a décidé de lui-même de revenir à la lumière. La repentance, et non un simple regret, semble caractériser sa réaction, et ce signe s'accorde avec l'Évangile. Tom regrette peut-être d'en avoir parlé à Sarah, compte tenu de l'échec de leur relation, mais son désir de vivre honnêtement et franchement devant Dieu et devant sa femme est un signe qu'il compte sur Dieu.

Il fait partie d'une communauté de croyants et accepte avec bonheur la présence à ses côtés d'autres chrétiens dans son combat. C'est positif. Trop souvent, ceux qui ont été pris en flagrant délit de péché ont tendance à s'isoler. En plus de vous, Tom, peut compter sur d'autres chrétiens pour le soutenir dans ses luttes.

Enfin, il lutte certes contre des désirs coupables, mais il mène son combat honnêtement devant Dieu. Il semble avoir un cœur de chair. C'est plus le doute que la défiance qui caractérise son attitude ; cette constatation devra déterminer votre façon de vous approcher de lui.

Souffrant : Quelles circonstances expliquent ses luttes ?

Il est certain que le lointain passé de Tom joue un rôle, notamment le divorce de ses parents, sa découverte précoce de la pornographie et le manque de surveillance parentale. Ce qu'il pense de ces influences qui l'ont façonné est important. Il a grandi avec l'absence d'un père ; on peut raisonnablement se demander comment un tel « manque » relationnel continue d'influencer sa vision de lui-même, de ses relations et de Dieu. Nous savons qu'il se considère comme un mari incompétent. Ce sentiment

Présentation de Tom et de Nathalie

d'incompétence et d'échec est-il profondément ancré parce qu'il a si souvent été livré à lui-même ? A-t-il l'impression que Dieu est un parent distant et indifférent ?

Plus récemment, ses difficultés financières et ses déceptions professionnelles semblent être liées à la recrudescence récente de ses luttes sexuelles. Une autre façon d'évaluer l'impact des circonstances présentes est de se demander : « Qu'est-ce qui pousse Tom à pécher de cette manière ? » Nous savons que son conflit relationnel alimente ses luttes, et ce conflit est peut-être plus explosif qu'il ne l'a jamais été. Certes, l'Écriture ne fait jamais retomber la faute de notre péché sur quelqu'un d'autre, mais la connaissance des pressions relationnelles et des défis que rencontre une personne encourage une approche qui aille au-delà de la réprimande pour le péché commis.

Les informations glanées nous donnent le sentiment que, bien que mariés, Tom et Sarah se sentent seuls dans la vie. Tom a évidemment contribué à creuser ce fossé, mais aucun des deux conjoints ne semble vouloir réagir positivement dans cette situation. Tom ne sait pas comment combler le fossé entre lui et sa femme, et son péché récent n'a fait que l'élargir. Depuis qu'il a confessé son péché, rien de ce que Sarah a dit ne lui laisse espérer une amélioration de leur mariage. Elle a plutôt affiché une attitude pessimiste envers lui et l'avenir de leur vie conjugale. Si l'accusation « infidèle, indigne de confiance, désespérant » portée contre lui par Sarah reste la dernière lunette à travers laquelle Tom se voit lui-même et son mariage, il n'est pas étonnant qu'il ne nourrisse pas beaucoup d'espoir ni de motivation d'un changement futur.

Il est très conscient qu'il subit les conséquences de son péché. Il se demande s'il a changé de façon irréversible le cours de sa vie, de la vie de Sarah et de celle de ses enfants. Le poids de ce fardeau l'écrase.

Pécheur : Quels sont les désirs, pensées, émotions et actions qui sont en désaccord avec les valeurs du royaume et qui s'opposent au récit biblique ?

Que désire Tom ? Historiquement, au lieu de faire face à Sarah (ou à Dieu) au plus fort des difficultés de la vie, Tom a décidé de se réfugier dans la pornographie. Il y trouve un lieu sûr et un refuge.

Interagir avec des femmes de rêve est moins intimidant que faire face à des problèmes réels ou que résoudre des problèmes relationnels de façon constructive. La pornographie lui donne peut-être le sentiment qu'il contrôle et maîtrise la situation ; elle lui murmure un court instant : « Tu n'es pas incompétent. »

Il ne semble pas que Tom présente à Dieu ses échecs et ses déceptions de manière régulière. À bien des égards, il vit comme un orphelin. Il en veut à sa place dans la vie, mais il a systématiquement refusé de faire face à ses réalités avec une vision biblique du monde ou avec la confiance dans la puissance de Dieu. On a aussi le sentiment qu'il est quelque peu en colère de ce que Dieu a permis à la situation de s'envenimer alors qu'il avait fait ce qu'il fallait (confesser son péché).

Son principal combat semble actuellement dirigé contre une peur authentique de l'avenir avec une pointe d'apitoiement sur lui-même (d'où l'attitude « pourquoi s'en faire ? »). Il est découragé, mais ce découragement pourrait le conduire à baisser les bras et à se lancer à corps perdu dans le péché sexuel. On perçoit également des éléments de culpabilité et de regrets dans ses déclarations : « Cette fois-ci j'ai dépassé les limites » et « fait avorter le plan de Dieu ».

Et ensuite ?

Riche de cette connaissance de l'histoire de Tom, qu'est-ce qui, à la lumière de l'Évangile, est maintenant le plus utile pour lui venir en aide ? Que doit-il découvrir de la nature et de l'œuvre de notre Dieu trinitaire qui puisse modifier sa façon de voir sa vie ? Quels sont les changements inspirés par l'Évangile qui devraient s'opérer pour qu'il puisse mener une vie cohérente plus en harmonie avec le scénario de l'Évangile ? Quel est votre devoir de conseiller ou de mentor ? Est-ce de lui indiquer plusieurs façons pratiques de vivre en mari prêt à se sacrifier pour Sarah ? Est-ce de souligner son identité d'enfant bien-aimé de Dieu ? Est-ce de le reprendre pour son manque de foi ? Chacune de ces options individuelles et toutes ensemble pourraient convenir. Mais qu'est-ce qui est le plus urgent ? Je pense que c'est de l'encourager à aller de l'avant avec espérance et de l'assurer que les desseins rédempteurs pour lui (et pour Sarah) sont toujours d'actualité. Il ne fait aucun doute

Présentation de Tom et de Nathalie

qu'un counseling biblique continu tiendra compte d'autres aspects de son combat, mais je pense que ce serait bien de commencer par là. Au début des séances de counseling biblique, beaucoup de patients ont simplement besoin d'espérance. Ils ont besoin de contempler un Dieu qui ne les a pas abandonnés à leur triste sort mais qui vient les secourir avec grâce et compassion au moment opportun.

Si donc vous deviez vous servir d'une portion précise de l'Écriture pour aider Tom, quel passage choisiriez-vous pour lui donner de l'espoir et l'assurance que l'œuvre rédemptrice de Dieu se poursuit dans sa vie ? J'imagine que si j'interrogeais tous les lecteurs de ce livre, chacun me suggérerait des passages utiles différents. Cela fait partie de la beauté de l'utilisation de l'Écriture dans le ministère ! Il n'existe pas de « bon » passage à citer. Au chapitre suivant, nous reviendrons sur l'histoire de Tom pour la rattacher au scénario de Dieu contenu dans un passage de l'Ancien Testament. Découvrons maintenant l'histoire de Nathalie.

L'histoire de Nathalie

Nathalie est une femme célibataire de quarante-deux ans, qui vient solliciter votre aide pour des questions liées à son travail de pédiatre. C'est une croyante bien ancrée dans sa foi, qui a confessé Christ très tôt dans sa vie. Elle vient d'une famille unie, a deux frères et une sœur dont l'âge s'échelonne entre vingt-six et trente-cinq ans. Un frère et une sœur sont engagés dans un ministère chrétien à plein temps.

Nathalie se rappelle avoir grandi dans un foyer où Dieu occupait la première place, auprès de parents qui encourageaient les dons et les centres d'intérêt de chaque enfant. Elle-même s'intéressait à beaucoup de choses, aux études supérieures, au sport (tennis et natation), à la musique (piano) et aux arts (dessin et aquarelle). Elle s'était fortement impliquée comme responsable du groupe de jeunes pendant ses études secondaires. Elle avait été une étudiante brillante (chargée de faire le discours de clôture) et une athlète universitaire accomplie. Elle reconnaît : « Je me sentais poussée de l'intérieur. Je ne sentais aucune pression de mes parents. *J'étais* consciente de vouloir être un modèle pour mes frères et sœurs plus jeunes. À mon avis, vous pourriez penser que j'avais des tendances perfectionnistes. »

Pendant ses études universitaires, Nathalie était fortement engagée au sein de l'Église luthérienne de la ville qui était très impliquée dans l'aide aux pauvres et aux défavorisés de son quartier. Elle put se rendre compte par elle-même des effets néfastes de la pauvreté sur la santé des enfants et décida de poursuivre ses études médicales. Après son internat dans une autre ville, elle travailla dans une petite polyclinique dans l'un des quartiers les plus misérables de la cité.

Le travail était épuisant. Elle travaillait entre soixante-dix et quatre-vingts heures par semaine, car elle s'occupait des malades hospitalisés mais faisait également des consultations externes. « Ce furent des années pénibles. Je me sentais fatiguée en permanence, mais je me souviens que le Seigneur me soutenait chaque jour. Je me rappelle également mes conversations avec mes collègues sur le rôle de ma foi en Christ dans la manière d'aborder mon travail quotidien. » Au cours des six dernières années, le travail a encore pris de l'extension avec l'arrivée de six nouveaux médecins.

Mais Nathalie avait du mal à s'engager dans les activités de son Église locale à cause du temps qu'elle consacrait à son activité professionnelle. « J'ai deux amies intimes à l'Église, mais l'une d'elles va se marier ; je m'attends donc à ce que la dynamique de notre relation amicale change. » La trentaine passée, Nathalie avait connu une vraie histoire d'amour, mais la relation s'était brisée quand elle avait refusé de déménager pour se rapprocher de son fiancé qui venait d'obtenir un poste d'enseignant dans une petite université. « Ce fut la décision la plus difficile de ma vie. J'étais très attachée à Jerry, mais je sentais que le Seigneur me demandait de rester ici. À l'époque, cela me paraissait trop agréable de déménager dans un quartier habité par les classes moyennes ! »

Au cours des deux dernières années, elle a connu des luttes de plus en plus fortes contre ce qu'elle considère comme un impact insuffisant de son travail. « Je ne suis pas sûre d'exercer une influence notoire. Certes, mes relations avec les mères célibataires ont fait que leurs enfants ont grandi avec une meilleure santé. J'ai

Présentation de Tom et de Nathalie

pourtant constaté que plusieurs sont devenus des adolescentes qui sont tombées dans le même cycle infernal de la maternité précoce, de la drogue ou même pire. J'ai eu beau parler de l'amour de Christ et de le traduire en actes, j'ai vu très peu de ces jeunes venir à Christ. Et ceux qui ont fait profession de foi n'ont pas porté beaucoup de fruits dans leur vie. Aucun ne semble s'être soustrait à l'inertie de la pauvreté. Mes efforts me semblent futiles.

« Jour après jour, je suis prise dans l'engrenage de visites rapides à vocation purement médicale : un mal de gorge, un contrôle d'un bébé bien portant, une grippe, une constipation ; je me demande alors : *Est-ce que je ne néglige pas quelque chose d'important ?* Quand mon travail a-t-il cessé de me procurer du plaisir pour devenir un fardeau ? Je me suis demandée récemment si je ne ferais pas mieux de prendre la responsabilité d'un groupe de jeunes dans une Église. N'aurais-je pas l'occasion d'exercer une influence spirituelle plus forte et plus durable ? De créer des relations plus profondes ? Je constate ces résultats dans les ministères de mon frère et de ma sœur. Certes, ils ont également leur lot de luttes et leur travail comporte aussi une certaine pénibilité. Mais dans l'ensemble, ils semblent tous deux passionnés par ce qu'ils accomplissent et en retirent de la satisfaction. Pour ma part, j'ai l'impression d'avoir perdu le feu sacré depuis ces deux ou trois dernières années. Il y a même des jours où je redoute d'aller au travail. Ce n'était jamais le cas avant. J'ai du mal à trouver la joie dans le Seigneur et dans ce que je fais. »

Il nous arrive trop fréquemment d'être découragés dans notre œuvre parce que nous oublions le grand scénario dans lequel nous sommes partie prenante.

Bien que Nathalie ait consenti à de gros sacrifices financiers et relationnels dans son centre de soins, elle déclare : « Je pense que s'il le fallait, je recommencerais. J'ai vraiment toujours senti la main de Dieu me guider et su qu'il voulait que je persévère dans cette voie. J'en suis moins sûre aujourd'hui. » Les amis chrétiens de Nathalie l'ont toujours encouragée, même si plusieurs d'entre eux la pressent d'envisager d'autres formes de service que de rester dans ce centre de soins. « Ils me disent d'examiner si ce que je ressens ne pourrait pas être un «saint mécontentement», le sentiment de plus en plus prononcé que le Seigneur cherche à me pousser dans une autre direction. Mais l'idée de faire autre chose me semble une trahison à l'égard des gens que je soigne et de la mission dans laquelle je me suis investie depuis si longtemps. »

Interpréter l'histoire de Nathalie

Comme dans le cas de Tom, plusieurs autres détails de la vie de Nathalie orienteraient la manière dont l'Évangile lui parle, mais commençons par ce que nous savons déjà. En nous référant aux trois mêmes catégories de saint, de souffrant et de pécheur, quels sont les thèmes de l'histoire de Nathalie qui semblent importants ?

Sainte : Où sont les signes de la grâce dans sa vie ? Où vit-elle conformément à son identité de fille du Dieu vivant ?

À mon avis, c'est cet aspect de la vie de Nathalie qui ressort le plus clairement. En parlant parfois avec une personne, n'avez-vous pas eu le sentiment de fouler un terrain sacré ? Ne vous êtes-vous pas justement senti repris et encouragé en écoutant une personne vous faire part de ses luttes et de ses efforts pour suivre Jésus au plus fort de ses combats ? C'est ce que j'ai ressenti en écoutant le récit de Nathalie. Ce qui me frappe le plus n'est pas le récit de ses *manquements* à vivre conformément au scénario de Dieu, mais sa volonté affichée de vivre pour son Roi. Cette perspective oriente d'avance le sens de votre intervention auprès d'elle, du moins au début : vous aurez à l'encourager, pas simplement à lui donner des bons conseils ni de pratiquer un counseling biblique professionnel.

Je tiens à mettre en exergue la décision de Nathalie de se mettre au service des pauvres et des marginalisés si chers au cœur

Présentation de Tom et de Nathalie

de Dieu. Je veux honorer le fait qu'elle n'a pas succombé aux rêves trompeurs de la richesse, de la sécurité et du confort que tant de gens estiment liés à l'argent. Je veux faire l'éloge de sa persévérance dans un ministère difficile. Devant elle, je rappellerais la fidélité de Dieu envers elle et ses collègues.

De tels rappels de l'œuvre de la grâce de Dieu dans sa vie font partie du déroulement du programme à long terme pour elle. Il nous arrive trop fréquemment d'être découragés dans notre œuvre parce que nous oublions le grand scénario dans lequel nous sommes partie prenante. À des moments charnières de l'Ancien Testament, Dieu rappelle à son peuple ses interventions fidèles qui les a conduits jusqu'à présent (Genèse 17 ; Deutéronome 1 – 11 ; Josué 24 ; Psaumes 105 – 106). Il est donc tout à fait opportun de situer les combats actuels de Nathalie dans le contexte plus vaste de l'œuvre manifeste de Dieu dans sa vie.

Souffrante : Quelles circonstances expliquent ses luttes ?

Il est évident que Nathalie fait l'expérience du chaos du monde autour d'elle. Ses doutes et ses luttes sont intimement liés aux défis d'un ministère médical dans un centre-ville. Elle vit dans un environnement où l'espoir s'évanouit si facilement, où des problèmes systémiques sapent les fondements de ses meilleurs efforts, où ses sacrifices semblent vains. Elle a certes vu la main de Dieu dans sa vie et son travail, mais récemment, le poids cumulé de la souffrance autour d'elle a voilé sa vision de l'établissement du règne de Dieu.

Si vous ne prenez pas au sérieux le contexte très difficile dans lequel Nathalie travaille, votre approche sera superficielle, loin de la vie réelle. Elle ressemblera à une version spiritualisée du principe : « Ne t'en fais pas, sois heureux ! » L'Écriture ne minimise jamais les défis auxquels le peuple de Dieu est confronté. Ne le faisons pas non plus.

L'un des domaines qui mériterait d'être un peu approfondi est celui des relations. Nathalie a dit certaines choses qui me font me demander ce que représente pour elle la vie d'une professionnelle de la santé au début de la quarantaine. Aimerait-elle se marier ? Remet-elle en question le bien-fondé de sa rupture avec Jerry ?

Contact – entre la Bible et mon histoire

Comment vit-elle les renoncements relationnels à cause de ses engagements professionnels ? Contrairement à ses années d'études secondaires et universitaires, sa vie est désormais très focalisée sur la pratique médicale. En quoi ces sacrifices coûteux alimentent-ils son découragement à cause du manque ou du peu d'impact sur les autres ?

Pécheresse : Quels sont les désirs, pensées, émotions et actions qui sont en désaccord avec les valeurs du royaume et qui s'opposent au récit biblique ?

Comme je l'ai dit plus haut, ce qui me frappe le plus chez Nathalie, *c'est* sa manière de vivre conforme au scénario du royaume. Contrairement à Tom qui, de toute évidence, faisait des choix contraires aux valeurs du royaume, Nathalie semble s'être *lassée* « de faire le bien » (Ga 6.9).

Cela ne signifie pas que Nathalie a su faire face parfaitement à tous ses défis. En apprenant à mieux la connaître, vous pourriez découvrir d'autres racines à son découragement, en particulier ses exigences élevées en matière de « réussite » dans le service médical. Elle a un vécu de succès notables et d'impact sur la vie d'autrui. Ont-ils répondu à son attente ? Peut-être que son perfectionnisme avéré s'est transformé en tendance à exagérer le négatif et à minimiser le positif. A-t-elle établi un lien trop fort entre son identité et son rôle de « médecin pour les défavorisés » ? Son impression d'absence d'impact dans la durée fragilise-t-elle son identité et le sentiment de sa propre valeur ?

Il est certain que si certaines de ces hypothèses s'avéraient justes, elle a besoin d'une réorientation ou d'une correction fondée sur la Bible. Mais je ne commencerais pas par dénoncer un péché dans le ministère de Nathalie. Car ce serait passer sous silence les caractéristiques positives évidentes de son scénario personnel. Par ailleurs, il n'est pas toujours vrai que les gens ont besoin de correction pour un péché *volontaire*. Ils peuvent tout simplement avoir besoin qu'on leur expose plus précisément les voies de Dieu. Ce pourrait être le cas pour Nathalie. Pour fortifier sa foi, elle aurait peut-être besoin qu'on lui présente un tableau plus complet et plus riche de ce à quoi l'influence du royaume pourrait

Présentation de Tom et de Nathalie

ressembler. Dans l'exercice de notre ministère, efforçons-nous de différencier ignorance, péché involontaire et péché volontaire.

Et ensuite ?

Le cas de Nathalie devrait nous interpeller. C'est une femme pieuse qui s'est lassée et s'est découragée dans l'exercice intensif de sa vocation médicale. Elle a du mal à discerner l'impact du royaume dans son travail, et se demande si elle ne devrait pas servir Dieu dans un autre ministère. La « porte d'accès » qu'elle nous ouvre est celle du découragement. Je veux donc que mon utilisation de l'Écriture lui procure encouragement et espoir dans la lassitude de ses combats. Au chapitre suivant, nous verrons comment un passage particulier de l'Ancien Testament lui communique cet encouragement.

Questions à discuter

1. Pensez à Tom et à Nathalie. La distinction saint/souffrant/pécheur vous a-t-elle aidé à mettre de l'ordre dans leur histoire ? Pourquoi ? Auriez-vous rajouté quelque chose dans l'un ou l'autre de ces domaines ?
2. Quelle perspective ou vérité bibliques Tom aurait le plus besoin d'entendre maintenant ? Et Nathalie ?
3. Réfléchissez à deux ou trois passages de l'Ancien et du Nouveau Testaments que vous aimeriez citer à Tom. Pourquoi avez-vous choisi ces passages ?
4. Réfléchissez à plusieurs passages que vous aimeriez citer à Nathalie. Pourquoi les avez-vous choisis ?

Chapitre 9

Tom, Nathalie, et l'Ancien Testament

À la fin du chapitre précédent, je vous ai demandé quel(s) passage(s) de l'Ancien Testament vous utiliseriez pour venir en aide à Tom et à Nathalie. À mon avis, vous procédez en partant du récit de la vie pour aboutir à un texte, en tenant compte des thèmes mis en évidence dans le récit que Tom et Nathalie ont fait de leur vie, et en pensant à des passages qui abordent ces mêmes thèmes. C'est comme si je vous entendais me dire votre choix et ajouter : « Oui, je vois bien comment ce passage répond à la situation évoquée. » Vous ne diriez certainement pas la même chose à propos du texte que moi, j'ai choisi !

J'ai décidé de me servir d'Aggée 2.1-9. Vous pensez alors *C'est un texte aussi peu adapté à la situation que les généalogies de 1 Chroniques !* Peut-être pas. Il *est* vrai que le livre du prophète Aggée donne à priori l'impression d'être du type « canyon ». Après tout, combien de fois nous servons-nous des petits prophètes dans notre ministère auprès des personnes ?

Mon choix apparemment insensé repose cependant sur des raisons ! Il ne procède pas du hasard. Il y a longtemps, Dieu s'est servi de ce passage pour m'encourager à une époque où je me demandais si mon péché n'allait pas modifier ma vie de façon irréversible. Même si les détails de mon expérience diffèrent de ceux de l'expérience de Tom, je comprends sans peine son sentiment de futilité et de désespoir, et je crois qu'Aggée répond

Contact – entre la Bible et mon histoire

à cette situation. Autre raison, j'ai préparé une prédication sur ce passage et je l'ai utilisée comme base de discussion dans mon cours sur l'interprétation biblique. J'ai enfin choisi ce passage parce que je désirais un texte qui ne présente pas une application immédiate. Je voulais prouver que nous *pouvons* nous reporter à des passages moins connus de l'Écriture et y trouver une sagesse pour notre temps. Je voudrais vous faire découvrir le potentiel inexploité de nombreux passages bibliques qui peuvent cependant aider les gens à faire face aux problèmes auxquels ils sont confrontés.

> *Rappelez-vous que moins une personne connaît la Bible, plus il faut choisir un passage qui a un rapport évident avec ses luttes.*

Permettez-moi d'ajouter quelque chose concernant le choix d'un passage. Au lieu d'utiliser un passage que j'ai choisi moi-même, il m'arrive de demander aux personnes que je conseille de m'indiquer un texte qui *leur* a paru significatif récemment. C'est un bon point de départ, car ces personnes ont déjà eu un contact avec la Parole de Dieu, et il suffit alors de l'approfondir au cours de la discussion. Rappelez-vous que moins une personne connaît la Bible, plus il faut choisir un passage qui a un rapport évident avec ses luttes. Si vous devez faire trop d'efforts pour aider l'individu à voir ce que *vous* voyez, il vaut mieux choisir un passage biblique plus approprié. (À moins que vous ayez à réexaminer *votre* compréhension du passage !) Rappelez-vous que dans votre ministère où vous rencontrez les gens individuellement, ce n'est généralement pas le temps d'animer une étude biblique inductive, surtout dans le cas d'un counseling biblique plus formel.

Enfin, je ne m'attends pas à ce que vous fassiez la connaissance de Tom ou Nathalie, que vous vous creusiez intensément la tête, que vous ouvriez subitement Aggée et que vous passiez des heures à l'étudier en vue de votre prochain rendez-vous avec eux. Je ne

Tom, Nathalie, et l'Ancien Testament

m'attends pas non plus à ce que vous disiez à Tom ou Nathalie de rester dans le vestibule pendant que vous sondez le passage (en répondant aux questions que j'ai soulignées plus haut) dans le but d'en discuter ensuite avec eux ! J'ai choisi Aggée parce que je *connais bien ce passage* et que je vois une certaine correspondance avec la situation de Tom et Nathalie. Je suis sûr que vous avez, vous aussi, de tels passages, qui vous sont particulièrement familiers. Bref, ma proximité antérieure avec ce passage, l'application que j'en ai faite et mon étude m'ont préparé à m'appuyer sur Aggée dans mes interventions auprès de Tom et Nathalie. Je suis sûr que vous êtes capable de vous servir d'autres passages compte tenu de *votre* étude méditative de l'Écriture. Il est à souhaiter que nous soyons tous en train de progresser dans notre capacité à nous servir des Écritures de façon *large* et *profonde*.

Lire (interpréter) Aggée 2.1-9

Comme je l'ai fait dans l'interprétation des récits de Tom et Nathalie, je vais m'appuyer sur les questions posées au chapitre 7 pour guider notre compréhension d'Aggée. Je vous encourage à jeter un coup d'œil rapide sur le livre du prophète Aggée pour mieux comprendre ce que je vais dire plus loin. Ou lisez au moins l'introduction au livre d'Aggée qui se trouve dans votre Bible d'étude. Sentez-vous libre de répondre vous-même aux questions avant de lire mes réflexions. Lisons Aggée 2.1-9 :

> Le vingt et unième jour du septième mois, la parole de l'Éternel se révéla par Aggée, le prophète, en ces mots : Parle à Zorobabel, fils de Schealthiel, gouverneur de Juda, à Josué, fils de Jotsadak, le souverain sacrificateur, et au reste du peuple, et dis-leur : Quel est parmi vous le survivant qui ait vu cette maison dans sa gloire première ? Et comment la voyez-vous maintenant ? Telle qu'elle est, ne paraît-elle pas comme rien à vos yeux ? Maintenant fortifie-toi Zorobabel ! dit l'Éternel. Fortifie-toi, Josué, fils de Jotsadak, souverain sacrificateur ! Fortifie-toi, peuple entier du pays ! dit l'Éternel. Et travaillez ! Car je suis avec vous, dit l'Éternel des armées. Je reste fidèle à l'alliance que j'ai faite avec vous quand vous sortîtes de l'Égypte,

et mon Esprit est au milieu de vous ; ne craignez pas ! Car ainsi parle l'Éternel des armées : encore un peu de temps, et j'ébranlerai les cieux et la terre, la mer et le sec ; j'ébranlerai toutes les nations ; les trésors de toutes les nations viendront, et je remplirai de gloire cette maison, dit l'Éternel des armées[1]. L'argent est à moi, et l'or est à moi, dit l'Éternel des armées. La gloire de cette dernière maison sera plus grande que celle de la première, dit l'Éternel des armées ; et c'est dans ce lieu que je donnerai la paix, dit l'Éternel des armées.

Le contexte original

Commençons par réfléchir au point où en était l'histoire de la rédemption lorsque ce livre fut écrit. Qu'est-ce qui précédait la prophétie d'Aggée dans l'histoire de la rédemption ? Dieu avait racheté les descendants d'Abraham et en avait fait la nation d'Israël (Exode). Après une période où le gouvernement est confié à différents juges, la nation connaît le régime de la monarchie qui atteint son apogée sous les règnes de David et Salomon (1 et 2 Samuel ; 1 Rois 1 – 11 ; 1 Chroniques ; 2 Chroniques 1 – 9). Mais depuis cette époque, la monarchie est en déclin (1 Rois 12 – 22 ; 2 Rois ; 2 Chroniques 10 – 36).

À la mort de Salomon, le royaume se divise : Israël au nord, Juda au sud. Sur le trône d'Israël se succèdent des rois plus mauvais les uns que les autres jusqu'à la conquête du pays par les Assyriens en 722 av. J.-C. Juda, qui connaît une alternance de bons et de mauvais rois, tombe entre les mains des Babyloniens en 586 av. J.-C. Les nouveaux maîtres détruisent le magnifique temple que David avait eu l'intention de construire et que Salomon bâtit – la maison de Dieu – et déportent les habitants à Babylone.

Mais l'Éternel avait promis de ramener les exilés. En 586 av. J.-C., Cyrus, roi de Perse (qui, entre-temps, s'était rendu maître de Babylone), décrète que les exilés doivent retourner à Jérusalem et en Juda pour y reconstruire le temple (Esd 1.1-4). Les Juifs rentrent dans leur pays et relèvent l'autel, reposent les fondations du temple (Esd 3), mais leur projet avorte à cause de l'opposition qu'ils rencontrent (Esd 4).

Tom, Nathalie, et l'Ancien Testament

Cela nous amène au « présent » de notre texte (en 520 av. J.-C. !). Le chapitre 1 du livre d'Aggée parle des Juifs qui, aiguillonnés par la prophétie d'Aggée, reprennent la construction laissée en suspens. Environ un mois plus tard, la prophétie rapportée dans 2.1-9 se réalise[2]. (Vous trouverez les détails des deux derniers paragraphes dans l'Introduction d'une bonne Bible d'étude, ou en lisant toutes les références qui s'y rapportent[3].) En ayant ce récit présent à l'esprit, nous allons maintenant creuser le passage devant nous.

L'étape suivante consiste à poser la question : « À votre avis, qu'est-ce que Dieu cherchait à communiquer à son peuple à cet instant particulier de l'histoire du salut ? » Autrement dit, en vous appuyant sur une lecture attentive (en tenant compte des caractéristiques historiques, grammaticales et littéraires du texte) qu'estimez-vous être le thème dominant ?

De toute évidence, le point important est lié au « temple » (ce qui s'accorde avec tout le contenu du livre). Plus précisément, il semble que les trois premiers versets mettent en lumière le découragement du peuple durant la reconstruction. Dieu exprime ce que les Juifs pensent, en particulier ceux qui étaient assez âgés pour se rappeler la gloire du temple de Salomon. (Vos références vous orientent sur Esd 3.12 qui confirme cette interprétation.) « Telle qu'elle [*la nouvelle maison de Dieu*] est, ne paraît-elle pas comme rien à vos yeux ? » Le hic était que le nouveau temple semblait manquer de gloire ! Comment Dieu réagit-il à cet état de fait ?

Dans les versets 4 et 5, Dieu assure le peuple de sa présence et lui dit que ce qu'il lui avait promis depuis si longtemps lorsqu'il l'avait racheté d'Égypte était encore vrai à ce jour. Malgré les nombreuses défaillances des Juifs – et même leur abandon de la construction depuis leur retour – il leur donne l'assurance que son Esprit ne les avait pas quittés. Cette promesse pour le présent a pour but d'encourager leurs efforts.

Puis Dieu donne une série de promesses concernant l'avenir. Elle commence au verset 6 et culmine au verset 9 : « La gloire de cette dernière maison sera plus grande que celle de la première, dit l'Éternel des armées ; et c'est dans ce lieu que je donnerai la paix, dit l'Éternel des armées[4]. » À certains égards, la gloire de ce nouveau temple éclipsera celle du temple de Salomon.

Voici comment je résumerai ce passage : « La promesse de la présence de Dieu et celle d'une manifestation d'une gloire supérieure dans le temple contrecarrent la tristesse et la crainte. » Ce n'est certainement pas la seule manière de rendre justice à l'esprit de ce passage, mais le thème ou le passage principal de ce passage n'est PAS :

- Si vous ne réussissez pas du premier coup, recommencez et recommencez encore.
- Cessez de gémir et mettez-vous au travail puisque Dieu est avec vous.
- Faites ce qui est bien à ses yeux, et Dieu vous bénira et inversera les conséquences de votre péché. (L'histoire qui suit cette prophétie montre clairement la fausseté de cette leçon.)

À la lumière de ce thème, posons-nous la question : « Quelle est selon vous l'intention de l'auteur ? » En d'autres termes, en quoi ce passage a-t-il pu influencer la vie de ses premiers destinataires ? Demandez-vous : « En tant que Juifs de l'époque, si j'avais vraiment saisi la portée de ce message, j'aurais …….. » La réaction attendue était probablement le renouvellement de l'engagement et de l'espoir au milieu des efforts de reconstruction. Dieu les appelle tout particulièrement à être « forts », à « travailler » et à « ne pas craindre ». Dieu dit en somme : « Je sais que ce temple ressemble à une cabane, comparé au temple de Salomon, mais soyez assurés que je suis avec vous et qu'un jour une gloire plus grande remplira ce temple. »

Le contexte (historico-rédempteur) plus vaste

La deuxième étape consiste à situer Aggée 2.1-9 dans le contexte plus large de l'Écriture dans son ensemble en posant d'abord la question : « Pourquoi ce passage revêtait-il une si grande importance à cette époque de l'histoire de la rédemption ? Autrement dit, comment ce passage participe-t-il au déroulement de la révélation divine ?

Tom, Nathalie, et l'Ancien Testament

Le temple était le centre de la vie religieuse, sociale et politique juive. L'absence de temple signifiait l'absence d'une demeure pour Dieu : plus aucun sacrifice et donc pas d'expiation pour le péché. Dans notre société fragmentée et mobile, il est difficile d'imaginer qu'un lieu puisse revêtir une telle importance. La reconstruction du temple était donc essentielle pour réaffirmer l'identité, le culte et la vie des Juifs en tant que peuple de Dieu.

Soyons plus précis : Comment le principal thème ou pensée de votre passage est-il présent dans les écrits antérieurs et postérieurs ? Comment se rattache-t-il à Jésus-Christ et à l'Église ? Souvenez-vous : j'ai insisté sur le thème du temple mais également sur celui d'une gloire supérieure. À ce stade, vous pouvez utiliser les références bibliques. Vous pouvez également rechercher les mots *temple* ou *gloire* dans une concordance (ou dans Bibleonline) pour trouver de possibles liens appropriés. Si vous disposiez de plus de temps, vous pourriez vous intéresser à des concepts associés comme le tabernacle, la présence de Dieu, la demeure de Dieu, la tente d'assignation. J'ai trouvé un ouvrage intéressant qui fait l'inventaire de tous les thèmes dans toute l'Écriture. Il s'agit du *Dictionary of Biblical Imagery*[5] de Ryken, Wilhoit et Longman. Évidemment, rien ne remplace une lecture attentive de la Bible du commencement à la fin, année après année, en notant soigneusement les liens entre les différents livres et passages et les relations avec le point culminant de la rédemption en Jésus-Christ.

En poursuivant votre lecture, vous vous demanderez peut-être : « Quand aurai-je assez étudié l'histoire de la rédemption ? » Si vous avez relativement peu de temps devant vous, posez-vous simplement la question : « Quel lien ce passage a-t-il avec Jésus et son règne de renouvellement de toutes choses ? » Elle vous poussera d'emblée dans une direction centrée sur l'Évangile en examinant la portée du passage pour le temps présent. Si vous disposez de plus de temps, vous découvrirez des trésors en abondance en réfléchissant aux connexions entre les différents livres et époques de la Bible. Permettez-moi donc d'ouvrir le coffre à trésors pour vous montrer ce qu'on peut tirer du livre d'Aggée.

À partir de la Genèse, Dieu a toujours indiqué son intention d'habiter au milieu de son peuple. Après la chute de l'humanité dans le péché, nous lisons : « Alors ils entendirent la voix de l'Éternel Dieu, qui parcourait le jardin vers le soir, et l'homme et sa femme se cachèrent loin de la face de l'Éternel Dieu, au milieu des arbres du jardin » (Ge 3.8). L'un des premiers fruits du péché fut que les porteurs de l'image de Dieu s'empressèrent de ne plus se trouver en sa présence. Mais le plan de sauvetage de Dieu incluait un nouveau peuple issu d'Abraham (le peuple d'Israël) arraché à l'esclavage de l'Égypte et un nouvel Éden (le pays promis). Dieu n'abandonnerait pas son peuple. Lors de la sortie d'Égypte, Dieu manifesta sa présence dans les colonnes de feu et de nuée ; il fit la traversée du désert *avec* son peuple. Près de la moitié du livre de l'Exode traite des instructions données par Dieu en vue de la construction du tabernacle, puis des travaux eux-mêmes, pour que Dieu puisse habiter au milieu de son peuple (Ex 25.8). Comme le déclare Moïse dans Exode 33.12-17, c'était la présence de Dieu au milieu d'Israël qui distinguait ce peuple de tous les autres.

Après l'entrée dans le pays promis et l'instauration de la monarchie, Salomon bâtit ce que son père avait eu l'intention de réaliser, à savoir une demeure permanente pour Dieu (1 R 5.5 ; 1 Ch 22.7-10 ; 2 Ch 6.1,2, 18 ; Ps 132.13,14).

À la fin de la construction du tabernacle et, plus tard, du temple, la gloire de l'Éternel remplit le lieu (Exode 40 ; 2 Ch 5.13,14)[6]. Dieu habitait vraiment au milieu de son peuple ! Mais quelques siècles plus tard, et à la suite du déclin moral d'Israël (Juda) et de ses chefs, Dieu se servit des Babyloniens comme instruments de ses jugements contre son peuple, allant même jusqu'à le faire exiler. Le temple gisait en ruine comme un rappel matériel et visible du fossé entre Dieu et son peuple. Toujours fidèle à son alliance, Dieu promit aux exilés qu'ils reviendraient dans leur pays. Ézéchiel brossa un tableau glorieux et idéal du nouveau temple et de la nouvelle Jérusalem qui seront reconstruits au terme des nombreuses années d'exil, et annonça même le retour de la gloire de Dieu (Ézéchiel 40 – 48). Le deuxième temple, construit par Aggée et ses contemporains, correspond-il à cette vision ? Apparemment pas.

Aggée 2.1-9 se termine par l'espoir que la gloire du deuxième temple surpassera celle du temple de Salomon. Le second temple fut achevé en 515 av. J.-C., mais quel fut son sort final ? Contrairement à Exode 40 où la gloire de l'Éternel descendit sur le tabernacle achevé, et à 1 Rois 8.10, où la nuée glorieuse remplit le temple de Salomon, il n'est pas fait mention d'une nuée glorieuse associée à ce nouveau temple. Si j'avais été un Juif, je me serais gratté la tête en me disant : « Dieu a promis d'être avec nous, mais je ne sais pas trop bien ce que cela signifie. Nous n'avons plus l'arche de l'alliance, et nous vivons dans un pays occupé par une puissance étrangère. Où est donc cette gloire prédite par Aggée ? » Certes, le temple subira de nombreux embellissements à l'époque de Jésus, mais cela correspondait-il à cette gloire supérieure annoncée par Aggée ? Est-ce vraiment à ce moment que tous les trésors des nations viendront à Jérusalem (v. 7) ? Que voulait dire le Seigneur en affirmant que la gloire de ce nouveau temple serait supérieure à celle du premier ?

Ce n'est finalement pas Jésus qui est le temple, mais l'Église.

Pour répondre à cette question, passons au Nouveau Testament et examinons les liens entre le temple, Jésus et son Église. Une surprise nous attend : on commence par découvrir que « la gloire » future se présente dans le plus modeste des « emballages », un bébé né dans une mangeoire[7]. C'est un début qui frappe bien peu le regard, tout comme la construction du second temple. En accord avec le contenu d'Aggée 2.3 : « Ne paraît-*il* comme rien à vos yeux ? »

Dans son évangile, Jean identifie Jésus au nouveau temple. Prêtez attention à Jean 1.14 : « Et la parole a été faite chair, et elle a habité parmi nous, pleine de grâce et de vérité ; et nous avons contemplé sa gloire, une gloire comme la gloire du Fils unique venu du Père. » C'est le langage du temple. Jésus est Emmanuel, Dieu avec nous ! Au chapitre suivant, Jésus purifie le temple et déclare : « Détruisez ce temple, et en trois jours je le relèverai » (2.19). Les Juifs interprètent cette parole de façon littérale et l'appliquent au temple d'Hérode, alors que Jésus pense à sa mort et à sa résurrection. Il devient lui-même le point de contact entre le ciel et la terre, entre Dieu le Père et son peuple.

Mais ce n'est peut-être pas là le développement poussé à son terme. Ce n'est finalement pas *Jésus* qui est le temple, mais l'*Église*. Dans 1 Corinthiens 3.16, Paul interroge ses lecteurs : « Ne savez-vous pas que vous êtes le temple de Dieu, et que l'Esprit de Dieu habite en vous ? » C'est un prolongement amplifié d'Aggée 2.5 duquel personne n'aurait rêvé ! Que Dieu décide de vivre dans une structure physique, passe encore. Mais vivre *dans* son peuple[8] !

Pour résumer l'orientation que le Nouveau Testament donne à l'image du temple, disons qu'en Jésus le temple est finalement redéfini pour inclure l'Église. Le peuple de Dieu est désormais le lieu de sa résidence. Nous n'avons plus besoin d'un temple matériel. Le culte se rend désormais en Jésus. Cette gloire est évidemment supérieure et correspond à une version amplifiée d'Aggée 2.9. Du même coup, la gloire de Jésus est redéfinie et précédée par la souffrance. Voilà ce qui est proposé comme modèle à son peuple (Ro 8.16-27).

Où tout cela aboutit-il ? L'instauration du règne de Jésus est encore plus glorieuse. Pensons en particulier à Apocalypse 21 et 22, la vision des nouveaux cieux et de la nouvelle terre. Soulignons notamment 21.22-26 et son lien avec Aggée : « Je ne vis point de temple dans la ville ; car le Seigneur Dieu Tout-Puissant est son temple, ainsi que l'Agneau. La ville n'a besoin ni du soleil ni de la lune pour l'éclairer ; car la gloire de Dieu l'éclaire, et l'Agneau est son flambeau. Les nations marcheront à sa lumière, et les rois de la terre y apporteront leur gloire. Ses portes ne se fermeront point le jour, car là il n'y aura point de nuit. On y apportera la gloire et l'honneur des nations. »

L'application à Tom

Nous en arrivons à la grande question : Comment ce passage, à la lumière de l'Évangile, s'applique-t-il au peuple de Dieu à la fois saint, souffrant et pécheur ? Après avoir écouté l'histoire de Tom, comment faire cadrer Aggée 2.1-9 dans son expérience ? Pour reprendre l'expression d'Eugene Peterson, comment Tom peut-il « se retrouver dans l'histoire de Dieu[9] » ? Quels points de contact ai-je à l'esprit ?

Tom, Nathalie, et l'Ancien Testament

Je voudrais évidemment que Tom reprenne espoir et courage dans la présence de Dieu et dans la pratique d'un amour persévérant. Comme les Juifs du temps d'Aggée, Tom subit les conséquences de son péché. En jetant un regard sur sa vie, il est tenté d'abandonner le combat. Il ne voit dans son passé qu'une suite d'échecs. Peut-être se demande-t-il si la gloire ne serait pas partie pour de bon. Comme dans le cas des destinataires de la prophétie d'Aggée, l'espoir de Tom doit se centrer sur la promesse de la présence de Dieu et sur son dessein inébranlable pour son peuple. Mais contrairement aux Juifs d'alors, son espoir d'avenir n'est pas lié à un lieu matériel et géographique, comme un temple. Au contraire, il doit fonder son espérance sur Jésus, le vrai temple. Quoique réelles et graves, les conséquences du péché de Tom ne peuvent annuler l'alliance conclue entre Dieu et son peuple et scellée par le sang de Jésus. Tom ne peut en aucun cas contrecarrer l'œuvre transformatrice et rédemptrice de Dieu : « Mon Esprit est au milieu de vous ; et ne craignez pas ! » Et Tom a le bonheur de faire l'expérience de cette promesse de façon beaucoup plus profonde que les Juifs du temps d'Aggée. Paul dit en effet : « Ce sont des choses que l'œil n'a point vues... et qui ne sont point montées au cœur de l'homme, des choses que Dieu a préparées pour ceux qui l'aiment » (1 Co 2.9 ; d'après És 64.4).

Voici la forme que pourrait prendre la conversation (quelque peu idéalisée) entre vous, « C », le conseiller[10] et « T », Tom.

C : Tom, j'ai réfléchi à tout ce que vous m'avez dit au cours des semaines écoulées. Je me demande si nous ne pourrions pas examiner un passage qui pourrait répondre à certaines de vos luttes.

T : D'accord.

C : Il s'agit d'un passage du prophète Aggée. [Ouvrez la Bible à cet endroit et tendez-la à Tom.]

T : Hum ! Je pense avoir déjà lu ce passage, mais il y a fort longtemps. J'ai oublié ce dont il parle.

C : Ce n'est pas grave. Je vais brièvement rappeler le contexte. Vous rappelez-vous ce qui est arrivé à la nation d'Israël après des années de péché et de rébellion chroniques contre Dieu, dans l'Ancien Testament ?

Contact – entre la Bible et mon histoire

T : Les Israélites furent chassés du pays promis, n'est-ce pas ?
C : Exactement ! Les Babyloniens attaquèrent Jérusalem, détruisirent le temple et déportèrent les habitants. Malgré cela, Dieu promit qu'au bout de soixante-dix ans, les exilés reviendraient dans leur pays. Aggée entre en scène peu après la réalisation de cette promesse. Le peuple revint et commença à reconstruire le temple, mais ils arrêtèrent les travaux à cause de l'opposition rencontrée. Dans Aggée 1, Dieu incite le peuple à reprendre les travaux, ce que les Juifs font. Nous arrivons ainsi au chapitre 2. Voulez-vous lire Aggée 2.1-9 ? [Tom lit le passage.] Bon, qu'est-ce qui frappe votre attention ?
T : Tout d'abord, c'est que Dieu commence par parler à son peuple. Il ne l'a pas rejeté. Il l'encourage à persévérer dans les travaux malgré les obstacles. Et il promet aux Juifs d'être avec eux.
C : Exactement. C'est la preuve de la fidélité de Dieu envers les Juifs malgré leur péché. En ce qui me concerne, vous me donnez l'impression d'avoir épuisé la patience de Dieu, d'avoir péché au point d'être impardonnable, et de mener une vie qui ne sera jamais comme elle aurait dû l'être.
T : C'est bien vrai. Certains matins, je me demande : *Pourquoi me donner encore de la peine ?*
C : Vous savez, les gens du temps d'Aggée ont pu se dire la même chose. Regardez le verset 3. À votre avis, que ressentaient-ils ?
T : Dieu semble lire dans leurs pensées. Les Juifs se rappellent à quoi le premier temple ressemblait et se disent que le second fait pâle figure à côté ! Peut-être se disent-ils qu'ils ne connaîtront plus jamais ces conditions de bénédiction. Cette pensée trouve un écho en moi. Je me dis que si j'avais été à leur place, j'aurais abandonné la partie, moi aussi.
C : Que leur dit Dieu pour les encourager dans leurs luttes ?
T : Il leur dit : « Soyez forts et travaillez. » Il ajoute : « Je suis avez vous. » Il les exhorte à ne pas craindre car son Esprit demeure parmi eux.
C : Il me semble que c'est quelque chose que vous aussi auriez intérêt à entendre de la part de Dieu.

Tom, Nathalie, et l'Ancien Testament

T : Certainement. J'ai perdu le sentiment de la présence du Seigneur. C'est comme si je faisais tout machinalement, comme si j'avais perdu tout espoir d'avenir. J'ai peur. Je ne veux pas que mon mariage se termine par un divorce. Mais je ne veux pas non plus un mariage vide de sens.

C : Que pensez-vous pouvoir espérer de Dieu ?

T : Je n'en sais rien.

C : Qu'est-ce que Dieu promet à son peuple découragé qui subit toujours les effets de ses péchés (et du péché de ses ancêtres) ? Jetez un coup d'œil à la fin du passage.

T : Il fait plusieurs promesses. Il va ébranler toute la création, ébranler les nations, remplir le nouveau temple de gloire, et d'une gloire qui surpasse celle du temple précédent. À vrai dire, ce passage me parle moins que la première partie du chapitre. Bien sûr, le second temple sera plus glorieux, mais je ne vois pas ce que cela signifie pour moi. Dieu veut-il me dire : « Ne t'inquiète pas. Les choses semblent aller mal maintenant, mais tout finira par s'arranger à l'avenir » ? Puis-je vraiment appliquer cette promesse à mon mariage ?

C : Vous posez une bonne question. Non, je ne pense pas que ce soit une promesse générale qui efface magiquement les conséquences du péché. Dieu demande à son peuple de travailler présentement avec l'assurance que la demeure de Dieu sera encore plus glorieuse dans le futur. Ces promesses se réalisent en Christ qui est « Dieu avec nous » en chair ! Mais quelle est « l'adresse postale » de Dieu aujourd'hui ? Où réside-t-il ?

T : Ce n'est certainement pas le temple. Et Jésus est au ciel. Je devine que pour vous, Dieu vit en nous par le Saint-Esprit.

C : Oui, et pensez-y. La première et la deuxième parties du passage sont liées. Dieu promet d'être avec son peuple. Mais vous pouvez en faire l'expérience d'une manière beaucoup plus glorieuse qu'Aggée et sa génération. Jésus a répandu sa présence dans votre vie et dans celle de vos frères et sœurs croyants. Il habite dans son peuple. Peut-être luttez-vous pour *le* sentir, mais lui *vous* remplit. Vous êtes à lui. Vous faites partie de son peuple, repéré par sa

présence. Rien ne peut effacer cette identité. L'avenir glorieux qu'Aggée avait entrevu est déjà en marche, et l'Esprit vous en donne un avant-goût.
T : Il m'est utile de l'entendre. Je lutte pour vivre à la lumière de cette réalité. Je suppose qu'un sentiment plus prononcé de la présence de Dieu m'aiderait à progresser dans l'obéissance, même si j'ignore ce que ma vie et mon mariage deviendront dans le futur. Mais comment cultiver cette conscience de la présence de Dieu et de sa fidélité ?

À ce point, la conversation peut prendre différentes directions. Mais il se peut que le dialogue vous suggère quelques initiatives avec Tom. Vous avez peut-être décidé de prendre d'autres initiatives ou de mettre en lumière d'autres aspects d'Aggée 2, et c'est bien.

En ayant ces points de contact présents à l'esprit, quelles pourraient être certaines applications pratiques pour Tom ? De quelle manière la « trajectoire de l'Évangile » exposée par Aggée peut-elle conduire à une transformation personnelle ? Comment les pensées, émotions, actions et relations de Tom pourraient-elles changer à la lumière du texte d'Aggée remanié dans l'Évangile ? Je voudrais évidemment que Tom renouvelle son engagement à renoncer à la convoitise sexuelle et qu'il entoure Sarah d'un amour qui se sacrifie, malgré ses échecs passés et même s'il ne sait pas ce que pourrait être la « gloire supérieure » dans son mariage. Il devra le faire non seulement parce que c'est la seule bonne chose à pratiquer, mais aussi parce qu'il découvre où il se situe dans l'histoire de Dieu dont il vient d'apercevoir une facette dans Aggée 2. La forme de son obéissance peut revêtir plusieurs aspects.

Premièrement, Tom pourrait rechercher à multiplier et à approfondir ses contacts avec les hommes de son Église, devoir leur rendre des comptes, en reconnaissant que c'est dans l'Église que Dieu habite avec puissance et gloire. Il ne peut pas gagner son combat tout seul, et dans le passé, il a fait preuve de plus de constance quand il entretenait des relations honnêtes et responsables. Peut-être vous dites-vous : « C'est évident ! Il n'y avait pas besoin de se référer à Aggée pour en arriver à cette

Tom, Nathalie, et l'Ancien Testament

conclusion ! » Je suis tout à fait d'accord avec vous. Même si vous n'ouvriez pas votre Bible, ce serait un bon conseil. Il me semble cependant que l'image du temple chez Aggée ajoute un poids éthique susceptible d'encourager Tom à vivre dans la dépendance d'autrui.

Deuxièmement, j'aimerais voir Tom avoir une connaissance meilleure et plus profonde de ses luttes contre la convoitise sexuelle. Paul établit un lien entre les croyants considérés comme le temple de Dieu et ses implications en matière de pureté sexuelle : « Fuyez la débauche. Quelque autre péché qu'un homme commette, ce péché est hors du corps ; mais celui qui se livre à la débauche pèche contre son propre corps. Ne savez-vous pas que votre corps est le temple du Saint-Esprit qui est en vous, que vous avez reçu de Dieu, et que vous ne vous appartenez point à vous-mêmes ? Car vous avez été rachetés à un grand prix. Glorifiez donc Dieu dans votre corps » (1 Co 6.18-20). Ce texte fait écho à Aggée 2.5 : « Et mon Esprit est au milieu de vous. » La présence de Dieu sert de fondement et de motivation pour persévérer dans l'œuvre de reconstruction du temple (Ag 2.4).

Remarquons qu'au lieu d'Aggée 2, nous aurions tout aussi bien pu utiliser 1 Corinthiens 6 pour fonder l'obéissance de Tom. Il me semble cependant que l'image du temple développée par Aggée prend plus de profondeur et de richesse, et se rattache mieux au vaste scénario de ce que Dieu est en train d'accomplir, en considérant l'incroyable signification du temple dans l'Ancien Testament. Ce passage révèle également le prix élevé que Dieu a payé pour vivre au milieu de son peuple. Dans Aggée, il est question des trésors et des richesses que les nations apporteront dans le temple de Dieu. En fait c'est l'inverse qui se produit : Dieu donne à son peuple le trésor de sa personne et scelle le contrat avec son propre sang. Celui qui bénéficie d'un cadeau aussi généreux et coûteux est certainement l'objet d'un grand amour.

À quoi pourrait ressembler une bribe de conversation en tenant compte de cette emphase ?

T : Je viens de connaître quelques journées difficiles. Je me suis senti harcelé par la tentation sexuelle. Mais j'ai été efficacement soutenu en me rappelant que la présence de Dieu et son dessein pour ma vie ne seront pas mis en échec. Je ne suis cependant pas sûr que cela suffise. Il y a des jours où j'ai le sentiment que cela ne sert à rien d'obéir à Dieu, surtout lorsque Sarah ne semble avoir aucun désir de réconciliation[11].

C : Considérons un autre passage qui s'inscrit dans la suite logique du texte d'Aggée que vous avez médité. Il reprend le thème du temple et le rattache directement à la lutte contre le péché sexuel. Permettez-moi de lire 1 Corinthiens 6.18-20. Quelque chose vous a-t-il frappé ?

T : Je le sais. Je devrais fuir la tentation sexuelle. Mais je lutte pour *vouloir* le faire !

C : Ce passage ne vous encourage pas simplement à faire tous vos efforts pour obéir. Paul donne une raison relationnelle incroyable pour fuir l'immoralité et honorer Dieu avec votre corps.

T : En me rappelant que mon corps est le temple du Saint-Esprit[12] ?

C : Exactement ! Réfléchissez. Que penseriez-vous si, une fois le temple construit du temps d'Aggée, les Juifs s'étaient adonnés à toutes sortes de péchés sexuels dans ses murs ? Que diriez-vous ?

T : C'est une offense monstrueuse contre Dieu qui a dit qu'il était au milieu d'eux. Cela aurait de plus été néfaste pour les Juifs fidèles qui seraient venus adorer Dieu dans ce lieu. Ce péché aurait en somme été une gifle à Dieu qui les avait ramenés de l'exil et leur avait permis de reconstruire le temple.

C : Oui, et c'est même plus grave pour nous. À cause de la résurrection de Jésus et de l'effusion de l'Esprit, le lieu où vous et moi adorons, le lieu où Dieu habite, n'est plus fait en pierres, briques et ciment, mais de chair et de sang ! Il habite en nous ! C'est pourquoi Paul déclare plus haut dans ce passage que celui qui commet un péché sexuel fait de Jésus un complice de son péché.

T. Je n'y ai jamais pensé ! Il est si facile de se dire qu'on engage uniquement sa personne en commettant ce péché et on oublie qu'on est un « temple mobile ».

Là encore, vous pouvez imaginer différentes conversations avec Tom et souligner les liens entre Aggée 2 et 1 Corinthiens 6.

J'aimerais que Tom se rende aussi compte que l'expérience de la vraie gloire comporte le sacrifice de soi et la souffrance. Les Juifs l'apprirent en persévérant dans leurs travaux de reconstruction du temple malgré une opposition incessante. La gloire ne pouvait pas être au rendez-vous sans leur participation. Le modèle qui place la souffrance avant la gloire se retrouve suprêmement en Jésus lui-même. Ce qui est vrai du Roi l'est de ses sujets. Le Nouveau Testament le montre en plusieurs endroits, notamment dans Romains 8.16-27 ; 2 Corinthiens 4 ; Philippiens 3.7-11 et Hébreux 12.1-13 pour n'en citer que quelques-uns. Facilité, confort et fuite ne se trouvent pas sur le sentier qui mène à la gloire supérieure. Nous voulons aider Tom à reconnaître que ces choses ne sont que des contrefaçons de la gloire.

Êtes-vous surpris ? Ai-je « triché » dans mon application d'Aggée 2.1-9 en évoquant d'autres textes ? Je ne le pense pas. Nous « appliquons » ou « recontextualisons » le message d'Aggée, mais pas en l'isolant du reste de l'Écriture. Les thèmes qu'Aggée aborde au chapitre 2 nous entraînent vers d'autres endroits scripturaires qui récompensent nos efforts et nous ancrent davantage dans l'Évangile. D'ailleurs, plus nous avons conscience de ces liens dans la Bible, plus nous acquérons de la souplesse et de la sagesse dans nos efforts pour ancrer la vie des gens dans l'Écriture. Il est évident qu'Aggée n'est pas le seul texte de l'Écriture que je veux faire connaître à Tom avec le temps.

L'application à Nathalie

Contrairement à Tom ou aux Juifs du temps d'Aggée, les luttes de Nathalie ne procèdent pas des conséquences de quelque péché évident. Au contraire, elle a rempli avec constance, prière et fidélité la mission à laquelle elle se croyait appelée par Dieu. Même dans cette situation, le message que délivre Aggée de la présence de Dieu et de la promesse d'une gloire future peut s'adapter à elle et lui ouvrir un horizon dans ses luttes. Quels pourraient être les points de contact ? Imaginons la conversation suivante.

Contact – entre la Bible et mon histoire

C : Avez-vous lu Aggée 2.1-9 ces dernières semaines ?
N : Oui. J'ai tiré profit de la lecture du livre tout entier, malgré sa brièveté. Il m'a rappelé certaines vérités entendues lorsque mon pasteur a donné une série de prédications sur les petits prophètes il y a quelques années.
C : Quelque chose vous a-t-il plus particulièrement touchée ? Voyez s'il n'existe pas des parallèles entre vos expériences et celles de Juifs d'alors.
N : Un aspect de leur expérience semble avoir été le sentiment d'une œuvre inachevée.
C : Expliquez-vous.
N : Les Juifs regardaient le temple en cours de construction et aspiraient à quelque chose de plus. Ils aspiraient à le voir autrement. Ils aspiraient à un édifice plus glorieux que celui qu'ils contemplaient. Leur découragement saute aux yeux à la manière dont Dieu leur répond au verset 3. Ils se demandaient peut-être : *Cette œuvre est-elle aussi bonne qu'elle le devrait ?*
C : En quoi cela évoque-t-il quelque chose en vous ?
N : Personnellement, je ne regarde pas en arrière en soupirant après les jours glorieux passés. Je ne suis d'ailleurs pas convaincue que c'était vraiment des « jours glorieux » ! Non, ce qui me travaille, c'est mon insatisfaction du présent. Je voudrais voir se produire quelque chose de plus glorieux. Je suis déjà reconnaissante pour les effets que je constate, comme l'amélioration générale de la santé de mes jeunes patients, mais je souhaite tellement plus pour eux ! J'espérais vraiment que mes efforts seraient couronnés de succès plus réels au fil des années.
C : Je suis certain que les Juifs *avaient du mal* à persévérer dans les travaux de reconstruction du temple, compte tenu de son aspect. Alors, en l'absence de gloire, qu'est-ce que Dieu promit aux Juifs ?
N : Dieu leur dit qu'il était avec eux et que son Esprit était présent parmi eux. Il leur promit aussi une gloire future pour le temple.
C : Quand cette promesse s'est-elle réalisée ?

N : Je ne sais pas exactement. Les versets 6 à 8 semblent suggérer que les nations apporteront des richesses matérielles pour orner le temple. Mais tout au long de ces dernières semaines, vous m'avez rabâché que je devais rattacher tout passage à Christ [sourires]. Je pense donc qu'il y a autre chose en vue.

C : Permettez-moi de lire Jean 1.14 : « Et la parole a été faite chair, et elle a habité parmi nous, pleine de grâce et de vérité ; et nous avons contemplé sa gloire, une gloire comme la gloire du Fils unique venu du Père. » Notez le langage qui évoque le temple (« habité parmi nous »).

N : La gloire supérieure ne concerne donc pas le temple matériel mais Jésus lui-même.

C : Oui, et c'est bien là la Bonne Nouvelle ! Est-ce pour autant la fin de l'histoire ? Voyons-nous aujourd'hui les choses aussi belles qu'elles devraient l'être ? Faisons-nous l'expérience de la pleine mesure de la gloire annoncée ?

N : Il est difficile de l'affirmer quand je regarde mon voisinage.

C : C'est vrai. Même nous, chrétiens d'après la résurrection, nous n'avons pas encore bénéficié de la pleine mesure de gloire. Celle-ci est encore en devenir ; elle se construit aussi bien en nous qu'à l'extérieur dans notre monde. Il me semble que c'est pour cette raison que Paul utilise l'expression : « Christ en vous, *l'espérance* de la gloire », dans Colossiens 1.27. Nous, et l'ensemble de la création de Dieu, nous ne connaîtrons pas le renouvellement complet et la gloire sublime avant le retour de Jésus.

N : Sous-entendez-vous que présentement, j'attends trop de l'avenir ?

C : Je pense que vous avez déjà eu un avant-goût de la gloire de Christ et que vous aspirez à davantage. Pour reprendre les mots de Paul dans Romains 8.18-25, vous *soupirez* en attendant la pleine mesure du rétablissement à venir. Les théologiens parlent de la tension entre le « déjà » et le « pas encore » du royaume.

N : Comment vivre le contentement dans cette tension ?

Il y a plusieurs façons de répondre à la question de Nathalie. Tout d'abord, je lui suggérerais d'accorder à l'assurance de la « gloire future » – un élément de sa prière en vue de l'instauration du règne à venir – une plus grande place sur son lieu de service[13]. Mais je l'exhorterais à ne pas mépriser la moindre journée au cours de laquelle le royaume s'établit de façon modeste. Tel est le rappel du Seigneur à Zacharie (un contemporain d'Aggée) à propos du début des travaux du second temple : « Les mains de Zorobabel ont fondé cette maison, et ses mains l'achèveront... Car ceux qui méprisaient le jour des faibles commencements se réjouiront en voyant le niveau dans la main de Zorobabel » (Za 4.9,10).

J'encouragerais Nathalie à tenir un journal dans lequel elle noterait les moindres aperçus de la gloire future qui sont déjà manifestes dans son travail médical actuel, ou d'en faire un élément de sa vie de prière.

> *Dieu nous adresse parfois la vocation de refléter sa perspective par nos attitudes, parfois il nous demande de changer nos attitudes et notre situation.*

Ensuite, je voudrais qu'elle se rende compte du rôle crucial qu'elle joue dans la future gloire promise par Dieu. Au temps d'Aggée, la construction du temple était indispensable pour établir le royaume de Dieu (« le peuple de Dieu, à l'endroit voulu par Dieu et sous le gouvernement de Dieu »). Le royaume avait un centre géographique et le temple en était la pièce centrale. Mais dans le Nouveau Testament, le « lieu » devient une « personne », puisque Jésus s'applique d'abord à lui et ensuite à son peuple les images évoquant le temple. Désormais, là où se trouve le peuple de Dieu, le royaume de Dieu est présent car le Roi établit sa demeure dans son Église par son Esprit. Au lieu de considérer le temple comme l'endroit sacré vers lequel affluent les nations et leurs trésors (Ag 2.7 ; És 61), le nouveau temple (l'Église) se fond dans le monde pour le remplir « de la connaissance de la gloire de l'Éternel, comme le fond de la mer par les eaux qui le couvrent » (Ha 2.14). Nathalie exerce son métier dans un avant-poste du royaume. Elle incarne la présence de Dieu dans un quartier privé de gloire. Comment en avoir conscience quand elle soigne une angine après l'autre ? Enfin, il importe que Nathalie se rende compte que la présence de Dieu est le fondement sur lequel elle bâtit sa partie du royaume (Ag 2.4,5). Sa présence est l'antidote pour combattre la lassitude et l'épuisement : « Fortifie-toi... et travaillez... dit l'Éternel des armées. » Jésus accompagne de la même promesse l'ordre missionnaire à ses disciples dans Matthieu 28.18-20. Il ancre cette tâche dans sa présence. Par son Esprit, le Roi accompagne ses ambassadeurs et leur confère sa puissance. Il ne laisse pas ses enfants livrés à eux-mêmes. Nathalie peut donc puiser de l'encouragement en méditant la réalité de la présence de Christ à ses côtés au milieu des journées, des semaines et des mois les plus éprouvants de sa pratique médicale.

Remarquez que je n'ai pas conseillé à Nathalie de poursuivre son activité médicale dans une clinique de centre-ville ou ailleurs, ni de quitter sa profession pour s'engager dans un ministère chrétien à plein temps. Une telle discussion serait certainement pertinente, mais aider Nathalie à voir sa situation actuelle à travers les lunettes de l'Évangile est un préalable à tout examen quant à une autre orientation professionnelle. En utilisant Aggée pour permettre à Nathalie de voir ses problèmes dans une perspective centrée sur le royaume, on l'aide à voir plus clair le pas suivant, qu'il s'agisse de persévérer dans la situation actuelle ou d'en changer. Dieu nous adresse parfois la vocation de refléter sa perspective par nos attitudes, parfois il nous demande de changer nos attitudes *et* notre situation.

Conclusion

J'espère que vous aurez mieux compris comment rapprocher Aggée et certaines personnes particulières, et que vous aurez acquis une certaine confiance sur la façon d'aider Tom et Nathalie (ou toute autre personne de vos connaissances) à vivre conformément au scénario d'Aggée qui culmine en Jésus-Christ et dans son Église. Je me suis servi d'Aggée pour donner une perspective centrée sur Christ à leurs combats. Elle entraîne de sages changements au niveau des motivations, des pensées, des émotions et des actions des deux individus considérés. De ce point de vue, la recherche d'un lien entre l'Écriture et la vie est autant un art (dépendant de l'Esprit) qu'une science (dépendante de l'Esprit). Les questions et les catégories que je vous ai données ne sont pas infaillibles. Ce sont des outils destinés à vous aider dans votre étude de l'Écriture et des êtres humains ; encore faut-il que vous les utilisiez en comptant totalement sur l'Esprit de Dieu pour qu'il vous donne la sagesse au moment opportun (Col 1.6).

Questions à discuter

1. Pensez précisément à une personne dont vous vous occupez. Comment utiliseriez-vous Aggée 2.1-9 pour l'aider dans sa situation ?
2. Quelles sont les ressemblances et les différences dans les applications que j'ai faites du texte d'Aggée à Tom et à Nathalie ?
3. Maintenant que vous avez vu ce modèle en action, quelles questions avez-vous concernant le rattachement de l'Écriture à la vie réelle ?

Chapitre 10

Tom, Nathalie, et le Nouveau Testament

Au chapitre précédent, vous avez pu constater qu'un même passage de l'Ancien Testament peut s'appliquer à deux personnes aux expériences et luttes différentes. Dans ce chapitre, nous allons de nouveau porter secours à Tom et à Nathalie mais en nous servant cette fois-ci d'un passage du Nouveau Testament, Marc 1.40-45 en l'occurrence. Il s'agit de la rencontre de Jésus et d'un lépreux. (Vous vous dites certainement : *Encore heureux qu'il n'ait pas choisi Apocalypse 16 !*) Comme dans le cas du texte d'Aggée, mon choix du texte présent ne résulte pas d'un tour de passe-passe. C'est un texte qui m'est familier pour l'avoir étudié et en avoir fait un sujet de prédication dans le passé. J'aurais aussi pu tenir compte des thèmes présents dans la vie de Tom et de Nathalie et j'aurais pu me demander : « Quels sont les passages du Nouveau Testament qui pourraient correspondre à leurs expériences de saints, de souffrants et de pécheurs ? » Si j'avais opté pour cette démarche, je me serais retrouvé avec des textes différents pour chaque personne. J'ai préféré partir d'un texte unique et l'étudier pour voir comment il pourrait aider *à la fois* Tom et Nathalie.

Contact – entre la Bible et mon histoire

Lire (interpréter) Marc 1.40-45

Je vais à nouveau me servir des questions du chapitre 7 pour guider notre compréhension de ce passage de Marc. Je vous encourage à lire une brève introduction à l'évangile selon Marc ou à feuilleter cet évangile avant d'aborder les questions que je souligne plus loin. Lisons Marc 1.40-45 :

> Un lépreux vint à lui ; et, se jetant à genoux, il lui dit d'un ton suppliant : Si tu le veux, tu peux me rendre pur. Jésus, ému de compassion, étendit la main, le toucha, et dit : Je le veux, sois pur. Aussitôt la lèpre le quitta, et il fut purifié. Jésus le renvoya sur-le-champ, avec de sévères recommandations, et lui dit : Garde-toi de rien dire à personne ; mais va te montrer au sacrificateur, et offre pour ta purification ce que Moïse a prescrit, afin que cela leur serve de témoignage. Mais cet homme, s'en étant allé, se mit à publier ouvertement la chose et à la divulguer, de sorte que Jésus ne pouvait plus entrer publiquement dans une ville. Il se tenait dehors, dans des lieux déserts, et l'on venait à lui de toutes parts.

Le contexte original

Comme à propos du texte d'Aggée, nous voulons savoir ce qui s'est passé dans l'histoire de la rédemption au moment où se déroule ce récit[1]. Bien que la communauté post-exilique ait achevé la reconstruction du temple et relevé les murs de Jérusalem, elle continuait d'être assujettie à une succession de puissances étrangères. La vie religieuse se caractérisait par le culte rendu à Dieu au temple et par un attachement accru à la Torah (la Loi), mais la promesse divine de rétablissement du royaume davidique (Jé 23.5,6 ; 30 ; Éz 34 ; 37.15-28) ne s'était pas encore accomplie. Cette période vit se développer les espoirs messianiques. Quand Dieu agira-t-il de façon décisive pour rétablir son royaume par Israël ?

Sachant cela, on se pose la question suivante : Qu'est-ce que Dieu s'efforçait de faire comprendre à son peuple à ce moment particulier de l'histoire de la rédemption ? En d'autres termes, quel est, à votre avis, le thème ou le point principal[2] ? Que vous ayez étudié ce passage pendant des heures ou que vous l'ayez lu attentivement pour la première fois ce matin, lors de votre culte personnel, vous êtes capable de répondre à cette question avec l'aide de l'Esprit.

Après cinq minutes de réflexion et de prière, que devriez-vous voir ? Que Jésus veut et peut guérir la lèpre. Il purifie les laissés-pour-compte impurs et humiliés de la société. C'est aussi simple ! C'est la juste compréhension de ce passage et elle vous équipe pour faire des applications importantes à la vie de Tom et de Nathalie.

Mon grand désir est évidemment de vous aider à devenir de meilleurs connaisseurs de l'Écriture et des êtres humains. Le court résumé que j'ai donné n'est pas la seule chose qui se dégage de ce passage ! Ce que vous lirez plus loin est le résultat de ma méditation *cumulée* de ce récit. Tout comme je m'attends à ce que ma connaissance de Tom et de Nathalie se développe en proportion du temps que je passe avec eux, je m'attends à ce qu'il en

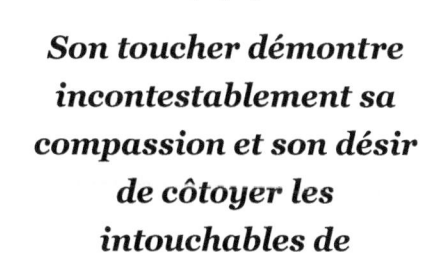

Son toucher démontre incontestablement sa compassion et son désir de côtoyer les intouchables de la société.

aille de même à propos de ce passage. Un tel effort peut mettre au jour de nouveaux liens entre l'évangile de Marc et les récits de Tom et de Nathalie. Ouvrons donc le soufflet de l'accordéon et sondons les trésors que recèle Marc, tout en sachant que nous ne ferons pas bénéficier Tom et Nathalie de toutes nos découvertes au cours d'un seul entretien.

Remarquons d'abord que Marc situe ce récit à la fin d'une série d'activités de Jésus liées au royaume (1.21-39). Elles font suite à la proclamation de Jésus : « Le royaume de Dieu est proche. Repentez-vous, et croyez à la bonne nouvelle » (1.15). C'est comme si Marc disait : « Voici ce qui caractérise la venue du royaume : l'expulsion des démons, la guérison des malades, la prière, la prédication et [dans notre passage] la purification des

Contact – entre la Bible et mon histoire

lépreux », ce qui s'accorde avec 1.1, où Marc introduit son évangile par ces mots : « Commencement de l'Évangile[3] de Jésus-Christ, Fils de Dieu. » Le souci de Marc est de mettre en lumière la bonne nouvelle de l'entrée en scène d'un nouveau roi, Jésus, le Fils de Dieu. Il contraste à la fois avec l'empereur romain *et* le Messie révolutionnaire des attentes juives. Marc cherche à proclamer l'identité du Roi Jésus et la nature de son règne. Il s'efforce de montrer que le vrai Roi est venu.

Nous abordons Marc 1.40-45 dans ce contexte littéraire. Qu'est-ce qui frappe dans les détails de ce passage ? Au verset 40, nous constatons que le lépreux n'observe pas la loi juive qui lui imposait de se tenir à distance des autres pour éviter toute contamination (Lé 13.45,46[4]), et s'approche de Jésus, persuadé que Jésus *pouvait* le guérir, mais il ne savait pas s'il *voulait* le faire.

Les versets 41,42 révèlent la réaction surprenante de Jésus devant le lépreux qui le supplie ardemment de le guérir. Marc indique que Jésus fut « ému de compassion ». Jésus ne vient manifestement pas instaurer son royaume par simple devoir et en étant indifférent aux autres. Il ressent profondément la souffrance de son peuple. Il est ému par son sort. Il accomplit alors un geste choquant : il tend sa main et *touche* le lépreux. Jésus ne savait-il pas que le contact avec quelqu'un d'impur *le* rendrait impur (Lé 5.3) ? Et d'ailleurs, pourquoi fallait-il qu'il touche le lépreux ? Il a guéri bien d'autres malades par la seule vertu de sa parole. Que se passe-t-il ici ? Son toucher démontre incontestablement sa compassion et son désir de côtoyer les intouchables de la société. Tout au long des évangiles, nous voyons Jésus fréquenter des « pécheurs notoires » et les gens que la société juive marginalisait parce qu'ils étaient démoniaques ou atteints de certaines maladies. Il y a dans ce récit peut-être quelque chose de plus.

Au lieu de devenir impur par le contact avec un lépreux, ce qui aurait été le cas de n'importe quel être humain, Jésus possède une « pureté contagieuse[5] ». C'est l'équivalent spirituel du toucher magique de Midas. Il démontre ainsi son autorité sur l'impureté et la souillure en guérissant le lépreux. Le Roi véridique guérit même les cas les plus désespérés, ce que seul Dieu peut faire (No 12 ; 2 R 5.7).

Tom, Nathalie, et le Nouveau Testament

La guérison opérée par Jésus rappelle le chapitre intitulé « Les Maisons de Guérison[6] », dans *Le Retour du Roi*, de J. R. R. Tolkien. La toile de fond de ce chapitre est la bataille de Minas Tirith, la grande ville du royaume de Gondor. Les trois principaux personnages, Faramir (le fils du défunt roi), Eowyn (la dame du royaume de Rohan) et Merry (un Hobbit), furent gravement blessés durant le combat et transportés en un lieu où les guérisseurs de Gondor s'efforcèrent de les aider. Mais leurs blessures étaient trop graves et ils étaient sur le point de mourir.

Tolkien écrit : « Alors une vieille femme, Ioreth, la plus âgée de celles qui servaient dans cette maison, regardant le beau visage de Faramir, pleura, car tous l'aimaient. Et elle dit : «Hélas ! s'il mourait. Pût-il y avoir à Gondor des rois, comme il en fut autrefois, à ce qu'on dit. Car il est dit selon l'ancienne tradition : *Les mains du roi sont celles d'un guérisseur*. Et ainsi pouvait-on toujours connaître le roi légitime[7]. »

Le grand magicien Gandalf confirma les propos du guérisseur : « Le seul espoir restant pour les malades qui sont dans la Maison réside dans la venue d'Aragorn[8]. »

À l'insu de la femme, Aragorn, le roi de Gondor tant attendu, était revenu victorieux pour monter enfin sur le trône qui était resté si longtemps inoccupé. Aragorn arriva donc dans les Maisons de Guérison et apporta son toucher curatif d'abord à Faramir, puis à Eowyn, et enfin à Merry. J'aime particulièrement les paroles de Tolkien lors de la guérison d'Eowyn :

« Éveillez-vous, Eowyn, Dame de Rohan ! répéta Aragorn.

Il prit sa main droite dans la sienne, et il y sentit revenir la chaleur de la vie.

— Éveillez-vous ! L'ombre est partie et toute obscurité a été balayée[9] ! »

L'ombre était réellement dissipée, car le Roi était de retour ! Et l'identité d'Aragorn comme roi fut révélée dans sa capacité à guérir ceux qui avaient reçu des blessures mortelles.

Voyez-vous les parallèles avec Jésus ? Marc ouvre son évangile par la conclusion à laquelle il veut que ses lecteurs parviennent concernant l'identité de Jésus : il est le Messie, le Fils de Dieu. Ses actions prouvent qu'il n'est pas un prétendant au trône d'Israël. Il a le pouvoir de purifier même les lépreux, une sorte de morts vivants. Il est capable de rendre l'intégrité à ce que la chute a brisé et ruiné.

Le passage ne s'arrête toutefois pas avec la guérison du lépreux. Pourquoi Marc ajoute-t-il les détails des versets 43-45 ? Je crois qu'ils traitent de la *manière* avec laquelle Jésus établit son royaume sur la terre. Il n'opère pas un miracle spectaculaire destiné à alimenter les espoirs messianiques de renversement du gouvernement romain. Loin de là ! Bien que faisant une puissante démonstration de son autorité, ce Roi montre que l'humilité, l'abaissement, la solitude et la souffrance constituent la devise de ce royaume. Où le voit-on ?

Dans les versets 43-44*a*, Jésus renvoie le lépreux guéri avec une recommandation solennelle : « Garde-toi de rien dire à personne. » Pourquoi donc ne pas ébruiter la bonne nouvelle ? Même si cet ordre ne caractérise pas tous les miracles de Jésus, celui-ci n'est pas unique (voir Mc 5.43 ; 7.36 ; Lu 4.41). Pourquoi ce secret « messianique[10] » ? Matthieu 12.16-21 livre un indice à ce sujet, en disant que c'était « afin que s'accomplisse ce qui avait été annoncé par Ésaïe, le prophète : Voici mon serviteur que j'ai choisi, mon bien-aimé en qui mon âme a pris plaisir. Je mettrai mon Esprit sur lui, et il annoncera la justice aux nations. Il ne contestera point, il ne criera point, et personne n'entendra sa voix dans les rues. »

Vous aurez multiplié les chemins qui relient l'Écriture à la vie d'une personne.

Le ministère de Jésus ressemble à la mission d'un avion furtif. Il remplira sa mission qui est de détruire le péché et la mort, les derniers ennemis, mais il le fera d'une manière qui ne frappera pas le regard (elle prendra même la forme la plus improbable dans la mort sur une croix !). Autrement dit, Jésus ne permet pas que son règne soit annoncé de manière à attirer l'attention sur lui-même ce qui risquerait de donner au peuple une idée fausse de la voie choisie pour instaurer son royaume.

L'humilité de Jésus ressort encore au verset 44b. Il ordonne au lépreux guéri de se conformer aux indications de la loi mosaïque applicables à la lèpre et aux maladies cutanées en se montrant au sacrificateur et en offrant les sacrifices prescrits (voir Lé 14.1-32[11]). Mais tout en se pliant à la loi et en l'accomplissant en tant que serviteur de l'Éternel, Jésus la remplace. De quelle manière ? Les lois relatives à la purification n'avaient en elles-mêmes aucun pouvoir de purifier, contrairement à Jésus qui avait à la fois le pouvoir et le désir de purifier. Le sacrificateur ne pouvait que déclarer une personne pure ou impure ; il n'avait par lui-même aucun pouvoir de transformer le statut actuel d'une personne, de la faire passer de l'état d'impureté à celui de pureté. Il n'avait aucun pouvoir de restaurer une personne impure et la réintroduire dans la communauté. Seul Jésus, Dieu venu en chair, pouvait accomplir ce changement de statut.

Que s'est-il produit après ? Le lépreux purifié pouvait-il garder le secret ? Se rendit-il chez le sacrificateur et offrit-il les sacrifices requis pour sa complète restauration devant Dieu et les autres ? Non. Il « se mit à publier ouvertement la chose. » Quel en fut le résultat pour Jésus ? Il se trouva pourchassé par les équivalents palestiniens de nos paparazzis contemporains. Marc rapporte que « Jésus ne pouvait plus entrer publiquement dans une ville. Il se tenait dehors, dans des lieux déserts » (v. 45). En permettant au lépreux guéri de retrouver sa place dans la vie communautaire, Jésus s'en trouva exclu. Le passage commence par l'exigence légale imposée au lépreux de vivre séparé des autres, et se termine par la constatation que Jésus dut se tenir dans ces mêmes lieux isolés. Jésus a vraiment échangé sa place avec le lépreux[12].

On peut y voir une sorte de retournement de situation. Il est bien possible que Marc annonce ainsi le retournement ultime de situation qui se produira lorsque Jésus sera sur la croix. Jésus évoque lui-même l'humilité du serviteur : « Car le Fils de l'homme est venu, non pour être servi, mais pour servir et donner sa vie comme la rançon de beaucoup » (Mc 10.45). Dans le passage que nous étudions, pour avoir été au service du lépreux et l'avoir guéri, Jésus doit renoncer au confort et à la vie communautaire. Mais ce n'est que le début. L'évangile de Marc souligne clairement le fait que la voie vers le royaume est celle de la croix[13].

Contact – entre la Bible et mon histoire

En tenant compte des détails du texte étudié, voici comment je résumerais le passage : « Jésus est le Roi qui veut et peut guérir à ses dépens tous ceux qui sont impurs. » Ce n'est évidemment pas la seule façon de résumer ce passage, mais ce que je propose saisit la pensée centrale du récit ainsi que la préfiguration plus subtile des souffrances de Jésus à la fin du passage et qui deviendra plus explicite au fur et à mesure que Marc progresse dans son récit.

Plusieurs questions se posent : À quelle réaction l'auteur s'attendait-il ? En quoi ce passage a-t-il pu influencer la vie des premiers auditeurs ou lecteurs ? Quelle réaction peut produire l'écoute de ce message de Dieu ? Il va de soi que la réaction est liée aux thèmes et aux accents de l'évangile de Marc dans son ensemble, sachant qu'il se focalise sur l'identité et la mission royale de Jésus, ainsi que sur leurs implications pour ses disciples.

S'il fallait donner un titre à cet évangile, je proposerais : « L'autorité et la souffrance du vrai Roi ». « Marc veut que ses lecteurs comprennent que Jésus est le Fils de Dieu et principalement le Fils *souffrant*. Marc montre aussi que les chrétiens doivent emprunter le même chemin que Jésus, celui de l'humilité, de la souffrance et même celui de la mort, si nécessaire[14]. »

En écrivant 1.40-45, Marc a dû susciter un sentiment de stupéfaction et d'adoration chez ses lecteurs qui découvrent le Roi venant avec autorité pour purifier. Ils ont aussi pu se dire : « Si le Fils de Dieu souffre et meurt pour procurer la purification (une préfiguration perceptible dans ce passage), quelles initiatives d'obéissance centrée sur la croix dois-je prendre ? Quelles mesures d'abnégation dois-je envisager ? » Finalement, si Marc destine son évangile aux chrétiens qui souffrent à Rome, une hypothèse envisagée par de nombreux savants, le portrait que Marc brosse de Jésus les encouragera à persévérer en suivant les traces de leur Sauveur.

Le contexte (historico-rédempteur) plus vaste

L'étape suivante consiste à situer le passage dans le contexte plus général de l'Écriture en commençant par répondre à la question : « Pourquoi ce passage revêtait-il tellement d'importance lorsqu'il fut écrit ? » Ou : De quelle manière ce passage participe-t-il à la progression de la révélation de Dieu ?

Tom, Nathalie, et le Nouveau Testament

Avez-vous déjà guetté un événement pendant des années ? Avez-vous déjà souhaité qu'un événement dont l'accomplissement futur est certain se produise maintenant ? Peut-être le début d'une carrière prometteuse. Le mariage. L'achat d'une maison. Plus l'attente se prolonge, plus l'espoir se développe et plus l'imagination devient féconde concernant l'accomplissement des désirs.

Les Juifs attendaient depuis longtemps la venue du Messie et, avec lui, l'instauration définitive du règne de Dieu sur la terre ; ils l'espéraient et priaient dans ce sens. Marc présente vraiment la venue du royaume de Dieu avec une puissance décisive par Jésus. Mais ces attentes réalisées sont liées à la souffrance et à la crucifixion. Cette réalité défie toute logique juive et grécoromaine quant à la royauté. Marc écrit donc son évangile pour proclamer que Jésus, le guérisseur, l'exorciste, celui qui purifie les impurs, le maître et le prédicateur, le crucifié et le ressuscité, est le Fils de Dieu, le vrai Roi. Le grand souci de Marc est de faire connaître l'identité, l'autorité et la mission de Jésus à une Église primitive en proie à la persécution. Jésus est le vrai Roi (victoire finale assurée !), mais l'établissement de son règne implique la souffrance comme prélude à la gloire (persévérance et humilité dans la souffrance !).

Cherchons maintenant à savoir comment le thème principal du passage se rattache aux écrits sacrés antérieurs et postérieurs dans l'histoire de la rédemption[15] ? Pour cela, nous nous appuyons sur notre connaissance générale de l'Écriture, nous consultons les références croisées, nous faisons une étude des mots, des concepts et des thèmes à l'aide de concordances, de dictionnaires bibliques (*Dictionary of Biblical Imagery*) et d'autres ressources. Si vous avez l'habitude d'animer des réunions d'étude biblique, vous serez évidemment plus apte à procéder à une étude approfondie de ce genre que si vous conseillez une personne en particulier. Vous ne direz pas à la personne que vous suivez : « Pourrions-nous reporter notre entrevue ? Je n'ai pas terminé de vérifier les références croisées relatives au passage que je vous ai demandé d'étudier pour cette semaine ! » Votre culte personnel et vos préparations en vue de l'étude biblique font double usage. Comme vous avez approfondi un passage particulier, il est probable que vous vous en servirez dans votre counseling biblique avec une personne. Vous aurez multiplié les chemins qui relient l'Écriture à la vie d'une personne.

Comment faites-vous pour conduire dans une ville que vous ne connaissez pas ? Vous commencez par être très dépendant du plan de la ville, des indications que vous avez prises sur Internet, ou du GPS. Mais plus vous conduisez, plus vous vous familiarisez avec les grands axes qui relient les différentes parties de la ville. Si on se trouve dans un environnement moins familier, on s'appuie davantage sur ses propres ressources.

Il en va de même avec l'utilisation de l'Écriture dans le ministère. Mieux vous savez comment les passages (routes) se connectent – un processus qui se développe avec le temps – plus vous ferez preuve de flexibilité lorsque vous serez face à une déviation ou lorsqu'un événement vous impose un changement d'itinéraire. Vous puiserez dans la sagesse accumulée – peut-être même d'un passage étudié intentionnellement des années plus tôt !

Ce même développement de la connaissance et de la sagesse devrait caractériser vos relations avec les gens. Vous êtes certainement capable de prononcer une parole utile à votre interlocuteur après avoir discuté pendant trente minutes avec lui, mais pensez au « capital relationnel » que vous aurez constitué après avoir passé vingt heures avec lui dans plusieurs contextes différents. Grâce à cette « étude élargie », vous possédez plus de choix, plus de points de contact avec la vie de la personne en question. Notre but est d'acquérir une connaissance toujours plus profonde de la personne et de l'Écriture, et un plus grand savoir-faire dans notre contact avec les gens et avec l'Écriture, même si nous demandons à l'Esprit de se servir de nous à *n'importe* quel point du cheminement.

Quels liens susceptibles de nous aider dans notre ministère auprès des gens pouvons-nous découvrir dans notre étude de Marc 1.40-45, étude qui peut s'échelonner de quelques minutes à des années ? Il serait opportun de commencer par inventorier tous les passages qui traitent de l'impureté et de la pureté, car c'est bien là le point central du passage[16]. Tapez les mots « pur » ou « impur » dans un programme de *Bibleonline* ou recherchez

Tom, Nathalie, et le Nouveau Testament

ces termes dans une concordance et vous découvrirez que, plus que tout autre livre biblique, c'est le Lévitique qui regorge de références à ces notions. Comme nous l'avons vu précédemment, Lévitique 13.39 et 14.1-32 traitent de l'état de la lèpre et des règles à observer au sein de la communauté, et notamment le processus de purification de cette maladie. Remarquons toutefois que ce cas particulier s'inscrit dans une section plus vaste du livre, consacrée à la distinction entre le pur et l'impur. Beaucoup de choses sont considérées comme « impures » ou « souillées » dans l'Ancien Testament, en particulier les maladies de la peau (Lé 13 – 14), les moisissures dans les maisons (Lé 14), les écoulements sexuels (Lé 15), les femmes qui ont accouché (Lé 12), les cadavres (No 5.2 ; 9.6,7 ; 19.11,13) et certains animaux (Lé 11).

Pourquoi tant de complications ?, vous dites-vous. *Pourquoi tout ce discours sur ce qui est pur et ce qui est impur ?* Tout simplement à cause du lien entre impureté et culpabilité devant Dieu. L'état d'impureté s'accompagnait de la séparation d'avec Dieu et son peuple. La guérison de l'état d'impureté exigeait un sacrifice, et notamment des sacrifices pour le péché ou la culpabilité (Lé 5.2,3,5,6). La raison est spécifiée dans Lévitique 11.44,45 : « Car je suis l'Éternel, votre Dieu ; vous vous sanctifierez, et vous serez saints, car je suis saint ; et vous ne vous rendrez point impurs par tous ces reptiles qui rampent sur la terre. Car je suis l'Éternel, qui vous ai fait monter du pays d'Égypte, pour être votre Dieu, et pour que vous soyez saints ; car je suis saint. » On trouve un commandement semblable dans Lévitique 15.31 : « Vous éloignerez les enfants d'Israël de leurs impuretés, de peur qu'ils ne meurent à cause de leurs impuretés, s'ils souillent mon tabernacle qui est au milieu d'eux. »

La distinction entre le pur et l'impur n'était pas simplement d'ordre hygiénique ou cérémoniel, mais d'ordre éthique et moral. En réalité, la distinction entre le pur et l'impur indique l'abîme incommensurable qui existait entre Dieu et l'humanité. Comment ce qui est saint peut-il coexister avec ce qui est souillé ? Comment celui qui est d'une pureté parfaite peut-il vivre au milieu de ceux qui sont constamment exposés à l'impureté ? Il n'est pas étonnant que Dieu ait prévu le système sacrificiel comme moyen nécessaire de purification et d'expiation !

Ézéchiel développe les idées de « lieu » et d'« agent » dans la purification : « Je vous retirerai d'entre les nations, je vous rassemblerai de tous les pays, et je vous ramènerai dans votre pays. Je répandrai sur vous une eau pure, et vous serez purifiés ; je vous purifierai de toutes vos souillures et de toutes vos idoles. Je vous donnerai un cœur nouveau, et je mettrai en vous un esprit nouveau ; j'ôterai de votre corps le cœur de pierre, et je vous donnerai un cœur de chair. Je mettrai mon Esprit en vous, et je ferai en sorte que vous suiviez mes ordonnances, et que vous observiez et pratiquiez mes lois » (36.24-27). Le lieu à purifier est le cœur, et l'agent de cette purification Dieu lui-même. Le fait que le système des sacrifices ne soit pas mentionné dans la solution trouvée par Dieu me paraît intéressant. Comme le montrera clairement le Nouveau Testament, le sang des animaux sacrifiés ne peut jamais ôter la souillure du péché.

> *Si l'œuvre expiatoire de Jésus a renversé le mur entre Dieu et l'homme, comment des barrières pourraient-elles subsister entre les membres du peuple de Dieu ?*

Quand cette « transplantation cardiaque » se produit-elle ? Qui guérira le peuple de Dieu de ses chutes et rechutes, de son impureté, de ses souillures ?

Marc répond avec force et clarté : c'est Jésus le Messie, le Fils de Dieu. C'est un roi qui ne s'intéresse pas à l'impureté externe – chasser les Romains du pays – mais à la restauration et à la purification de l'image même de Dieu grâce à un changement du cœur opéré par l'Esprit[17]. C'est une purification du peuple de Dieu obtenue au prix du sang de Jésus versé sur la croix. La condition du lépreux de notre récit n'est pas celle d'une simple souillure externe. Il est le type de tout être humain, impur intérieurement, séparé de Dieu et des autres, sans espoir de rétablissement en dehors de la compassion et du pouvoir de Jésus. Même un lépreux purifié doit affronter un jour les affres de la mort. Jésus est le seul à pouvoir le sauver – et nous sauver – de cette impureté ultime. Où les autres auteurs du Nouveau Testament reprennent-ils l'idée du pur et de l'impur ? Comment développent-ils la purification opérée par Jésus dans Marc 1, à la lumière de la croix et de la résurrection ? Nous pouvons penser à deux grandes catégories : le rétablissement de la relation avec Dieu (dimension verticale) et celui de nos relations avec nos semblables (dimension horizontale).

En ce qui concerne la dimension verticale, la lettre aux Hébreux oppose le système des sacrifices vétérotestamentaires à l'œuvre de Christ. Considérons les passages suivants :

Car si le sang des taureaux et des boucs, et la cendre d'une vache répandue sur ceux qui sont souillés, sanctifient et procurent la pureté de la chair, combien plus le sang de Christ, qui, par l'Esprit éternel, s'est offert lui-même sans tache à Dieu, purifiera-t-il votre conscience des œuvres mortes, afin que vous serviez le Dieu vivant ! (Hébreux 9.13,14.)

En effet, la loi qui possède une ombre des biens à venir, et non l'exacte représentation des choses, ne peut jamais, par les mêmes sacrifices qu'on offre perpétuellement chaque année, amener les assistants à la perfection. Autrement, n'aurait-on pas cessé de les offrir, puisque ceux qui rendent ce culte, étant une fois purifiés, n'auraient plus eu aucune conscience de leurs péchés ? Mais le souvenir des péchés est renouvelé chaque année par ces sacrifices ; car il est impossible que le sang des taureaux et des boucs ôte les péchés (10.1-4).

Et tandis que tout sacrificateur fait chaque jour le service et offre souvent les mêmes sacrifices, qui ne peuvent jamais ôter les péchés, lui, après avoir offert un seul sacrifice pour les péchés, s'est assis pour toujours à la droite de Dieu ; il attend désormais que ses ennemis soient devenus son marchepied. Car, par une seule offrande, il a amené à la perfection pour toujours ceux qui sont sanctifiés (10.11-14).

L'auteur de la lettre aux Hébreux insiste sur la purification opérée une fois pour toutes par le sacrifice de son propre sang. Le système sacrificiel pouvait réglementer l'impureté et le péché, mais il ne pouvait pas les supprimer. Seul le sang du sacrifice ultime, le propre Fils de Dieu, peut accomplir ce prodige. Cette purification nous affranchit pour vivre avec une conscience pure, sachant que le prix de notre péché a été payé. Elle nourrit notre confiance que « si nous confessons nos péchés, il est fidèle et juste pour nous les pardonner, et pour nous purifier de toute iniquité » (1 Jn 1.9).

Jésus n'est pas seulement le sacrifice parfait qui procure la purification une fois pour toutes, il poursuit aussi son œuvre permanente de grand souverain sacrificateur (Hé 4.14-16 ; 7.24-26). Jésus n'est pas seulement le Roi qui inaugure son règne par sa mort et sa résurrection (comme le révèle Marc), il vit aussi pour intercéder en faveur de son peuple (comme le révèle Hébreux).

Qu'en est-il de la dimension horizontale ? La purification opérée par Jésus ne rétablit pas seulement la communication entre Dieu et son peuple, elle a aussi des effets sur les relations des uns avec les autres dans l'Église. Elle a des implications communautaires. Si l'œuvre expiatoire de Jésus a renversé le mur entre Dieu et l'homme, comment des barrières pourraient-elles subsister entre les membres du peuple de Dieu ? L'Église primitive se posait une grave question : que faire des païens qui se tournaient vers Jésus ? Ils étaient impurs du point de vue cérémoniel.

Mais le livre des Actes prouve que *tous* ceux qui invoquent le nom du Seigneur Jésus reçoivent le pardon et le don du Saint-Esprit (Actes 10 – 11 ; 15). Voici comment Paul exprime cette vérité aux Galates : « Car vous êtes tous fils de Dieu par la foi en Jésus-Christ ; vous tous, qui avez été baptisés en Christ, vous avez revêtu Christ. Il n'y a plus ni Juif ni Grec, il n'y a plus ni esclave ni libre, il n'y a plus ni homme ni femme ; car tous vous êtes un en Jésus-Christ. Et si vous êtes à Christ, vous êtes donc la descendance d'Abraham,

Tom, Nathalie, et le Nouveau Testament

héritiers selon la promesse » (Ga 3.26-29). Dans le royaume de Jésus, il n'y a plus des « externes » et des « internes », des purs et des impurs. Le centre de gravité du royaume penche vers le renversement des barrières relationnelles, vers l'engagement en faveur de ceux qui pourraient être perçus comme « impurs ».

Un autre lien interpersonnel se focalise sur le « coût » de la purification des impurs. À la manière dont Marc (et les autres évangélistes) raconte la marche de Jésus vers la croix, nous mesurons combien notre purification lui a coûté. Mais son œuvre entraîne des conséquences également pour les serviteurs du Roi dans leur vie communautaire. Nous sommes, nous aussi, appelés à mener une vie de sacrifice dans l'exercice de notre « ministère de la réconciliation » (2 Co 5.18). Dans ce sens, nous sommes des agents de la purification dont le « contrat de travail » s'inspire du modèle de service du Sauveur. Notons ce que l'auteur de l'épître aux Hébreux écrit : « C'est pour cela que Jésus aussi, afin de sanctifier le peuple par son propre sang, a souffert hors de la porte. Sortons donc pour aller à lui, hors du camp, en portant son opprobre » (13.12,13). Nous ressemblons davantage à Jacques et Jean qui revendiquaient des postes d'honneur et de pouvoir dans le royaume de Jésus ! Combien nous avons besoin d'entendre à nouveau les paroles qu'il leur a adressées : « Vous ne savez ce que vous demandez... Car le Fils de l'homme est venu, non pour être servi, mais pour servir et donner sa vie comme la rançon de beaucoup » (Mc 10.38,45).

L'œuvre historique de la rédemption suit un mouvement ou une progression. Elle n'est pas constituée d'une collection de textes isolés traitant de la purification, mais elle respecte une trajectoire perceptible à laquelle Marc 1.40-45 apporte sa contribution. Le but premier n'est pas de faire une étude exhaustive à propos des distinctions entre le pur et l'impur dans l'Écriture, mais de remarquer la progression et le développement du scénario pur/impur dans le déroulement de l'histoire de la rédemption.

Si vous vous sentez écrasé par toutes ces connexions, souvenez-vous qu'il s'agit d'un processus cumulatif. Même en n'ayant que Marc 1.40-45 à votre disposition, vous pouvez donner beaucoup à Tom et à Nathalie. Et vous pouvez donner encore davantage en découvrant comment Marc se rattache à d'autres textes de l'Écriture. Il suffit de quelques minutes de réflexion, d'un peu de recherches de références croisées et de parcourir les notes figurant en marge ou au bas des pages de votre Bible d'étude pour vous rendre capable d'accompagner les personnes sur un bon bout de chemin. Croyez que Dieu utilisera les efforts que vous faites pour « lire » l'Écriture et « lire » les gens, quel que soit votre degré de compréhension, notamment si vous cherchez à vous engager plus profondément.

L'application à Tom

Comme nous l'avons fait avec le texte d'Aggée, abordons Tom en nous servant de Marc 1.40-45. De quelle manière le thème de ce passage, « Jésus est le Roi qui veut et peut purifier à ses propres dépens » peut-il être utile dans le cas de Tom ? Comment Marc 1.40-45 peut-il consolider son identité, façonner sa souffrance et traiter son péché ? Je ne vais pas séparer artificiellement ces trois catégories dans mon approche. Imaginons l'entretien qui pourrait se dérouler vers la fin d'une rencontre.

> C : Tom, j'ai l'impression que vous vivez journellement avec un sentiment permanent de culpabilité ou de honte.
>
> T : C'est vrai. Je *sais* que Dieu me pardonne. Toutefois, ce sentiment de « saleté » s'accroche à moi, surtout dans ma vie avec Sarah. Elle ne me lance pas mes péchés à la figure à chaque conversation, mais le simple fait de la voir chaque jour et de la savoir si malheureuse me rappelle tous mes échecs et mes incompétences de mari.
>
> C : Y a-t-il autre chose qui concourt à entretenir ce sentiment persistant de honte ?
>
> T : Ma situation professionnelle. Elle me harcèle depuis toujours. Je me souviens de la journée des retrouvailles de mes anciens camarades de classe 10 ans après le bac (ou le collège). La plupart de mes amis avaient terminé leurs études supérieures et étaient déjà entrés dans la vie active. Moi, que pouvais-je dire ? « Je suis devenu chrétien, j'ai fait un enfant à ma petite amie, j'ai quitté l'université et maintenant j'occupe un poste sans avenir. J'ai été heureux de vous revoir. »

Tom, Nathalie, et le Nouveau Testament

C : C'est évidemment un souvenir pénible. J'ai l'impression que ce sentiment d'échec et de honte va au plus profond de vous-même.
T : Oui, c'est bien le cas. Il m'empêche même parfois de m'approcher de Dieu.
C : Pouvons-nous examiner ensemble un passage biblique qui aborde certains aspects de ce que vous ressentez[18] ?
T : Volontiers. Il ne se trouve tout de même pas dans le livre de *Sophonie*, n'est-ce pas ? [Sourires]
C : Non, cette fois-ci nous sommes dans le Nouveau Testament. Il s'agit de Marc 1.40-45. Voulez-vous lire le passage ? [Tom le lit.] Bien. Que remarquez-vous ?
T : Que Jésus a réellement touché le lépreux, ce qui était contraire à la loi, me semble-t-il. Pour guérir ce gars, il risque d'être contaminé.
C : C'est vrai. Que pensez-vous de l'attitude de Jésus envers ce paria ?
T : Jésus va au-devant du lépreux alors que n'importe quelle autre personne l'aurait évité. Il dit au lépreux : « Je le veux. »
C : Ressentez-vous en Jésus cette même attitude envers vous ?
T : Euh... un peu. Je *sais* qu'il est désireux de pardonner, de purifier. Mais honnêtement, je pense qu'il se dit : *Bof ! Tu as de nouveau raté ! Ne peux-tu donc pas te ressaisir ? D'accord, je viens à nouveau te secourir* cette *fois.*
C : Je ne suis pas surpris. Lorsque nous sentons constamment la réprobation et la honte devant nos semblables, nous pensons que Dieu adopte la même attitude. J'aimerais que vous restiez accroché à ce passage toute la semaine en portant votre attention sur la compassion de Jésus et son désir de guérir le lépreux. Il est également désireux et capable de vous guérir, Tom. Point n'est besoin d'un nouveau système sacrificiel. Il n'y a pas lieu de faire des pieds et des mains pour être purifié. Pensez aux implications de ces vérités pour votre relation avec Dieu et avec les autres. En d'autres termes, comment se déroulerait votre vie si vous saisissiez à pleines mains la purification de la culpabilité et de la honte que Jésus vous offre ? Une chose qui pourrait

stimuler votre réflexion sur ces implications se trouve dans un passage de la lettre aux Hébreux : « Ainsi donc, frères, nous avons, au moyen du sang de Jésus, une libre entrée dans le sanctuaire par la route nouvelle et vivante qu'il a inaugurée pour nous au travers du voile, c'est-à-dire de sa chair, et nous avons un souverain sacrificateur établi sur la maison de Dieu ; approchons-nous donc avec un cœur sincère, dans la plénitude de la foi, les cœurs purifiés d'une mauvaise conscience, et le corps lavé d'une eau pure » (10.19-22).

T : J'aimerais vraiment faire l'expérience de cette liberté. J'ai besoin de plus de confiance et d'assurance devant Dieu.

Devant la compassion de Jésus, Tom viendra-t-il (et continuera-t-il à revenir) à Jésus comme le lépreux[19] ? Il est le seul à pouvoir apporter la guérison, le seul à pouvoir purifier de ce qui souille. Il ôte notre culpabilité et se charge de notre honte sur la croix. En tant que grand souverain sacrificateur ressuscité et exalté, Jésus incite Tom : « Viens ! », lui dit-il. J'aimerais que Tom s'approprie les paroles du cantique « Tel que je suis[20] » :

Tel que je suis, sans rien à moi,
Sinon ton sang versé pour moi,
Et ta voix qui m'appelle à toi,
Agneau de Dieu, je viens, je viens.

Tel que je suis, bien vacillant
En proie au doute à chaque instant,
Lutte au dehors, crainte au dedans,
Agneau de Dieu, je viens, je viens.

Tel que je suis, ton cœur est prêt
À prendre le mien tel qu'il est
Pour tout changer Sauveur parfait !
Agneau de Dieu, je viens, je viens.

Tel que je suis, ton grand amour
A tout pardonné sans retour.
Je veux être à toi dès ce jour
Agneau de Dieu, je viens, je viens !

Tom, Nathalie, et le Nouveau Testament

Un sentiment plus grand de purification et de liberté devant Dieu devrait également se traduire dans les relations de Tom avec les autres. Même si cette expérience ne garantit pas une amélioration des relations de Tom avec Sarah, elle lui communique la confiance humble pour faire un pas en direction de Sarah en nourrissant quelque espoir, malgré les réticences actuelles de Sarah. Il n'a pas besoin de crier : « Impur ! Impur ! » en s'approchant de sa femme, même s'il doit rester sensible à la manière dont il l'a blessée. Son identité de serviteur fils du Roi, un serviteur purifié, le rend libre de nouer des relations même dans un contexte d'insécurité et de conflit. Elle lui donne aussi le courage de faire face aux déceptions de sa situation professionnelle qui, avec le temps, pourrait saper les fondements de ce qui est sa raison d'être et son identité d'homme et de mari.

En réfléchissant au prix payé pour sa purification, Tom pourrait découvrir une raison de persévérer dans l'obéissance. Il a part au royaume parce que le Roi souffre et meurt, ce dont Marc 1.40-45 donne un aperçu. Voici comment l'entretien pourrait se dérouler.

C : Nous avons parlé des conséquences de votre purification, et vous avez déclaré, entre autres choses : « Elle m'incite à mener une vie en accord avec mon statut d'homme purifié. Le recours à la pornographie va à l'encontre de ma nouvelle identité d'homme purifié par Christ. » Je suis d'accord. Songez au bain d'un de nos enfants. Nous ne souhaitons certainement pas qu'à peine sorti de l'eau, il aille dehors patauger dans la boue (bien que cela arrive parfois !). Nous tenons à ce qu'il vive en étant conscient qu'il est propre. (L'image a évidemment ses limites, car mes enfants ne restent propres qu'une heure ou deux.) Puis-je vous suggérer une autre raison d'obéir ? [Tom acquiesce.] La purification du lépreux a-t-elle coûté quelque chose à Jésus ?

T : Je pense qu'il a couru le risque de devenir impur en touchant le lépreux, d'être rejeté et de devoir rejoindre tous les laissés-pour-compte de la société. Il a été critiqué pour être devenu l'ami des péagers et des pécheurs.

C : C'est exact. Et cette éventualité devient une réalité à la fin du passage. Quel sort l'attend à la fin du récit ?

T : Le lépreux ne fait pas ce que Jésus lui avait ordonné. Au contraire, il est parti en racontant partout que Jésus l'avait guéri. Cela a eu pour effet que Jésus dut rester hors des villes, dans des lieux déserts.

C : En quoi l'isolement de Jésus contraste-t-il avec la nouvelle vie du lépreux guéri ?

T : Le lépreux qui n'avait jamais pu participer aux sacrifices offerts par les Juifs entre pleinement dans la vie sociale. Sa vie, qui avait d'abord été celle d'un paria, se termine par sa pleine réintégration dans la communauté. C'est exactement le contraire de ce qui s'est produit pour Jésus.

C : Bien vu ! C'est bien vrai. Jésus n'était certainement pas devenu impur au point d'être rejeté, mais son ministère de purification l'a indirectement amené à vivre séparé de la communauté. Certes, les gens continuaient d'affluer vers lui, mais il demeurait « dans des lieux déserts ». Cela préfigure, me semble-t-il, le prix que sa mission va lui coûter. Sur la croix, Jésus a été coupé de son peuple, séparé même du Père. Il est devenu complètement souillé, pour que vous et moi soyons purifiés.

T : C'est une pensée bien humiliante. Je devrais y songer quand je suis tenté sexuellement. Lorsqu'on reçoit un cadeau merveilleux et coûteux, on a envie d'en prendre soin, pas de le gaspiller.

C : Oui. Vous rappelez-vous le passage de 1 Corinthiens 6 que nous avons examiné ? Nous avons parlé de l'image du temple et de la présence du Saint-Esprit qui a établi sa demeure en vous, ce qui s'oppose radicalement à une vie de péché. Paul s'était aussi appuyé sur le prix de la rédemption pour encourager à la pureté sexuelle : « Vous ne vous appartenez point à vous-mêmes ? Car vous avez été rachetés à un grand prix. Glorifiez donc Dieu dans votre corps » (1 Co 6.19b-20[21]).

Peut-on tirer d'autres conclusions ? Indirectement, ce passage permet à Tom d'espérer un changement durable dans le domaine de la pureté sexuelle. La purification du lépreux par Jésus préfigure la résurrection, car elle ramène à la vie une personne « morte vivante » (sur les plans spirituel, physique et social). Cette puissance extraordinaire du même Esprit, qui a ressuscité Jésus d'entre les morts, est désormais à l'œuvre en Tom. Elle combat son découragement actuel et lutte contre ses tentations pour que la réalité de sa purification prenne la place des plaisirs pornographiques éphémères.

Mis en parallèle avec Marc 7.1-23, ce passage pourrait aider Tom à comprendre que la purification (et la lutte constante contre le péché) est un combat qui se déroule dans le cœur. D'un côté, je souhaite que Tom jouisse pleinement de la purification que Jésus a opérée en lui une fois pour toutes, mais d'un autre côté, je tiens à ce qu'il combatte les profondes racines de l'insatisfaction qui l'ont conduit à la fuite dans la pornographie, et qu'il combatte même son rêve utopique d'une vie conjugale idéale, son malaise provoqué par ses conflits relationnels, son manque d'assurance et sa crainte liés à sa condition de mari et de chef de famille incompétent. Tom parlait de la pornographie comme d'un domaine tenu sous contrôle (et peut-être même comme d'un lieu sûr) qui lui servait de refuge. Le travail de suite avec Tom consistera à aborder ses peurs et ses désirs profonds et les intégrer dans l'œuvre de purification opérée par Jésus, à savoir la purification de la culpabilité et de la honte.

La purification est un catalyseur pour agir.

Je vais clore cette section en revenant au récit de Tolkien sur la Maison de guérison. Considérons la réaction de Faramir à sa guérison par Aragorn : « Soudain Faramir bougea; il ouvrit les yeux et regarda Aragorn qui se penchait sur lui; une lueur de reconnaissance et d'amour était dans ses yeux, et il parla doucement.

— Vous m'avez appelé, mon seigneur. Je viens. Qu'ordonne le roi ?

— Ne marchez plus dans les ombres, mais réveillez-vous !, dit Aragorn. Vous êtes fatigué. Reposez-vous un moment, prenez quelque nourriture et soyez prêt pour mon retour.
— Oui, seigneur, dit Faramir. Car qui resterait couché dans l'inaction quand le roi est revenu[22] ? »
« *Qui resterait couché dans l'inaction quand le roi est revenu ?* » La purification est un catalyseur pour agir[23] ! L'instauration du royaume appelle à mener une vie de disciple sans partage jusqu'au retour du Roi. Voici quelques pistes. Se rapprocher de Sarah par des actes simples inspirés par un amour qui se sacrifie ; prier avec elle pour que les priorités du règne de Jésus caractérisent leur vie conjugale et familiale ; renouer avec les hommes de l'Église des relations qui responsabilisent Tom ; fuir le piège trompeur de la sécurité financière et ancrer son assurance dans la purification et dans la possession du royaume[24]. Toutes ces choses seraient des indices que la vie de Tom se développe dans la bonne direction. Dans les moments difficiles, Tom jetait sur sa vie passée un regard nostalgique et de regret : « Si seulement j'avais.... » Plutôt que le voir regarder en arrière et ruminer ses erreurs passées, j'aimerais qu'il contemple l'œuvre passée, présente et future de Dieu pour instaurer réellement son règne dans le monde et dans la vie de Tom.

L'application à Nathalie

Quel impact le thème de ce passage a-t-il sur Nathalie ? Nous avons vu que Nathalie est une femme qui s'efforce sincèrement à vivre conformément au scénario rédempteur de Dieu, mais qu'elle s'est lassée à faire le bien. Comment le récit de Marc 1.40-45 peut-il lui redonner un nouveau souffle, une perspective de sagesse efficace pour façonner ses pensées, ses émotions et ses actions et pour l'inviter à approfondir sa vie de communion avec Dieu ?

La première chose que j'aimerais dire à Nathalie est que la guérison accomplie par Jésus vise l'être tout entier, dans ses dimensions physique, spirituelle et sociale. Il est vrai que le péché (toujours de façon générale et parfois de manière particulière) conduit à une « perturbation » spirituelle, physique et sociale. Mais la venue du royaume apporte la restauration et le

Tom, Nathalie, et le Nouveau Testament

shalom aussi loin que la malédiction a frappé. Comment le faire comprendre à Nathalie ?

C : J'aimerais que nous consacrions quelque temps à discuter ensemble du passage que je vous ai demandé de lire la semaine dernière, celui de Marc 1.40-45. Avez-vous pris le temps de le faire ?

N : Bien sûr ! J'ai consacré du temps à étudier dans un esprit de prière ce récit et tout le chapitre 1 de Marc.

C : Qu'avez-vous remarqué de particulier concernant le ministère rempli par Jésus ?

N : Il est exhaustif ! Marc mentionne les guérisons, l'exorcisme, l'enseignement avec autorité, la prédication, l'appel à la repentance, l'invitation à croire à la Bonne Nouvelle et l'appel des disciples.

C : Vous constatez ainsi l'impact physique, spirituel et social du royaume. Le ministère de Jésus en faveur du lépreux est-il lui aussi « holistique » ?

N : En tout cas, il avait un impact physique ! La lèpre était une maladie du corps, et Jésus l'a guérie. Avait-elle une composante spirituelle ? C'est moins clair. En tout cas, Jésus n'a pas demandé au lépreux de se repentir de quelque péché que ce soit. Il lui recommanda simplement de se présenter devant le sacrificateur et d'offrir les sacrifices prescrits comme preuve de sa guérison.

C : Oui, la loi exigeait de celui qui avait été déclaré pur par le sacrificateur qu'il offre des sacrifices pour la culpabilité et le péché (Lé 14.12,19). Qu'est-ce que cela donne à penser à propos de la vraie nature liée à la lèpre (et à tout ce qui rendait une personne impure) ?

N : Que l'impureté était plus profonde que l'épaisseur de la peau ! L'impureté physique était liée à l'impureté spirituelle. La nécessité d'une restauration de la relation entre Dieu et l'être humain prouve l'existence de l'impureté.

C : Exact. Vous avez donc abordé les dimensions physique et spirituelle. Qu'en est-il de la dimension sociale ?

N : Elle est évidente ! Dans l'Ancien comme dans le Nouveau Testament, les lépreux étaient des parias qui devaient vivre éloignés des autres gens. Si bien que la purification du lépreux le réintégrait dans la communauté sociale.

C : Très juste ! N'avez-vous jamais pensé que votre activité professionnelle s'apparentait à l'œuvre de Jésus ?

N : Je ne peux tout de même pas prétendre avoir guéri un lépreux récemment ! [Sourires] J'ai une approche globale de mes patients, car je m'intéresse à tous les aspects de leur vie, qu'ils soient physiques, spirituels ou sociaux.

C : Mesurez-vous à quel point votre travail est un aspect important de l'œuvre divine de rétablissement de toute la création ?

N : Je pense que ma carrière professionnelle a débuté avec cette prise de conscience. J'ai voulu faire de la médecine dans les quartiers défavorisés parce que je croyais que l'annonce de l'Évangile exigeait parole *et* acte. Après tout, j'ai peut-être été jalouse du ministère de « parole » qu'exercent mon frère et ma sœur et oublié, qu'à ma façon, je participais également à l'établissement du règne de Jésus, même si je rencontre surtout des gens qui souffrent des oreilles ou de la gorge[25].

C : Vous avez raison. Jésus est allé au-devant des individus faibles et brisés, des pécheurs notoires, des paralysés, des aveugles et des malades. C'est également votre grand privilège, Nathalie. Je sais bien que cette pensée ne dissipe pas toutes vos questions relatives à l'exercice de votre profession. Mais j'espère qu'elle donne un sens à votre travail aujourd'hui.

N : Je pense que je vais consacrer un peu plus de temps à réfléchir à la manière dont mon travail se rattache à la mission de Jésus.

C : Formidable. Marc a sans doute écrit son évangile parce que le monde était (et est encore) marqué par le péché, la maladie, la rupture, l'aliénation relationnelle, bref par toutes les facettes de l'« anti-*shalom* ». Cette semaine, je prierai pour que vous soyez encouragée par la pensée que vous êtes engagée dans les premières lignes de l'établissement du royaume de Dieu. Vous collaborez avec Jésus !

Tom, Nathalie, et le Nouveau Testament

Mais même cette perspective peut ne pas empêcher Nathalie de se lamenter : « Quel est mon impact autour de moi ? » Cette pensée a aussi pu traverser l'esprit de Jésus, compte tenu de la désobéissance du lépreux et des difficultés dans lesquelles elle a plongé Jésus. Rappelez-vous qu'en exigeant la discrétion, Jésus voulait surtout éviter d'alimenter les fausses attentes quant à la nature du royaume de Dieu. Marc montrera que même les hommes qui ont travaillé pendant trois ans avec Jésus ne comprenaient pas pleinement ce qu'il faisait, même après la résurrection ! (Voir Actes 1.6.) Vue sous l'angle humain, la mission de Jésus donnait l'impression d'être une faillite indescriptible lors de la crucifixion. Où étaient ses disciples ? Où étaient toutes les personnes qu'il avait guéries et instruites ? Où était le cercle de ses intimes ? Seules la résurrection et l'effusion de l'Esprit placeront son œuvre dans une perspective juste.

Pour nous, l'expérience de la résurrection est certaine mais *future*. Pensez-y : le lépreux fut guéri, mais un jour ou l'autre, il dut bien affronter la mort. Comme Marc, nous vivons dans cette tension des temps qui séparent la résurrection de Jésus de son retour pour instaurer pleinement son règne. Soyons réalistes et sachons que notre « impact » sur ce monde sera bien moins prononcé que nous le souhaitons. Cette pensée pourra aider Nathalie à persévérer quand elle se demande quel bien elle procure autour d'elle.

La pensée réaliste d'un royaume « déjà » et « pas encore » présent peut aussi combattre des restes de perfectionnisme dans la vie de Nathalie. Le perfectionniste cherche à tout maîtriser, se croit responsable de tout, capable de tout et poursuit une gloire dans le temps présent. Nathalie a pu penser autrefois qu'elle était capable d'accomplir cette œuvre, lorsque la vie était moins compliquée. Mais les défis concrets qu'elle doit relever dans l'exercice de sa pratique médicale dépassent les capacités des gens les mieux qualifiés. Dans sa grâce, Dieu veut nous amener au point où nous nous reconnaissons au bout de nous-mêmes et de nos ressources, même si cette constatation est très désagréable, car c'est à ces moments d'incompétence et d'insuffisance que nous goûtons à la puissance de résurrection de Jésus (2 Co 1.8,9). Cela ne doit pas empêcher Nathalie de pleurer quand son dur labeur n'aboutit pas.

Contact – entre la Bible et mon histoire

Qu'elle sache que son identité et sa valeur personnelle ne sont pas liées à ses performances de médecin chrétien. Comme le suggère le passage (et que le reste de l'évangile de Marc révèle pleinement), l'établissement du royaume exige un coût aussi bien pour Jésus *que* pour ses disciples. Nathalie se demande peut-être si un ministère à plein temps au service de la parole ne serait pas plus gratifiant. Qu'elle sache que ce service aussi s'accompagne de sacrifices coûteux, de vies brisées et de doutes quant à son impact. L'herbe n'est pas forcément plus verte ailleurs ! C'est tout simplement un gazon différent. Et où que l'on se trouve, nous devons le tondre. Voici comment l'auteur de la lettre aux Hébreux encourage ses lecteurs : « C'est pour cela que Jésus aussi, afin de sanctifier le peuple par son propre sang, a souffert hors de la porte. Sortons donc pour aller à lui, hors du camp, en portant son opprobre. Car nous n'avons point ici-bas de cité permanente, mais nous cherchons celle qui est à venir » (13.12-14). La vie dans le royaume a un coût, quel que soit l'endroit où s'accomplit le service.

Finalement, je crois que le passage soutiendra Nathalie dans la lassitude croissante liée à sa compassion. L'évangile de Marc nous entraîne dans une allure folle. Le premier chapitre le met bien en évidence en présentant Jésus qui passe d'une personne à une autre, d'une situation de service à une autre. Et quelle est sa réaction à l'humble requête du lépreux ? « Je le veux. » Le désir et l'aptitude de Nathalie de guérir dans le cadre de la médecine ne doivent pas procéder de sa propre force, mais du désir et de la puissance de Christ. Elle devra se rappeler journellement cette grande vérité : « Je puis tout par celui qui me fortifie » (Ph 4.13). Celui qui lui donne la force n'est pas un vague Jésus théorique, mais un Roi de chair et de sang, le Fils de Dieu crucifié et ressuscité, qui habite en elle par son Esprit.

Le rapprochement de Marc 1 avec la vie de Nathalie ne fournit pas à celle-ci une indication d'obéissance particulièrement orientée vers l'Évangile. Le passage médité n'aboutit pas à une application unique : « Vous devez faire... ». (Vous avez d'ailleurs pu vous rendre compte que le même passage peut déboucher sur différentes connexions et applications pour deux personnes différentes.) Mais il doit encourager Nathalie à prendre des

Tom, Nathalie, et le Nouveau Testament

décisions sages à propos de changements éventuels de sa situation. Il doit également déterminer son attitude lorsqu'elle réfléchira à de possibles changements. Elle pourra décider de renoncer à la pratique médicale, mais si elle le fait, ce ne sera pas pour fuir les difficultés. Elle le fera avec la conviction que Dieu l'appelle à un autre service dans son royaume. En fin de compte, remarquez que je ne me suis pas appuyé sur Marc 1 pour traiter *tous* les aspects de son expérience de sainte, de souffrante et de pécheresse. Aucun passage ne peut à lui seul aborder tous les aspects des luttes d'un individu.

Conclusion

J'espère que ces deux chapitres vous auront donné un sens pratique pour rattacher deux passages différents de l'Écriture au vécu de deux personnes différentes. J'ai montré tout simplement deux manières parmi beaucoup d'autres d'encourager entre Dieu et un individu qui se bat un dialogue qui devrait conduire à une relation plus profonde de cet individu avec Dieu d'une part, avec autrui d'autre part. Je suppose que vous avez cependant encore des questions (ou des objections !) à propos de l'application historico-rédemptrice à la vie pratique. Notre dernier chapitre tentera de répondre à certaines de ces questions.

Questions à discuter

1. Pensez à une personne auprès de laquelle vous avez entrepris un counseling biblique. (Il peut s'agir de la même que celle mentionnée au chapitre précédent.) Comment vous appuyer sur Marc 1.40-45 pour la soutenir dans ses luttes ?
2. Sur quel(s) passage(s) *votre* attention s'est-elle portée récemment ? Qu'en tireriez-vous pour accompagner Tom et Nathalie sur le chemin de la reconstruction ? Et pour la personne de la question 1 ?
3. Pensez au plus récent passage néotestamentaire que vous avez lu récemment. Consacrez dix minutes à examiner dans un esprit de prière comment vous pourriez l'appliquer à la vie de la personne de la question 1. Passez ensuite quelques heures de la semaine à l'approfondissement de ce

passage. En quoi cette étude plus poussée augmente-t-elle l'efficacité du passage pour la personne considérée ?

4. Alors que vous arrivez à la fin du livre, quelles questions avez-vous concernant la tâche de rattacher l'Écriture à la vie réelle ?

Chapitre 11

Les chutes du Niagara ou un verre d'eau fraîche au nom de Jésus ?

Peut-être vous dites-vous en ce moment : *Merci de m'avoir compliqué la vie au service de la Parole ! L'utilisation de la Bible était beaucoup plus simple avant votre intervention !* Croyez-moi, je suis passé par là, moi aussi. Et je continue d'apprendre et de me parfaire dans l'art de rattacher l'Écriture à la vie. Tout au long de ce livre, j'ai essayé d'anticiper et d'aborder les problèmes que vous pouvez rencontrer, et je me rends compte que vous avez certainement encore des questions pour joindre de manière historico-rédemptrice l'Écriture aux situations concrètes de la vie. Permettez-moi d'utiliser ce chapitre pour rassembler tous les fils et aborder plus pleinement les affirmations et les questions suivantes :

- Je me demande encore si la préparation exigée ne requiert pas trop de travail intensif. Si « j'ouvre le soufflet de l'accordéon » de manière régulière, que ce soit pour analyser la personne ou le texte, je finirai par ne pouvoir venir en aide qu'à une seule personne par semaine, et encore avec un peu de chance !
- Ce que vous proposez est trop compliqué, surtout pour des personnes qui n'ont pas de la Bible une connaissance aussi

étendue que la vôtre. Ce n'est pas très réaliste pour un ministère face à face. Tom et Nathalie étaient des cobayes idéaux ! Je comprends l'avantage qu'il y a à rattacher le contexte original d'un passage à la Bible dans son ensemble dans la prédication ou l'enseignement, mais je ne crois pas que ce soit faisable dans le counseling biblique ou dans la formation de disciple.

- *Faut-il* prendre un passage biblique particulier quand on ouvre la Parole dans le contexte d'une relation personnelle ? Existe-t-il d'autres moyens d'aider les individus à rattacher leur vécu au scénario de l'Écriture ?
- *Faut-il* établir un lien explicite avec l'Évangile dans toute rencontre autour de l'Écriture ?
- En d'autres termes, pouvez-vous vraiment faire correspondre les détails d'un texte à une vision d'ensemble centrée sur l'Évangile ? Le texte ne tend-il pas à devenir un tremplin vers d'autres passages ou vers des « généralités » bibliques[1] ?
- Qu'en est-il de l'Esprit dans tout cela ? Je crains que votre méthode masque son œuvre pendant ce temps. Votre approche me paraît trop mécanique.
- Votre approche me semble trop individualiste. Elle ne prend pas assez en compte le contexte communautaire de la croissance spirituelle, et en particulier l'Église locale. Elle ne souligne pas assez le rôle de Dieu dans le processus de transformation des communautés, des structures sociales, de la culture et même du monde entier !

Je prends très à cœur toutes ces remarques, et j'espère qu'à la fin du chapitre, j'aurai donné plusieurs bonnes réponses. Comme plusieurs des questions se recoupent, je ne vais pas les aborder l'une après l'autre. Je choisis une approche plus thématique.

L'utilisation de l'Écriture est un processus et non un événement ponctuel

Dans votre ministère auprès des personnes, considérez l'utilisation de l'Écriture comme un processus et non comme un événement ponctuel. Le ministère s'étend dans le temps. Les

Les chutes du Niagara ou un verre d'eau fraîche au nom de Jésus ?

histoires de Tom et de Nathalie ont été comprimées pour les besoins de l'illustration ; c'est pourquoi elles ne peuvent aller plus loin dans la description d'un ministère qui s'appuie sur la Parole dans sa prise directe sur le vécu. Le ministère personnel, qu'il concerne le counseling biblique, le tutorat ou la formation du disciple, est un dialogue, et cette conversation s'étend dans le temps[2].

Notre but n'est jamais de priver qui que ce soit de l'usage de son cerveau ! Nous n'avons pas l'intention de noyer qui que ce soit sous les chutes du Niagara de la vérité biblique, mais de donner un verre d'eau vivifiante pour soutenir la personne *aujourd'hui*. Nous avons besoin de la sagesse de Dieu pour savoir ce qui est le plus utile à un moment précis. Au séminaire, un de mes professeurs me dit à propos de la prédication : « N'installez pas la cuisine dans la salle à manger. Préparez votre repas dans la cuisine et présentez-le ensuite dans la salle à manger. » Dans la prédication, nous distillons le fruit de nos études, et adaptons nos messages aux besoins de nos assemblées.

Nos idées préconçues sur la manière dont un texte pourrait s'adapter à une personne tombent parfois à plat en pratique.

De même dans la formation du disciple ou dans le counseling biblique, nos pensées sur la personne ou sur les passages particuliers peuvent aller au-delà de ce que nous disons lors de notre rencontre avec la personne en question. Rappelons-nous que le but n'est pas de transmettre une immense quantité d'informations, mais d'aider l'individu à rencontrer Dieu au travers de sa Parole.

En persévérant dans l'étude de l'Écriture et en cherchant à mieux comprendre les individus, notre discernement entre dans une spirale croissante[3]. Nos idées préconçues sur la manière dont un texte pourrait s'adapter à une personne tombent parfois à plat en pratique. Cela nous donne l'occasion de « lire » plus attentivement la personne et d'examiner plus attentivement comment le scénario de l'Écriture peut se rattacher à elle.

J'aime beaucoup l'expression que les Narniens se disent entre eux, vers la fin du livre *La dernière bataille*, dans la série *Les chroniques de Narnia*, de C. S. Lewis. En entrant dans Narnia renouvelé et en se rendant à leur ultime maison avec Aslan, ils s'encouragent mutuellement par l'expression « plus avant et plus haut[4] ». Ils ne peuvent jamais sonder les profondeurs de leur expérience : plus ils avancent, plus le pays d'Aslan devient magnifique et étendu. De la même façon, notre utilisation de l'Écriture ressemble à un voyage « plus avant et plus haut » dans notre compréhension des personnes et des textes. Nous devrions cultiver des entretiens orientés vers l'Évangile et enracinés dans l'Écriture, qui portent des fruits avec le temps et non vers un « bourrage » de données anciennes dans l'esprit de la personne.

Nous n'aurons peut-être l'occasion de rencontrer telle personne qu'une seule fois. Même si, dans ce livre, pour apporter de l'aide à une personne ou pour former le disciple, je vise des relations à long terme, qui nécessitent de nombreuses connexions entre la vie et l'Écriture, Dieu ne nous accorde parfois que de brefs entretiens pour parler de l'Évangile. Dans ces cas, cherchons à poser les bonnes questions, à bien écouter et à voir quelle « petite tranche » de l'histoire biblique pourrait se révéler la plus utile, que nous ouvrions la Bible à un endroit précis ou non. En conservant à l'esprit cette notion de l'approche préconisée dans ce livre, même pour des contacts spirituels brefs, nous chercherons à parler au cœur de la personne et à la centrer sur Christ.

La relation durable constitue le contexte du ministère

D'une certaine manière, cela découle de ce qui précède. Je vais toutefois insister maintenant sur le contexte relationnel pour relier la vie à l'Écriture, et aborder plusieurs aspects.

Premièrement, comme nous entretenons une relation qui s'étend dans le temps avec la personne que nous conseillons ou formons à la vie de disciple, l'insistance sur l'Évangile ou le royaume implique davantage que la mention de références particulières au plan rédempteur global de la Bible. Une relation durable accompagnée

Les chutes du Niagara ou un verre d'eau fraîche au nom de Jésus ?

de nombreuses conversations échelonnées dans le temps constitue le cadre naturel dans lequel les rencontres spécialement axées sur l'Écriture trouvent leur place. Nous ne repartons pas de zéro chaque fois que nous rencontrons les personnes que nous suivons ! En me réveillant chaque matin, je ne repasse pas dans ma mémoire la grande aventure de mes fiançailles et de mon mariage avec Jody, mon épouse, pour préparer une discussion précise sur la gestion financière de notre famille, par exemple. Nos expériences communes posent le fondement qui nous permet d'aborder d'emblée le sujet à discuter.

De même, l'exposé de l'Écriture à d'autres personnes repose sur le « récit » continu de nos relations avec elles qui inclut la manière dont nous avons incarné le caractère de Christ, dont nous nous sommes réjouis ou avons pleuré avec elles à propos des desseins de Dieu dans leur vie, ce qui a déjà fait l'objet de nos entretiens passés, les textes que nous avons déjà abordés, et ce que nous avons expérimenté ensemble.

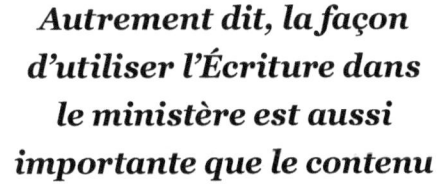

Autrement dit, la façon d'utiliser l'Écriture dans le ministère est aussi importante que le contenu que nous cherchons à faire saisir.

Si le contexte plus large de notre ministère auprès de ces personnes est clairement fondé sur la grâce et orienté sur le royaume, si la gloire et le prodige de la rédemption opérée par le Dieu trinitaire est à la fois à l'arrière-plan et à l'avant-garde de ce que nous disons et faisons, alors point n'est besoin de nous appuyer sur un lien historico-rédempteur chaque fois que nous utilisons l'Écriture. (Vous verrez cependant qu'une référence centrée sur le royaume et focalisée sur Christ ne prend pas autant de temps que vous le pensez !)

Deuxièmement, la façon de communiquer l'Écriture aux gens fait partie du devoir de bien aimer notre prochain. Autrement dit, la *façon* d'utiliser l'Écriture dans le ministère est aussi importante que le *contenu* que nous cherchons à faire saisir. Notre utilisation de l'Écriture devrait encourager le dialogue et favoriser les relations, même lorsque nous contestons ce que les autres disent ou font. Elle doit répondre aux préoccupations réelles des gens et ne pas apparaître comme un « appât » qui les prend au piège. L'appel à l'Écriture ne doit pas donner l'impression d'être une insertion artificielle dans une conversation mais une exploration plus profonde du sujet étudié. Si votre interlocuteur vous regarde en écarquillant les yeux lorsque vous ouvrez la Bible, demandez-vous pourquoi. Son étonnement est peut-être davantage lié à la *manière* dont vous agissez qu'au contenu du passage lu. Il vaut la peine de rappeler que faire un mini-sermon qui se prolonge, ce n'est pas forcément faire preuve d'amour ou de sagesse !

On se focalise *peut-être* sur la partie visible de l'iceberg

Ces deux premiers points nous rappellent que lorsque nous ouvrons l'Écriture lors d'une rencontre avec une personne, il se peut que nous touchions le sommet de l'iceberg (nous insistons sur une action particulière que le passage suggère ou touchons certaines émotions qu'il évoque) sans creuser dans les relations historico-rédemptrices *au point précis*. Je m'explique à l'aide de deux exemples.

Il y a quelques mois, j'avais du mal à obtenir que ma fille aille se coucher. Elle rechignait à aller dans sa chambre et était sur le point de perdre le contrôle d'elle-même. Je sentais le niveau de mon irritation augmenter. Ma fille empiétait sur mon temps libre, mais je connaissais aussi les méfaits d'un sommeil insuffisant sur mes enfants – et ce n'était pas beau ! Je faisais donc tout mon possible pour que ma fille se couche à une heure raisonnable. (Je confesse toutefois qu'à ce moment je ne faisais pas beaucoup preuve de réflexion personnelle ni de sentiments altruistes !) Dans sa grâce, Dieu me rappela un texte que j'avais lu plus tôt dans la matinée : « Ne te laisse pas vaincre par le mal, mais surmonte le mal par le bien » (Ro 12.21). La leçon était claire pour moi : je devais réagir d'une manière empreinte de grâce, sans impatience ni dureté, et m'efforcer d'être un instrument utile pour aider ma fille dans sa lutte contre le sommeil.

Les chutes du Niagara ou un verre d'eau fraîche au nom de Jésus ?

Remarquez que ma réaction était précise, orientée par un principe. Elle était une application directe du texte à ma vie. Je n'ai pas du tout tenu compte des versets proches ni du but que Paul poursuivait en écrivant la lettre aux Romains, ni même de la place de Jésus dans ce schéma. Je donne l'impression d'avoir violé toutes les règles que j'ai prescrites ! Je suis cependant sûr que mon application était appropriée, en accord avec d'autres réflexions[5].

Au cours des jours suivants, j'ai continué à ruminer ce verset dans son contexte plus large, et j'ai été frappé par la manière dont Jésus lui-même a montré comment vaincre le mal par le bien. J'ai établi un rapprochement avec 1 Pierre 2.22,23 : « Lui qui n'a point commis de péché, et dans la bouche duquel il ne s'est point trouvé de fraude ; lui qui, injurié, ne rendait point d'injures, maltraité, ne faisait point de menaces, mais s'en remettait à celui qui juge justement... » Qui aurait jamais pensé qu'une rencontre entre un père et sa fille à propos de l'heure du coucher constituerait un mini-drame visant à manifester le caractère de Jésus sur la croix ? En fin de compte, il ne s'agit pas pour moi de serrer les dents pour vaincre le mal par le bien. Ni d'une directive arbitraire que Paul donne aux Romains. Ce commandement se fonde sur l'idée du sacrifice de soi, le cœur de l'Évangile. Mes premières réactions à l'attitude de ma fille ne s'en inspiraient pas du tout ! C'est ainsi qu'avec le temps, j'ai élargi le champ d'application de Romains 12.21.

Voici un deuxième exemple. Je me suis récemment servi de 2 Corinthiens 1.8,9 dans une séance de counseling biblique avec une femme qui a tenu bon malgré une souffrance physique chronique, mais qui s'était découragée depuis peu. Paul dit aux Corinthiens : « Nous ne voulons pas, en effet, vous laisser ignorer, frères, au sujet de l'affliction qui nous est survenue en Asie, que nous avons été excessivement accablés, au-delà de nos forces, de telle sorte que nous désespérions même de conserver la vie. Et nous regardions comme certain notre arrêt de mort, afin de ne pas placer notre confiance en nous-mêmes, mais de la placer en Dieu qui ressuscite les morts. » C'est exactement ce qui s'était passé dans la vie de la femme venue solliciter mon aide. Elle avait appris à s'appuyer de plus en plus sur la puissance de résurrection de Jésus au milieu de sa souffrance. Je me suis servi de ce passage pour montrer que sa vie était un exemple vivant de ce que Paul avait dit. Notre entretien dura cinq minutes, mais je crois qu'il l'encouragea vraiment. Cependant, dans ce cas, je n'établis pas de liens explicites avec le contexte plus large des lettres aux Corinthiens ni avec d'autres textes de l'Écriture[6].

J'ai fait ce même type de rapprochement entre les détails d'un passage et les détails de la vie d'une personne dans les cas de Tom et de Nathalie. J'ai, par exemple, encouragé Tom à courir vers Jésus avec l'ardeur désespérée du lépreux dans Marc 1.40-45, au lieu de rester assis à s'apitoyer sur lui-même et à céder au découragement. Il se peut très bien que lors d'une séance réelle de counseling biblique, une telle insistance constituerait l'essentiel de l'entretien. Nous évoquerions probablement les obstacles sur le chemin qui conduit à Jésus, les prix du refus d'aller vers lui, les personnes ou les lieux autres que Jésus vers lesquels Tom pourrait être tenté de courir.

Quittons la métaphore de l'iceberg et comparons le passage biblique à un oignon avec ses multiples pelures (couches) de vérité et de perspective. En découvrant quels aspects de la vie de la personne vous devez absolument aborder sur-le-champ, vous estimerez parfois suffisant de n'aborder qu'un aspect (une couche) du passage de l'Écriture. Les réalités de la vie d'un individu, à la fois saint, souffrant et pécheur donnent à penser qu'il faut explorer simultanément plusieurs « couches de la vie ». S'il est vrai que l'Évangile est d'abord et surtout la bonne nouvelle de la venue de Jésus-Christ avant d'être une bonne nouvelle pour nous[7], le processus ne passe pas du contexte original au contexte historico-rédempteur et enfin à notre contexte personnel en suivant une trajectoire linéaire, surtout lors d'une rencontre improvisée.

Mais (et c'est un « mais » capital sur lequel repose la prémisse de ce livre !) si, dans l'utilisation que je fais de l'Écriture dans mes interactions avec autrui, je néglige *systématiquement* le contexte original *ou* les rapprochements avec la rédemption divine en Christ, alors j'ignore totalement le caractère historico-rédempteur de la Bible. Je passe sous silence le fait que Dieu agit et se révèle dans le temps et dans l'espace, que cette révélation culmine dans la mort et la résurrection de Christ, et dans l'effusion de l'Esprit sur l'Église. Du même coup, j'ignore que mon obéissance à l'Écriture se vit dans le chevauchement entre « ce siècle » et « le siècle à venir », et que je fais partie de ceux qui sont « parvenus à la fin des siècles » (1 Co 10.11[8]). J'ignore que la rédemption comporte un aspect « déjà et pas encore » : la rédemption divine, la nouvelle création, le royaume de Dieu sont déjà des réalités présentes par Jésus-Christ, mais elles ne se manifesteront pleinement et complètement qu'au retour de Christ[9]. Il s'ensuit que je peux céder à un optimisme irréaliste (en ne voyant que le « déjà ») ou à un pessimisme déraisonnable (en ne voyant que le « pas encore ») dans mes interactions avec les autres. Pire, je risque de donner des indications et de suggérer des applications sans les accompagner du fondement indispensable à de tels conseils.

Ainsi, il peut être utile de se focaliser sur la partie visible de l'iceberg quand on utilise l'Écriture lors d'un entretien particulier avec une personne en désarroi. Mais si notre approche de la Bible est systématiquement fragmentée et parcellaire, elle ne peut communiquer les perspectives centrées sur l'Évangile concernant les facettes complexes de la vie de l'individu. Or, ce sont ces perspectives rédemptrices qui incitent l'individu à cultiver une relation transformatrice et plus profonde avec Dieu.

Il va de soi que plus on s'attarde sur un passage (et sur une personne !), plus nous voyons la situation clairement, et plus les rapprochements que nous ferons entre le vécu et l'Écriture auront un sens. Dans mon travail de conseiller, je demande souvent à la personne de s'attarder pendant plusieurs semaines sur un passage particulier. Cette pratique aide les gens à s'approprier le texte et favorise les rapprochements que ce livre préconise.

Cela peut ne prendre qu'une minute (ou moins !)

Il n'est cependant pas nécessaire de passer des heures à étudier le texte et à discuter avec les gens en quête d'aide pour établir un rapprochement historico-rédempteur centré sur le royaume entre l'Écriture et leur vécu.

Lors d'une séance de counseling biblique récente, j'ai mentionné Exode 16 (le don de la manne par Dieu) pour enseigner la vérité biblique que la grâce de Dieu est suffisante pour le jour présent et qu'il est impossible de la « stocker » en vue du lendemain[10]. Dieu nous donne ce qu'il nous faut pour aujourd'hui. J'aurais pu rattacher cette leçon à Jésus, le pain de vie (Jean 6), en ajoutant quelques simples conseils supplémentaires. Pourquoi ne l'ai-je pas fait ? En y réfléchissant a posteriori, je me suis rendu compte que c'était un simple oubli sur le moment. Je n'avais pas prévu de parler sur le texte de l'Exode qui m'était venu à l'esprit au cours même de la séance. Si j'avais établi un rapprochement plus personnel avec Jésus, cela aurait certainement été plus utile.

Revenons à mon exemple antérieur et à mon utilisation de 2 Corinthiens 1.8,9 pour aider une femme en souffrance. Au cours d'un autre entretien, il aurait été bon que je m'appuie aussi sur les versets 3 et 4 où Paul rattache son expérience de souffrance (et la nôtre) à celle des souffrances de Christ. Cela aurait également pu servir de tremplin pour parler de l'interdépendance de tous les souffrants au sein du corps de Christ. Mais dans ce cas, l'omission était plus « stratégique » : je voulais simplement rattacher au vécu de ma patiente l'expérience que Paul avait faite de la puissance de la résurrection de Jésus au milieu de la souffrance.

Il est cependant évident que nous *pouvons* établir des rapprochements historico-rédempteurs ou centrés sur Christ précis sans nécessairement « naviguer » dans toute l'Écriture ni procéder à un résumé complet de tout le scénario biblique.

Remarquons d'ailleurs que les auteurs bibliques procèdent de la même façon même au beau milieu de passages comportant une note « impérative » dominante. Prenons l'exemple d'Éphésiens 4.29-32 :

> Qu'il ne sorte de votre bouche aucune parole mauvaise, mais, s'il y a lieu, quelque bonne parole, qui serve à l'édification et communique une grâce à ceux qui l'entendent. N'attristez pas le Saint-Esprit de Dieu, par lequel vous avez été scellés pour le jour de la rédemption. Que toute amertume, toute animosité, toute colère, toute clameur, toute calomnie, et toute espèce de méchanceté, disparaissent du milieu de vous. Soyez bons les uns envers les autres, compatissants, vous pardonnant réciproquement, comme Dieu vous a pardonné en Christ.

C'est une portion de l'Écriture, fortement chargée de commandements. Paul ne s'arrête pas en cours de route pour

Les chutes du Niagara ou un verre d'eau fraîche au nom de Jésus ?

dire à ses destinataires : « Cet ordre se fonde sur les réalités de la rédemption que j'ai fortement soulignées au chapitre 1. Revenez-y et relisez cette section avant d'essayer d'obéir à ces commandements. » L'apôtre se contente tout simplement de faire, presque en passant, quelques commentaires qui « ricochent » sur les commandements. Il mentionne le Saint-Esprit « par lequel vous avez été scellés pour le jour de la rédemption » et se sert de l'expression « comme Dieu vous a pardonné en Christ ».

Il en est de même pour nous. Lorsque nous utilisons l'Écriture, il n'est pas difficile de passer des particularités d'un passage à leur signification christologique appliquée au vécu de la personne concernée. Plus nous nous immergeons dans l'Écriture et sommes conscients de notre insignifiance, plus les liens seront naturels et spontanés.

Sagesse en action et non des règles « régurgitées »

« Vous n'avez pas fait grand-chose de ce que vous nous avez enseigné à faire ! » C'est une remarque que j'entends fréquemment de la part de mes élèves en classe d'observation. Ils ont suivi plusieurs cours d'introduction au counseling biblique qui ont posé les fondements de cette discipline spirituelle. Mais pour la première fois, plusieurs d'entre eux voient « en direct et en couleur » ces concepts et la méthodologie proposée. C'est la première fois qu'ils se heurtent au fait que le counseling biblique chrétien exige sage créativité et souple dépendance de l'Esprit, et non adhésion servile à un ensemble de règles.

Il ne faut cependant pas rejeter le cadre structuré comme étant sans importance. C'est en effet en apprenant et en développant notre compétence que nous serons plus à même de faire les rapprochements de façon de plus en plus naturelle. Lorsque j'en ai l'occasion, j'aime faire de la poterie. Je prends une masse d'argile et la centre sur la roue. Je mets ma main au centre de cette masse tout en actionnant la roue, et j'élève les bords de l'objet en formation. Je lui donne la forme extérieure souhaitée et j'ajoute la touche finale. Au début, je suivais scrupuleusement les indications de mon instructeur. Avec le temps, j'y ai ajouté les techniques d'autres potiers ; c'est ainsi que j'ai commencé à créer mon propre style. Même si l'ordre des différentes étapes de la fabrication de l'objet demeure le même (je le transgresserais à mes dépens !), je fais de la poterie avec plus de facilité et de spontanéité, en prêtant moins attention aux différentes phases du travail.

J'espère que vous verrez dans ce livre une aide contenant des directives utiles pour relier l'Écriture au vécu dans une perspective centrée sur l'Évangile et non un manuel de « formules » figées, sans lien avec les travaux de ceux qui ont réfléchi à la manière d'appliquer l'Écriture à la vie réelle des gens. En faisant preuve au fil du temps d'une sagesse accrue dans l'écoute et l'interprétation des personnes et des textes, vous constaterez que cette approche n'est pas aussi laborieuse que vous l'imaginez. Vous découvrirez également que vous serez capable de rattacher de façon de plus en plus naturelle et centrée sur Christ l'Écriture au vécu des personnes[11].

Connexions dans la dépendance de l'Esprit

L'application fructueuse ne nécessite pas toujours un long processus d'étude de la Bible, de méditation et de prière, comme les exemples de ce chapitre l'ont montré. Vous pouvez être capable de dire une parole appropriée à quelqu'un avant même de bien le connaître. Certes, tout ce que j'ai dit dans ce livre vise une connaissance plus approfondie des Écritures et des personnes concernées. Mais au cas où nous estimerions « maîtriser » parfaitement l'approche de l'Écriture ou des personnes, rappelons-nous que c'est finalement l'Esprit de Dieu qui se sert de la Parole pour nous transformer à l'image de Christ. L'Esprit se sert souvent de la remarque apparemment anodine que nous aurons faite pour agir sur le vécu d'une personne, et non de ce que *je* pensais être le point de contact idéal entre la personne et l'Écriture. C'est parfois humiliant, mais ô combien salutaire !

Parce que l'Esprit est présent et agissant, nous avons la certitude que s'accomplit la parole prophétique : « Comme la pluie et la neige descendent des cieux, et n'y retournent pas sans avoir arrosé, fécondé la terre, et fait germer les plantes, sans avoir donné de la semence au semeur et du pain à celui qui mange, ainsi en est-il de ma parole, qui sort de ma bouche : elle ne retourne point à moi sans effet, sans avoir exécuté ma volonté et accompli mes desseins » (És 55.10,11).

L'Église locale favorise la croissance

Ce livre a surtout cherché à montrer comment, en tant qu'individu, vous pouvez appliquer les richesses du scénario rédempteur de Dieu au vécu d'une personne. Il importe cependant de se rappeler que la transformation du caractère à l'image du caractère de Christ et l'obéissance à sa mission de renouveler le monde entier se réalisent au sein de l'Église locale (Ép 4.1-16). Comme l'indique le titre du livre de Tod Bolsinger, *It Takes a Church to Raise a Christian*[12] [*Il faut une Église pour former un chrétien*].

Pour se propulser dans le scénario de Dieu, il ne suffit pas que je pratique mon culte personnel, ni que je prenne à cœur la parole de vérité opportune qu'un autre croyant me dit. Ce *sont* des contextes importants pour mon développement, mais c'est dans le cadre des rassemblements de l'Église locale, notamment dans le culte d'adoration, que nous saisissons l'importante vision du royaume pour la vie. Lorsque nous nous rassemblons pour adorer, écouter la Parole de Dieu, prier, participer à la sainte Cène et entendre les témoignages de vies transformées lors de baptêmes, nous fortifions notre foi pour aller de l'avant et nous mettre au service de Dieu et de notre prochain[13]. L'Église locale rappelle aux saints leur identité et leur raison d'être en Christ. Elle procure aux souffrants du réconfort par la bonne nouvelle que Jésus a vaincu le mal et qu'il reviendra. Elle invite les pécheurs à se repentir et à conformer leur vie aux valeurs de l'Évangile. Ce qui se passe au sein de l'assemblée des croyants devrait nourrir nos occasions de nous mettre au service du prochain durant la semaine, comme le fait notre étude personnelle de l'Écriture.

Le rapprochement de l'Écriture avec le vécu humain s'opère de plusieurs manières

À la lumière de tout ce que j'ai dit jusqu'ici, vous avez raison de conclure qu'il existe plusieurs « façons » de « dire » la Parole – certaines plus programmées et incitatives, d'autres plus spontanées – tout en demeurant dans la dépendance de l'Esprit[14].

Contact – entre la Bible et mon histoire

Qu'est-ce que cela peut donner dans l'exercice personnel du ministère ? Voici quelques exemples.

- Mentionnez un thème ou une vérité bibliques sans nécessairement indiquer le chapitre et le verset. Par exemple : « Dieu se soucie de toutes les choses injustes qui vous sont arrivées. » Ou : « En tant que croyant, vous avez une identité nouvelle en Christ, et non une identité dictée par les opinions des autres. » Ou : « Votre premier devoir est d'honorer Christ, pas de plaire à un ami exigeant. » Plus votre sagesse biblique se développe, plus vos paroles se recouperont avec la Parole de Dieu. Vos paroles n'auront cependant en elles-mêmes ni autorité ni pouvoir. Mais plus votre vie révèle les perfections de Christ, plus vos paroles seront empreintes de sa sagesse, même si vous n'ouvrez pas la Bible à un passage particulier lors de votre entretien avec une personne.
- Ouvrez la Parole de Dieu à un passage qui, selon vous, se rattache bien au vécu de la personne, et servez-vous-en pour amorcer la conversation. C'est ce que j'ai fait lorsque j'ai proposé comme modèle l'utilisation d'Aggée 2 et de Marc 1 dans mes entretiens avec Tom et avec Nathalie. Comme je l'ai dit plus haut, ce type de dialogue se cantonne pendant quelques minutes sur la partie visible de l'iceberg. À d'autres moments, il est plus incisif, plus global et intègre des détails du contexte original et ce que le passage ajoute à propos de la venue de Christ, et les utilise comme tremplin pour les applications.
- Demandez à votre interlocuteur quel est le passage biblique qui lui a le plus parlé récemment. Demandez-lui de décrire de quelle manière le texte l'a aidé. Cette information vous donne un point de contact naturel avec la vie de la personne et avec l'Écriture ; ensuite, vous pourrez bâtir sur ce fondement. Elle vous donne également une idée sur la manière dont la personne perçoit et applique l'Écriture.
- Si vous exercez un ministère plus formel (par exemple des sessions hebdomadaires de counseling biblique ou de formation de disciple), donnez à votre auditeur ou à votre auditoire un passage biblique à étudier à la

Les chutes du Niagara ou un verre d'eau fraîche au nom de Jésus ?

maison et faites-en l'objet de discussions à la séance suivante. Je propose souvent de réfléchir à des questions particulières qui ouvrent la voie à des rapprochements avec le vécu des personnes concernées
- Concentrez-vous avec la personne pendant plusieurs semaines sur un passage ou un livre biblique. Comme je l'ai déjà dit, cela vous permet d'explorer les nombreux aspects du passage et donne à votre interlocuteur l'occasion de voir les problèmes rencontrés dans sa vie à la manière dont le passage s'adresse à lui en tant que saint, souffrant et pécheur.
- Priez ensemble en vous inspirant du passage lu. Ou demandez à la personne d'écrire une prière personnelle nourrie par les détails et les thèmes du texte biblique.
- Écoutez un cantique qui exprime certains thèmes bibliques ou qui s'appuie sur un texte biblique précis. Il y a quelques années, j'ai introduit une séance de counseling biblique en jouant la mélodie du cantique : « Venez au Sauveur qui vous aime », invitant ainsi mon interlocuteur à goûter à la liberté qui découle du plein pardon en Jésus. J'ignorais totalement qu'il viendrait ce jour-là lourdement accablé par un péché récent. Les paroles et la musique du cantique l'émurent et furent suffisantes pour qu'il confesse son péché sur-le-champ. Je ne suis pas sûr que si j'avais parlé de son péché et de la nécessité du pardon, ou si j'avais ouvert la Bible et lu un texte comme 1 Jean 1.9, j'aurais provoqué la même réaction.

Il arrive trop souvent que nous ne pensions pas du tout au but visé lorsque nous partageons des vérités bibliques à notre interlocuteur.

- Écoutez un sermon ou un enseignement et discutez avec votre interlocuteur en quoi il s'applique à son cas particulier. (Et n'oubliez pas de dire aussi comment il s'applique à vous !)

Dans tous les cas, vous devez réfléchir au but pastoral poursuivi lorsque vous faites référence à l'Écriture, surtout s'il s'agit d'un texte précis. Cherchez-vous à consoler, avertir, encourager, convaincre, donner de l'espoir, reprendre, approfondir la joie, dissiper la confusion, calmer la crainte, ou promouvoir une action précise (parmi beaucoup d'autres buts[15]) ? Il arrive trop souvent que nous ne pensions pas du tout au but visé lorsque nous partageons des vérités bibliques à notre interlocuteur. Nous ne tenons pas compte de ce que nous savons de l'Écriture et de la personne pour en déduire ce qui est le plus nécessaire sur le moment. Dans ces conditions, notre usage de l'Écriture ressemble davantage à une cartouche chargée de grenaille de plomb qui s'éparpille lors du coup de feu qu'à une application dirigée par l'Esprit et qui répond parfaitement au besoin du moment.

Ulysse, Jason et Orphée

Un exemple tiré de la mythologie grecque servira d'illustration finale de ce à quoi peut ressembler notre utilisation de l'Écriture[16].

Homère raconte l'histoire d'Ulysse qui, lors de ses voyages, devait passer près des sirènes, ces nymphes grecques dont les mélodies sublimes séduisaient les marins qui venaient ensuite se fracasser sur les rochers et mouraient. Ulysse connaissait les dangers, mais il tenait tout de même à entendre le chant des sirènes. Il fit boucher les oreilles de ses compagnons avec de la cire et lui-même se fit attacher au mât pour pouvoir satisfaire sa curiosité. Il exigea de ses hommes qu'ils le maintiennent solidement arrimé au mât même s'il les suppliait de le libérer. De cette manière, ils traversèrent sans encombre cette région réputée dangereuse, malgré tous les efforts d'Ulysse pour se défaire de ses liens.

Dans un autre récit de la mythologie grecque, Jason et ses compagnons durent, eux aussi, passer près des îles où se trouvaient les sirènes. Mais au lieu d'adopter une attitude défensive, Jason

Les chutes du Niagara ou un verre d'eau fraîche au nom de Jésus ?

demanda à Orphée de jouer de sa lyre pour couvrir les chants des sirènes, ce qui permit aux marins de poursuivre leur navigation en toute sécurité.

Trop souvent, nos efforts pour rattacher l'Écriture au vécu maintiennent les gens dans la position d'Ulysse. Rien n'a changé, et ils soupirent après le chant des sirènes du monde, de la chair et du diable. Je suis convaincu que c'est en grande partie parce que nous n'avons pas assez insisté sur le caractère historico-rédempteur du scénario divin et sur la structure narrative de la vie des gens qui sont à la fois saints, souffrants et pécheurs. Il s'ensuit que notre façon d'utiliser l'Écriture ne touche pas vraiment le cœur des gens en pleines luttes et ne leur présente pas le récit glorieux de la rédemption qui culmine dans la venue de Jésus. Si nous faisons l'économie du grand récit rédempteur qui les englobe tous, les détails de la Bible n'ont aucun lien avec les détails du vécu des gens.

En écrivant ce livre, j'espère que la musique que les gens percevront lorsque nous utilisons l'Écriture sera pour leurs oreilles une symphonie riche de l'Évangile, focalisée sur le royaume et centrée sur Christ, couvrant les voix et les récits séducteurs (et faux en définitive) ou les faisant pâlir d'insignifiance. Puissiez-vous connaître de mieux en mieux Celui vers qui le récit biblique pointe pour devenir capable, quel que soit l'endroit où vous ouvrez la Bible, d'aider vos compagnons saints, souffrants et pécheurs à traduire dans la vie ce message puissant et rédempteur.

Questions à discuter

1. Dans votre ministère de la Parole, quelles autres « façons » avez-vous utilisées pour aider quelqu'un à rattacher les richesses de l'Écriture aux réalités de la vie ?
2. Votre utilisation de la Bible dans le ministère auprès des personnes est-elle une « symphonie » ? Pourquoi ?
3. En quoi la lecture de ce livre changera-t-elle votre approche des gens et de l'Écriture ?
4. Quelles sont les questions en suspens à propos de cette nouvelle façon d'aborder l'Écriture et les gens ?

Appendice 1

Questions utiles pour comprendre la personne
1. *Le saint*
   a. Quelle preuve de la grâce de Dieu voyez-vous dans la vie de votre interlocuteur ?
   b. En quoi voyez-vous l'individu vivre conformément à sa véritable identité en Christ ? (Autrement dit, comment manifeste-t-il déjà la nature de Christ en parole et en acte ?)
2. *Le souffrant*
   a. Quels sont les facteurs stressants auxquels il est confronté ? Songez aux aspects physiques, relationnels, circonstanciels et socioculturels.
   b. Quels ont été les événements majeurs qui ont façonné sa vie ?
   c. De quelle manière a-t-il été offensé ?
   d. Comment l'individu s'accommode-t-il de ses problèmes ?
3. *Le pécheur*
   a. Quels sont les désirs, les pensées, les émotions et les actions qui sont en désaccord avec les valeurs de l'Évangile ou du royaume ?
   b. Quels thèmes, motivations et interprétations de la vie entrent en conflit avec le récit biblique ?

Questions utiles pour comprendre le passage
1. *Contexte original*

Contact – entre la Bible et mon histoire

    a. Que s'est-il passé dans l'histoire de la rédemption avant le moment où le passage (ou livre) a été écrit ?
    b. En vous appuyant sur les données historiques, grammaticales et littéraires du passage, qu'est-ce que, selon vous, Dieu et les auteurs humains cherchaient à communiquer à leur public à cet instant particulier de l'histoire de la rédemption ? Quel semble être le thème ou le point principal ?
    c. Quel but pastoral et théologique l'auteur poursuivait-il en composant cette partie de l'Écriture ? En quoi ce message a-t-il pu influencer la vie des premiers destinataires ?

2. *Contexte élargi (historico-rédempteur)*
    a. Pourquoi estimez-vous que ce passage était particulièrement important dans le déroulement de l'histoire de la rédemption à l'époque où il a été écrit ?
    b. Comment les écrits ultérieurs développent-ils le thème, la pensée ou l'emphase essentiels de votre passage ?
    c. En quoi votre passage est-il une « histoire inachevée » ?
    d. Comment les thèmes de votre passage se rattachent-ils à la vie, à la mort et à la résurrection de Jésus-Christ et à l'Église ?

3. *Passage à l'application*
    a. Comment, à la lumière des rapprochements avec l'Évangile précédemment découverts, ce passage concerne-t-il les gens en tant que saints, souffrants et pécheurs ?
        i. Que déclare ce passage au sujet de l'identité et du privilège de faire partie du peuple de Dieu ?
        ii. Que dit-il à propos de la nature et du but de la souffrance, et de la manière dont Dieu s'approche du souffrant ?
        iii. Qu'enseigne ou suggère le passage quant au comportement des chrétiens, à la lumière de leur identité ? Autrement dit, comment le message du texte façonne-t-il vos pensées, vos attitudes, vos émotions ou vos actions ?
    b. Plus généralement, comment ce passage donne-t-il à votre interlocuteur de meilleures « lunettes » pour interpréter ses expériences ? Comment devrait-il alors vivre devant Dieu et devant les autres ?

Appendice 2

Matériel recommandé

Pour lire l'Écriture comme une histoire cohésive
• BARTHOLOMEW, Craig G. et Michael W. GOHEEN. *The Drama of Scripture: Finding Our Place in the Biblical Story*, Grand Rapids, Baker Academic, 2004.
• STROM, Mark. *The Symphony of Scripture: Making Sense of the Bible's Many Themes*, Phillipsburg, N.J., P & R, 2001.

Pour apprendre comment interpréter la Bible
• BROWN, Jeannine K. *Scripture as Communication: Introducing Biblical Hermeneutics*, Grand Rapids, Baker Academic, 2007.
• LONGMAN, Tremper III. *Reading the Bible with Heart and Mind*, Colorado Springs, Colo., CONavPress, 1997.
• McCARTNEY, Dan et Charles CLAYTON. *Let the Reader Understand: A Guide to Interpreting and Applying the Bible*, 2ᵉ éd., Phillipsburg, N.J., P & R, 2002.

Pour des études bibliques supplémentaires
• CARSON, D. A. et Douglas J. MOO. *An Introduction to the New Testament*, 2ᵉ éd., Grand Rapids, Zondervan, 2005.
• LONGMAN, Temper III et Raymond B. DILLARD. *An Introduction to the Old Testament*, 2ᵉ éd., Grand Rapids, Zondervan, 2006.

- RYKEN, Leland, James C. WILHOIT et Tremper LONGMAN III. *Dictionary of Biblical Imagery,* Downers Grove, Ill., InterVarsity Press, 1998.

Pour un ministère auprès des personnes (Approche générale)
- LANE, Timothy S. et Paul David TRIPP. *Changer vraiment : comment ?,* éditions Ministères Multilingues, Longueuil, Québec, 2007.
- TRIPP, Paul David. *Instruments in the Redeemer's Hands: People in Need of Change Helping People in Need of Change,* Phillipsburg, N.J., P & R, 2002.
- VERNICK, Leslie. *How to Live Right When Your Life Goes Wrong,* Colorado Springs, Colo., Waterbrook Press, 2003.

CHRISTIAN COUNSELING & EDUCATIONAL FOUNDATION (CCEF) offre sur leur site WEB plusieurs ressources en counseling avec une perspective biblique [www.ccef.org].

Notes

Introduction
1. Voir Daniel M. Doriani, *Putting the Truth to Work: The Theory and Practice of Biblical Application*, Phillipsburg, N.J., P & R 2001 ; Brian Chapell, *Christ-Centered Preaching: Redeeming the Expository Sermon*, 2ᵉ édition, Grand Rapids, Baker Academic, 2005.
2. Voir à titre d'exemples, Richard B. Hayes, *The Moral Vision of the New Testament: Community, Cross, New Creation ; A Contemporary Introduction to New Testament Ethics*, San Francisco, HarperCollins, 1996 ; Christopher J. H. Wright, *Old Testament Ethics for the People of God*, Downers Grove, Ill., InterVarsity Press, 2004 ; William J. Webb, *Slaves, Homosexuals and Women: Exploring the Hermeneutics of Cultural Analysis*, Downers Grove, Ill., InterVarsity Press, 2001.
3. L'ouvrage de Tremper Longman III, *Reading the Bible with Heart and Mind*, Colorado Springs, Colo., NavPress, 1997, est particulièrement recommandé.
4. Pour d'excellentes vues d'ensemble sur ce sujet, voir Dan McCartney et Charles Clayton, *Let the Reader Understand: A Guide to Interpreting and Applying the Bible*, 2ᵉ édition Phillipsburg, N.J., P & R 2002, p. 291-301 ; Jeannine K. Brown, *Scripture as Communication: Introducing Biblical Hermeneutics*, Grand Rapids, Baker Academic, 2007, p. 19-136.
5. Parmi les ressources plus exhaustives, mentionnons Timothy S. Lane et Paul David Tripp, *How People Change*,

2ᵉ édition, Greensboro, C.N., New Growth Press, 2008 ; Eric L. Johnson, *Foundations for Soul Care: A Christian Psychology Proposal*, Downers Grove, Ill., InterVarsity Press, 2007 ; Paul David Tripp, *Instruments in the Redeemer's Hands: People in Need of Change*, Phillipsburg, N.J., P & R 2002 ; Leslie Vernick, *How to Live Right When Your Life Goes Wrong*, Colorado Springs, Colo., Waterbrook Press, 2003.

6. B. B. Warfield l'appelle « concursive operation » (opération simultanée ou concourante). *The Inspiration and Authority of the Bible*, Phillipsburg, N.J., P & R, 1948, p. 95.

7. Brown, *Scripture as Communication*, p. 255s. Le terme remonte à Nicholas Wolterstorff, *Divine Discourse: Philosophical Reflections on the Claim That God Speaks*, Cambridge, Cambridge University Press, 1995.

8. Pour une excellente étude sur la lecture de la Bible en tant que narration cohésive, voir Richard Bauckham, "Reading Scripture as a Coherent Story", *The Art of Reading Scripture*, édition Ellen F. Davis et Richard B. Hayes, Grand Rapids, Eerdmans, 2003, p. 38-53. Si vous n'appartenez pas à une tradition théologique qui insiste sur la continuité entre les interactions de Dieu avec l'humanité dans l'Ancien Testament et dans le Nouveau Testament, vous pouvez ne pas être entièrement d'accord avec ma conception des Écritures. Je vous encourage cependant à examiner dans un esprit de prière le matériau qui suit.

9. Dieu opère et explique son plan de rédemption de façon progressive dans le temps.

10. Eugene Peterson, *Eat This Book: A Conversation in the Art of Spiritual Reading*, Grand Rapids, Eerdmans, 2006, p. 20.

Chapitre 1

1. Nombres 5.11-30 indique les mesures qu'un mari doit prendre s'il soupçonne sa femme d'adultère. La procédure consiste à présenter la femme au prêtre qui lui fait boire un mélange d'eau sainte et de poussière ramassée sur le sol du tabernacle. Si la femme est coupable, l'eau amère apportera la malédiction et des souffrances. Si elle est innocente, l'eau amère ne lui fera aucun mal.

Notes

2. Peter Enns, *Exodus, The NIV Application Commentary*, Grand Rapids, Zondervan, 2000, p. 30-31.

3. Comme nous le verrons dans des chapitres ultérieurs, la « pertinence » réside dans la convergence entre la compréhension du texte et celle de la personne. Lorsqu'une personne ne trouve pas le passage approprié à ses luttes, c'est souvent parce que vous n'avez pas compris correctement le passage (et vous en avez donc tiré une application forcée) ou que vous n'avez pas compris les détails particuliers des luttes de la personne (syndrome bon texte mais fausse personne) – ou les deux !

4. Sans même parler du gouffre « religieux » ! Qu'est-ce qui nous donne le droit de nous servir des Écritures d'Israël dans notre vie ? Nous ne nous sommes pas encore penchés sur cette question, mais nous le ferons en abordant la nature de la Bible au chapitre 3.

5. Cette affirmation réclame évidemment une justification scripturaire ; je l'apporterai au chapitre 3.

6. Allusion à Wolterstorff, Jeannine K. Brown, *Scripture as Communication: Introducing Biblical Hermeneutics*, Grand Rapids, Baker Academic, 2007, p. 255.

Chapitre 2

1. Les trois premières approches ressemblent beaucoup aux « modes d'appel à l'Écriture » en tant que règles, principes et paradigmes de Richard B. Hayes, *The Moral Vision of the New Testament: Community, Cross, New Creation ; A Contemporary Introduction to New Testament Ethics*, San Francisco, HarperCollins, 1996, p. 208-209.

2. En fait, il faut aborder cette question même si on considère la Bible comme l'histoire de l'œuvre rédemptrice de Dieu qui culmine dans le Messie Jésus. Mais, comme nous le verrons, l'examen de l'Écriture dans cette optique narrative permet de mieux discerner comment les commandements et les interdictions d'autrefois s'appliquent à notre temps.

3. William J. Webb ouvre *Slaves, Homosexuals, and Women*, Downers Grove, Ill., InterVarsity Press, 2001, p. 13-16, avec le même exercice.

Contact – entre la Bible et mon histoire

4. Voir Exode 20.2 qui sert d'introduction aux dix commandements et les situe dans un contexte particulier : « Je suis l'Éternel, ton Dieu, qui t'ai fait sortir du pays d'Égypte, de la maison de servitude. » Dans *Exodus, The NIV Application Commentary*, Grand Rapids, Zondervan, 2000, p. 409-433, Peter Enns relève le défi d'appliquer les dix commandements à notre temps.

5. On résout souvent ce dilemme en fusionnant cette approche « règle » avec une conception de l'Écriture comme énonçant des principes généraux, que nous examinerons ensuite. Le « noyau de vérité » d'un commandement précis et historiquement situé est traité comme un principe général qu'il faut appliquer à l'époque moderne. Ainsi, « Saluez-vous les uns les autres par un saint baiser » (1 Co 16.20*b*) peut ne pas s'appliquer littéralement, mais être rendu par le principe général : « Saluez-vous chaleureusement les uns les autres dans le Seigneur. » Ce principe peut trouver une application dans la poignée de main, une tape amicale, un sourire, un hochement de tête. Voir Jeannine K. Brown, *Scripture as Communication: Introducing Biblical Hermeneutics*, Grand Rapids, Baker Academic, 2007, p. 269-270.

6. D'un point de vue réformé, on pourrait dire que l'alliance précède le commandement. La relation initiée par Dieu précède les lois.

7. Si vous luttez contre une dépendance à la cocaïne et que vous n'êtes pas en mesure de régler votre facture d'électricité, dans quel passage de l'Écriture trouverez-vous du secours ? Pour reprendre le langage du chapitre précédent, la Bible peut finir par se réduire à des passages du type « fossé » qui donnent une instruction précise ou des principes généraux, mais essentiellement pour des problèmes simples de type « fossé ».

8. L. Gregory Jones, "Embodying Scripture in the Community of Faith", *The Art of Reading Scripture*, édition Ellen F. Davis et Richard B. Hayes, Grand Rapids, Eerdmans, 2003, p. 147.

9. Comme nous le verrons au chapitre suivant, les auteurs du Nouveau Testament ont inclus leur enseignement éthique – y compris les règles, les normes et les principes – dans le cadre plus large de l'histoire de la rédemption. Ce décor qui culmine dans la rédemption en Christ est parfois clairement affirmé, mais

Notes

il est au moins toujours sous-entendu. La croix et la résurrection constituent le fondement auquel les auteurs néotestamentaires se réfèrent explicitement ou implicitement.

10. L'auteur du livre de Samuel n'ignore cependant pas le caractère potentiellement violent de David dans le récit de Nabal et Abigaïl (1 Samuel 25). Dans ce récit, l'auteur contraste fortement le courage et la sagesse d'Abigaïl à ceux de Nabal *et* de David. Voir Jayne V. Clark, « Confronted by Anger », *Journal of Biblical Counseling* 24, n°1, hiver 2006, p. 6-13. Mentionnons également l'épisode de David avec Bath-Chéba (2 Samuel 11 – 12). Souvenons-nous que tous les personnages bibliques sont présentés avec leurs vices et leurs vertus. De ce point de vue, ils sont certainement comme nous !

11. J. Wilbur Chapman, "Jesus! What a Friend for Sinners!", 1910. *Trinity Hymnal*, édition révisée, Norcross, Ge, Great Commission Publication, 1990, cantique 498.

12. Ainsi, le Concile de Nicée (325) condamna la christologie d'Arius et affirma au contraire que le Fils partage « la même égalité, la même substance et la même gloire » que le Père. Les travaux de ces responsables chrétiens donnèrent naissance au Symbole de Nicée, peut-être la plus concise des théologies « systématiques » !

13. La théologie systématique traditionnelle inclut les divisions suivantes : l'Écriture, la nature de Dieu, la nature de l'homme, la personne et l'œuvre de Christ, le salut, l'Église et l'eschatologie.

14. Ce n'est évidemment pas une mauvaise chose en soi. Nous abordons tous l'Écriture avec certaines attentes et certains présupposés liés à notre héritage théologique, nos expériences, nos relations courantes, et ainsi de suite. La question n'est pas de savoir si nous avons des présuppositions, mais plutôt de savoir si nous en connaissons la teneur et la manière dont elles influencent notre interprétation. Ma « grille » théologique d'interprétation de l'Écriture provient d'une perspective réformée (calviniste) et je considère que la Confession de Foi de Westminster reflète exactement le contenu doctrinal de la Bible. Même si ses hypothèses façonnent mon approche de l'Écriture, elles ne doivent pas *m'empêcher* d'apprendre des autres traditions. Voir Brown, *Scripture as Communication*, p. 120-136.

15. Il vaut la peine de citer ici la déclaration de Michael Williams, un théologien systématique : « Que représente la Bible dans un tel système ? Un fourre-tout de textes prouvant (pas nécessairement «probants» !) le bien-fondé de certaines doctrines, d'affirmations ou de citations bibliques ; ces textes n'ont pas besoin d'un contexte pour leur cohérence et leur signification. Un tel texte ne tient absolument pas compte du récit biblique d'ensemble dans lequel il est intégré ou du genre littéraire particulier où il se trouve. Sa fonction est définie par une structure extra-biblique, à savoir le système de doctrine. Pour lui, la Bible existe principalement pour justifier le système... », Williams, « Systematic Theology as a Biblical Discipline », p. 203. [http ://www.biblicaltheology.ca/blue_files/Systematic%20Theology.pdf]

16. Ibid., p. 209.

Chapitre 3

1. Ben Witherington, III, *Paul's Narrative Thought World: The Tapestry of Tragedy and Triumph*, Louisville, Ky, Westminster/John Knox Press, 1994, p. 2.

2. Voir par exemple Brian J. Walsh et J. Richard Middleton, *The Transforming Vision: Shaping a Christian World View*, Downers Grove, Ill., IVP, 1984, et Albert M. Wolters, *Creation Regained: Biblical Basis for a Reformational Worldview*, 2e édition, Grand Rapids, Eerdmans, 2005.

3. Craig G. Bartholomew et Michael W. Goheen, *The Drama of Scripture: Finding Our Place in the Biblical Story*, Grand Rapids, Baker, Academic, 2004, p. 27.

4. Graeme Goldsworthy, *The Goldsworthy Trilogy: Gospel and Kingdom, Gospel and Wisdom, The Gospel in Revelation*, Carlisle, Cumbria, Paternoster Press, 2000, p. 54.

5. Ce qui suit est un bref survol d'un sujet riche et complexe, qui est analysé de manière plus profonde dans d'autres sources. Mentionnons : Bartholomew et Goheen, *The Drama of Scripture* ; Edmund P. Clowney, *The Unfolding Mystery: Discovering Christ in the Old Testament*, Phillipsburg, N.J., P & R, 1988 ; O. Palmer Robertson, *The Christ in the Covenants*, Phillipsburg, N.J., P & R, 1980 ; Christopher J. H. Wright, *Knowing Jesus Through the Old Testament*, Downers Grove, Ill., IVP, 1992 et *The Mission of*

Notes

God: Unlocking the Bible's Grand Narrative, Downers Grove, Ill., IVP Academic, 2006 ; N. T. Wright, *The Climax of the Covenant: Christ and the Law in Pauline Theology*, Minneapolis, Minn., Fortress, 1993 et *The Challenge of Jesus: Rediscovering Who Jesus Was and Is*, Downers Grove, Ill., InterVarsity Press, 1999.

6. Je suis redevable à Douglas Green, du Westminster Theological Seminary, Philadelphia, pour cette idée prise dans son exposé du Psaume 1 à sa classe.

7. N. T. Wright, *What St. Paul Really Said: Was Paul of Tarsus the Real Founder of Christianity?*, Grand Rapids, Eerdmans, 1997, p. 127.

8. Pour un traitement plus approfondi de cette question, voir Michael J. Gorman, *Cruciformity: Paul's Narrative Spirituality of the Cross*, Grand Rapids, Eerdmans, 2001.

9. Voir Dan G. McCartney, "The New Testament's Use of the Old Testament", *Inerrancy and Hermeneutic*, édition Harvie M. Conn, Grand Rapids, Baker, 1988, p. 112-113.

10. Ibid., p. 113. Il cite également 1 Pierre 1.10-12 qui offre le même cadre d'interprétation que Luc 24.

11. Dans les Actes, d'autres sermons font les mêmes liens entre l'Ancien Testament et la personne et l'œuvre de Jésus (par ex. Ac 2.14-36 ; 3.11-26).

12. Je ne crois pas que ce schéma promesse/accomplissement se réduise à des cas précis de promesses ou de prophéties, bien qu'il les inclut. La venue de Jésus accomplit plutôt tout l'Ancien Testament. La lettre aux Hébreux le montre clairement : la loi, les sacrifices, le tabernacle, même les pratiques du culte israélite étaient l'ombre des vraies réalités à venir en Christ.

13. Ben Witherington, *Paul's Narrative Thought World*, p. 5.

14. Wright, *Knowing Jesus*, p. 8.

15. Ben Witherington, *Paul's Narrative Thought World*, p. 5.

16. Au chapitre précédent, nous avons examiné l'importance du contexte d'un commandement. C'est le contexte qui indique la raison relationnelle de l'impératif.

17. David Powlison, "The Practical Theology of Counseling", *Journal of Biblical Counseling* 25, n° 2, printemps 2007. Voir également son article : "Counsel Ephesians", *Journal of Biblical Counseling* n° 17, hiver 1999, p. 2-11.

18. Jeannine Brown utilise le terme « (re)contextualisation » au lieu d'« application » pour mettre en lumière le fait que les messages des auteurs bibliques étaient déjà contextualisés (appliqués) à leurs premiers destinataires, *Scripture as Communication: Introducing Biblical Hermeneutics*, Grand Rapids, Baker Academic, 2007, p. 233.

19. Kathryn Tanner, "Scripture as Popular Text", *Modern Theology* 14, n° 2, avril 1998, p. 279-298.

Chapitre 4

1. Le projet "Nine Theses on the Interpretation of Scripture", *The Art of Reading Scripture*, édition Ellen F. Davis et Richard B. Hayes, Grand Rapids, Eerdmans, 2003, p. 2.

2. David Steinmetz traite de cette même stratégie de lecture de la Bible en se servant du genre détective dans "Uncovering a Second Narrative: Detective Fiction and the Construction of Historical Method", *The Art of Reading Scripture*, p. 54-68.

3. Deux autres films, *Le sixième sens* et *Fight Club* se terminent d'une manière qui oblige à réorienter complètement leur compréhension. Certes, même si la fin ne constitue pas une énorme surprise, vous regarderez une deuxième fois les films en tenant compte de leur fin.

4. Peter Enns, "Apostolic Hermeneutics and an Evangelical Doctrine of Scripture: Moving Beyond a Modernist Impasse", *Westminster Theological Journal* 65, 2003, p. 282.

5. Je dirai dans les chapitres ultérieurs comment associer une approche lente et savoureuse de l'Écriture à la précipitation et à l'improvisation du ministère personnel.

6. Je me rends compte qu'il n'est pas toujours facile de savoir qui étaient les lecteurs initiaux, mais la plupart des introductions à l'Ancien et au Nouveau Testaments donnent ce genre d'information qui facilite l'étude.

7. Pour un traitement plus complet de cette question, voir Christopher J. H. Wright, *The Mission of God: Unlocking the Bible's Grand Narrative*, Downers Grove, Ill., IVP Academic, 2006.

8. C. S. Lewis, *The Weight of Glory and Other Adresses*, New York, Touchstone/Simon & Schuster, 1996, p. 26.

Notes

9. C. S. Lewis, *Le Monde de Narnia : V. L'Odyssée du Passeur d'Aurore*, Gallimard jeunesse, 2002, p. 225.

10. Eugene Peterson, *Eat This Book: A Conversation in the Art of Spiritual Reading*, Grand Rapids, Eerdmans, 2006, p. 65.

11. On constate ce regard rétrospectif dans de nombreux Psaumes, notamment les Psaumes 77, 78, 105 et 106. Ce regard entraîne des conséquences pour le culte rendu présentement à Dieu. Dans le Nouveau Testament, 1 Pierre 1.3-16 met bien en évidence ces aspects passés, présents et futurs de la rédemption divine.

12. Pour une étude plus approfondie de ce sujet, se reporter à Stephen E. Fowl et L. Gregory Jones, *Reading in Communion: Scripture and Ethics in Christian Life*, Eugene, Ore, Wipf and Stock, 1998.

13. Craig G. Bartholomew et Michael W. Goheen, *The Drama of Scripture: Finding Our Place in the Biblical Story*, Grand Rapids, Baker, Academic, 2004, p. 40.

14. N. T. Wright, *The New Testament and the People of God*, Minneapolis, Minn., Fortress Press, 1992, p. 40.

Chapitre 5

1. On peut comprendre la « crise de la quarantaine » comme une évaluation – et parfois un rejet – à ce moment-là de l'histoire ou des histoires dominantes qui, jusqu'alors, avaient donné un sens et une raison d'être à la vie.

2. Brian J. Walsh et J. Richard Middleton, *The Transforming Vision: Shaping a Christian World View*, Downers Grove, Ill., IVP, 1984, p. 35. Voir également Christopher J. H. Wright, *The Mission of God: Unlocking the Bible's Grand Narrative*, Downers Grove, Ill., IVP Academic, 2006, p. 55.

3. Cela ne signifie pas qu'on ne peut pas avoir plusieurs histoires qui cherchent à avoir la première place à un moment donné !

4. Joel B. Green, "The (Re)Turn to Narrative", *Narrative Reading, Narrative Preaching: Reuniting New Testament Interprétation and Proclamation*, édition Joel B. Green et Michael Pasquarello III, Grand Rapids, Baker Academic, 2003, p. 17.

5. Je fais évidemment référence à une histoire incluse dans une autre histoire : Je me concentre maintenant sur ce que Dieu dit directement à Adam et à Ève (ce qu'Adam et Ève auraient su) par opposition à l'histoire plus vaste de la création de Dieu rapportée dans le livre de la Genèse, écrit pour façonner la vision du monde du peuple de Dieu à un moment ultérieur de l'histoire.

6. Bartholomew et Goheen écrivent : « Dans le royaume que Dieu a établi en le créant, il a assigné à l'humanité la fonction essentielle d'être ses "rois subalternes", ses vice-rois, ou ses gérants. Nous devons régir la création de manière à augmenter la réputation de Dieu dans son royaume cosmique... Nous sommes les administrateurs royaux, placés sur terre pour développer le potentiel caché dans la création divine, pour qu'elle puisse célébrer sa gloire », Craig G. Bartholomew et Michael W. Goheen, *The Drama of Scripture: Finding Our Place in the Biblical Story*, Grand Rapids, Baker, Academic, 2004, p. 37. Pour une étude plus complète et plus technique de cette idée, voir Dan G. McCartney, "*Ecce Homo*: The Coming of the Kingdom as the Restauration of Human Vicegerancy", *Westminster Theological Journal* 56, 1994, p. 1-21.

7. On peut dire que le serpent a menti sur les deux plans : la mort (spirituelle et physique) est entrée dans le monde *et* au lieu de devenir comme Dieu, connaissant le bien et le mal, Adam et Ève ont *perdu* la faculté de discerner entre le bien et le mal. La descente de l'humanité dans les chapitres suivants semble confirmer cette interprétation. (Douglas Green, Notes de conférences non publiées, Old Testament History and Theology 1, Westminster Theological Seminary, 1998.)

8. Même dans les conséquences de la chute indiquées dans Genèse 3.14-19, on perçoit cependant des lueurs d'espoir (v. 15) : les conséquences désastreuses et courantes *ne* marquent *pas* la fin de l'histoire.

9. Richard A Harris, *The Integration of Faith and Learnings: A Worldview Approach*, Eugene, Ore, Cascade Books, 2004 cité dans Mark P. Cosgrove, *Foundations of Christian Thought: Faith, Learning and the Christian Worldview*, Grand Rapids, Kregel, 2006, p. 19.

10. Geerhardus Vos, *Biblical Theology: Old and New Testaments*, Grand Rapids, Eerdmans, 1948 ; réimprimé à Edimbourg, The Banner of Truth Trust, 1975, p. 9.

11. On peut toujours prétendre que l'identité d'image de Dieu est plus fondamentale que celle de saint, souffrant et pécheur. C'est vrai, mais comme les Écritures sont la révélation de Dieu à son peuple (et à de nombreux incroyants), j'utilise ces distinctions qui s'appliquent aux chrétiens de ce côté-ci du retour de Christ.

12. Rappelez-vous l'importance de l'étude de ces passages dans leur contexte d'origine, ce que je n'ai pas la place de faire. Je souligne des traits caractéristiques de ces textes qui, en vertu de « l'extension rédemptrice » sont vrais pour nous aujourd'hui.

13. Remarquons que Pierre se sert du langage et des métaphores de l'Ancien Testament pour décrire les chrétiens, ce qui prouve la continuité entre Israël et l'Église.

14. Pour une discussion de maître sur la manière dont la croix transforme les souffrances du peuple de Dieu, voir Richard B. Gaffin, fils, "The Usefulness of the Cross", *Westminster Theological Journal* 41, n°2, printemps 1979, p. 228-246.

15. Pour un livre utile sur la réalité du péché qui habite en nous, voir Kris Lundgaard, *The Enemy Within: Straight Talk About the Power and Defeat of Sin*, Phillipsburg, N.J., P & R, 1998.

Chapitre 6

1. J'espère pouvoir indiquer plus loin dans le livre comment rattacher certains passages précis de l'Écriture à certaines situations précises du vécu des gens. Cependant, l'utilisation de l'Écriture dans le ministère personnel n'oblige pas toujours à ouvrir la Bible à un chapitre et un verset particuliers. Dieu communique sa vérité selon une grande variété de modes (genres) ; il s'ensuit que nous pouvons également faire entendre la Parole de différentes manières.

2. Un rapide coup d'œil sur l'introduction aux livres des Chroniques dans votre Bible d'étude vous donnera cet aperçu.

3. Dan McCartney et Charles Clayton, *Let the Reader Understand: A Guide to Interpreting and Applying the Bible*, 2e édition Phillipsburg, N.J., P & R 2002, p. 123.

4. Al Wolters, *The Song of the Valiant Woman: Studies in the Interpretation of Proverbs 31 :10-31*, Carlisle, Royaume-Uni, Paternoster Press, 2001, p. 74.

5. Voir Brian E. Daley, "Is Patristic Exegesis Still Usable? Some Reflections on Early Christian Interpretation of the Psalms", *The Art of Reading Scripture*, édition Ellen F. Davis et Richard B. Hayes, Grand Rapids, Eerdmans, 2003, p. 69-88.

6. Soyons justes, les pères de l'Église Primitive considéraient l'allégorie comme une approche particulière de l'interprétation, mais ils y accordaient une grande importance.

7. Graeme Goldsworthy, *Preaching the Whole Bible as Christian Scripture*, Grand Rapids, Eerdmans, 2000, p. ix.

Chapitre 7

1. Peut-être me demandez-vous : « Comment utiliser ces questions dans un contact avec des incroyants ? » Il est certain que la catégorie « saint » ne concerne pas ceux qui ne sont pas chrétiens. Dans ce cas, il vaut mieux s'en tenir à la catégorie plus générale de « porteurs de l'image de Dieu ». L'incroyant en question reste porteur de l'image de Dieu même s'il l'a faussée dans sa chute. Cela signifie que j'aborde cet individu avec dignité et compassion. Je pourrais lui rappeler les nombreuses marques de la « grâce commune » dans sa vie et l'encourager vivement à soumettre toute sa vie à Celui qui est Créateur et Rédempteur. Je me sers de lunettes faites par Dieu pour qu'il interprète le bien que Dieu lui a accordé dans sa vie comme les preuves « de sa bonté, de sa patience et de sa longanimité » (Ro 2.4). Il va de soi que ces conversations évoluent avec le temps et avec l'approfondissement de la relation.

2. Voir Michael R. Emlet, "Understanding the Influences on the Human Heart", *Journal of Biblical Counseling* 20, n° 2, hiver 2002, p. 47-52, article qui développe l'impact de ces trois influences sur notre vie devant Dieu.

3. Paul David Tripp, *Instruments in the Redeemer's Hands: People in Need of Change Helping People in Need of Change*, Phillipsburg, N.J., P & R, 2002, p. 28-133.

4. Ibid., p. 127. Italiques de l'auteur du livre.

Notes

5. Voir David Powlison, "Idols in the Heart and 'vanity Fair'", *Journal of Biblical Counseling* 18, n° 2, hiver 1995, p. 35-50.

6. Le lecteur trouvera un questionnaire plus complet dans l'article de David Powlison, "X-Ray Questions: Drawing Out the Whys and Wherefores of Human Behavior", *Journal of Biblical Counseling* 18, n° 1, automne 1999, p. 2-8.

7. Parmi les ouvrages particulièrement utiles, mentionnons Jeannine K. Brown, *Scripture as Communication: Introducing Biblical Hermeneutics*, Grand Rapids, MI, Baker Academic, 2007 ; Dan McCartney et Charles Clayton, *Let the Reader Understand : A Guide to Interpreting and Applying the Bible*, 2e édition, Phillipsburg, N.J., P & R 2002. Je recommande ces deux livres dans mes cours sur l'interprétation biblique. On peut y ajouter Tremper Longman III, *Reading the Bible with Heart and Mind*, Colorado Springs, Colo., NavPress, 1997 et Daniel M. Doriani, *Getting the Message: A Plan for Interpreting and Applying the Bible*, Phillipsburg, N.J., P & R, 1996. L'ouvrage de Longman est particulièrement important pour comprendre comment le « genre » (le type de littérature du passage en question) – par ex. histoire, poésie, prophétie, etc.) – agit sur l'interprétation et l'application. Cette prise de conscience est cruciale pour une sage lecture de la Bible ; c'est pourquoi j'encourage le lecteur à se servir du livre de Longman, surtout s'il n'a pas bénéficié d'une solide instruction en matière d'interprétation biblique.

8. Je recommande également au lecteur d'acquérir des Introductions à l'Ancien et au Nouveau Testaments, ce qui l'aidera beaucoup dans son étude du contexte original. Ma sélection inclut aussi : Tremper Longman III et Raymond B. Dillard, *An Introduction to the Old Testament*, 2e édition, Grand Rapids, Zondervan, 2006 ; D. A. Carson et Douglas J. Moo, *Introduction au Nouveau Testament*, Excelsis, 2007, et David deSilva, *An Introduction to the New Testament: Contexts, Methods, and Ministry Formation*, Downers Grove, Ill., InterVarsity Press, Leicester, Angleterre, Apollos, 2004.

9. Je me rends cependant bien compte que le lecteur ne possède pas beaucoup d'informations sur la situation historique originale qui a incité l'auteur à écrire ce livre ou ce passage de l'Ancien Testament. Les buts pastoraux et théologiques d'un texte

peuvent convenir à différentes époques de l'Histoire. Il n'est donc pas toujours possible de tirer des conclusions *décisives* sur l'impact qu'un passage a pu avoir sur ses premiers auditeurs ou lecteurs. Le travail de déblayage historique et grammatical équipera tout de même le chrétien à progresser dans sa maîtrise de l'interprétation.

10. Voir Dean Flemming, *Contextualisation in the New Testament: Patterns for Theology and Mission*, Downers Grove, Ill., InterVarsity Press, 2005.

11. À propos du drame comme métaphore générale pour aborder la théologie, Kevin Vanhoozer écrit : « Les chrétiens peuvent ne pas connaître leur lignée et ne pas posséder la connaissance propositionnelle exacte, mais la simple adhésion intellectuelle à l'information empêche d'avoir un impact décisif sur notre vie. Il ne suffit pas de répéter notre lignée ; nous devons *vivre notre part* », *The Drama of Doctrine: A Canonical-Linguistic Approach to Christian Theology*, Louisville, Ky, Westminster John Knox Press, 2005, p. 370. Italiques dans l'ouvrage de l'auteur.

12. Alasdair MacIntyre, *After Virtue: A Study in Moral Theology*, 2e édition, Notre Dame, Ind., University of Notre Dame Press, 1984, p. 216.

Chapitre 8

1. Ces exemples rassemblent les histoires de différentes personnes.

Chapitre 9

1. La version anglaise ESV traduit Aggée 2.7 ainsi : « Et j'ébranlerai toutes les nations, de sorte que les trésors de toutes les nations affluent et je remplirai cette Maison de gloire, dit l'Éternel des armées. »

2. Demandez-vous également quels autres livres bibliques se situent à la même époque, car ils affineront votre perspective et vous aideront à replacer les faits dans une juste chronologie, comme c'est le cas ici. Ainsi, Esdras 1 à 6 se situe en 537 av. J.-C., et Zacharie est un contemporain d'Aggée.

3. Les Bibles d'étude que l'on peut recommander aux lecteurs francophones sont : La Nouvelle Bible Segond (NBS), la Bible du Semeur, la NEG avec commentaires de John MacArthur.

4. La version anglaise ESV traduit Aggée 2.9 ainsi : « La dernière gloire de cette Maison sera supérieure à la précédente... » Dans cette traduction, on ne sait pas si le second temple dépassera celui de Salomon en gloire, ou s'il s'agit du second temple lui-même qui, bien que modeste, finira par paraître glorieux. D'où l'importance de consulter plusieurs traductions, surtout si on a l'intention de faire une étude poussée. Quoi qu'il en soit, l'idée qui ressort est que Dieu a en vue quelque chose de plus glorieux pour l'avenir.

5. Leland Ryken, James C. Wilhoit et Tremper Longman III, *Dictionary of Biblical Imagery*, Downers Grove, Ill., InterVarsity Press, 1998.

6. Remarquons que dans un seul chapitre (2 Chroniques 6), Salomon parle de Dieu qui habite dans le temple (v. 2) et au ciel (v. 21). Cette contradiction apparente se résout facilement quand on sait que le temple était le point de contact entre le ciel et la terre. Il était le lieu où le Dieu du ciel avait établi sa demeure pour vivre au milieu de son peuple sur la terre. Voir N. T. Wright, *Simply Christian: Why Christianity Makes Sense*, San Francisco, HarperSanFrancisco, 2006, p. 64-65. Psaumes 11.4a unit les deux idées : « L'Éternel est dans son saint temple, l'Éternel a son trône dans les cieux. »

7. Il se pourrait que la visite des mages (Mt 2.1-12) soit l'accomplissement d'Agée 2.7 : les trésors de toutes les nations affluent vers le Roi !

8. Éphésiens 2.19-22 constitue une autre image néotestamentaire utile qui enrichit l'image du temple.

9. Eugene Peterson, "Living into God's Story", [En ligne] [http://www.biblicaltheology.ca/blue_files/Living%20into%20God%27s%20Story.pdf]

10. J'utilise le terme « conseiller » pas uniquement dans son sens plus restrictif, mais également dans son sens informel et plus large. Vous pouvez être l'ami de Tom, pasteur, animateur d'un groupe d'étude biblique, ou conseiller professionnel. Vous êtes en

fait quelqu'un qui cherche à appliquer la sagesse de Dieu dans la vie de Tom d'une façon active.

11. Dans la vie concrète, je ne passerais pas immédiatement à un passage biblique, mais j'examinerais plus attentivement la dernière affirmation de Tom (par ex : en quoi la réaction de Sarah le décourage-t-elle ? En quoi cela se répercute-t-il dans son attitude vis-à-vis de Dieu, de Sarah et d'autrui ? Et ainsi de suite.)

12. C'est vraiment une extension personnelle de 1 Corinthiens 3.16 où Paul décrit l'Église comme le temple du Saint-Esprit.

13. Voir Stanley J. Grenz, *Prayer: The Cry for the Kingdom*, édition révisée, Grand Rapids, Eerdmans, 2005, pour une étude plus large de la relation entre la venue du royaume et la prière.

Chapitre 10

1. N'oublions pas que Marc écrit son évangile *après* la résurrection, ce qui est important pour comprendre les buts potentiels de ce récit. En d'autres termes, il faut se demander comment le message de Marc 1.40-45 se rattache aux thèmes et aux buts de l'Évangile dans son ensemble.

2. On pourrait aussi se poser la question : « Comment ce récit se rattache-t-il aux points forts thématiques de l'évangile de Marc dans son ensemble ? Où retrouvez-vous les thèmes de ce passage ailleurs dans l'évangile de Marc ?

3. Le même mot grec est traduit par « bonne nouvelle » dans Marc 1.15.

4. Ce détail apparaît dans les notes de la plupart des Bibles d'étude. Si vous n'en possédez pas, le renvoi à une ou deux références donne le même résultat.

5. James R. Edwards parle d'une « sainteté contagieuse », *Mark, Pillar New Testament Commentary*, Grand Rapids, Eerdmans, 2002, p. 70.

6. J. R. R. Tolkien, *Le Seigneur des Anneaux : Le Retour du Roi*, tome 3, Gallimard Jeunesse, 2007.

7. Ibid., p. 223.
8. Ibid., p. 226.
9. Ibid., p. 236.

10. C'est le terme technique dont se servent les spécialistes du Nouveau Testament à propos du commandement que Jésus donne de ne pas ébruiter le miracle.

11. Cette idée se rapproche de la parole de Jésus à Jean-Baptiste : « Laisse faire maintenant, car il est convenable que nous accomplissions ainsi tout ce qui est juste » (Mt 3.15).

12. Edwards, *Mark*, p. 72. D'ailleurs, Edwards intitule ce passage : « Jésus échange sa place avec un lépreux », ce qui souligne le renversement des situations qui s'opère.

13. Pour un raisonnement plus développé, voir Robert H Gundry, *Mark: A Commentary on His Apology for the Cross*, Grand Rapids, Eerdmans, 1993. David deSilva fait remarquer : « Qu'est-ce que Marc veut dire à ses lecteurs ? La messianité de Jésus ne réside pas dans son pouvoir, mais dans ses souffrances et sa mort. Sa seigneurie ne réside pas dans son exaltation à la droite de Dieu, mais dans son service d'autrui au point d'être élevé sur une croix. Son élévation subséquente montre que le chemin suivi par Jésus est celui de la grandeur et de l'honneur véritables aux yeux de Dieu. Les voies de Dieu ne sont *pas* celles des hommes », *An Introduction to the New Testament: Contexts, Methods,and Ministry Formation*, Downers Grove, Ill., InterVarsity Press, Leicester, Angleterre, Apollos, 2004, p. 208, italiques dans le texte original.

14. A. Carson et Douglas J. Moo, *Introduction au Nouveau Testament*, Excelsis, 2007. Les auteurs font remarquer que bien d'autres thèmes de l'évangile de Marc n'entrent pas dans ces catégories, ce qui confirme mon affirmation antérieure que les points forts d'un passage particulier se rattachent aux thèmes et aux buts du livre dans son ensemble, sans toutefois les recouvrir pleinement.

15. Comme Jésus est au premier plan dans les passages des évangiles, nous sommes implicitement face à la question : « Comment l'auteur décrit-il l'irruption du royaume de Dieu en Christ ? » Nous cherchons cependant à voir comment les autres auteurs du Nouveau Testament développent les thèmes du passage.

16. Voici d'autres concepts/thèmes : pureté, purification, sacrifice, pur, consacrer/consécration, souillure/souiller.

Contact – entre la Bible et mon histoire

17. Dans Marc 7, Jésus engage avec les pharisiens et les docteurs de la loi une discussion sur la pureté et l'impureté. Il leur enseigne que ce qui rend une personne impure n'est pas quelque chose d'extérieur (par ex. les mains non lavées), mais quelque chose d'intérieur : « Il n'est hors de l'homme rien qui, entrant en lui, puisse le souiller ; mais ce qui sort de l'homme, c'est ce qui le souille » (Mc 7.15). Et il ajoute aux versets 20-23 : « Ce qui sort de l'homme, c'est ce qui souille l'homme. Car c'est du dedans, c'est du cœur des hommes, que sortent les mauvaises pensées, les adultères, les débauches, les meurtres, les vols, les cupidités, les méchancetés, la fraude, le dérèglement, le regard envieux, la calomnie, l'orgueil, la folie. Toutes ces choses mauvaises sortent du dedans, et souillent l'homme. » Par son enseignement, Jésus met l'accent sur une impureté profonde, interne et spirituelle présente en tout être humain, une impureté qui se manifeste par des pensées et des actions coupables. La purification doit s'opérer à partir du cœur.

18. Dans une situation existentielle concrète, j'aurais probablement cherché à approfondir l'expérience et la notion que Tom a de Dieu avant de me référer à ce passage biblique (ou à un autre). Là encore, j'ai « télescopé » le passage pour les besoins de l'illustration.

19. Notez que j'exhorte Tom à faire siens le désespoir et l'humilité du lépreux en venant à Jésus, sans pour autant perdre de vue le fait que Marc se focalise sur Jésus.

20. Paroles de « Tel que je suis... », Recueil *Sur les Ailes de la foi*, n° 258 ou *JEM* n° 84

21. On peut également penser à 1 Pierre 1.17-21 : « Et si vous invoquez comme Père celui qui juge selon l'œuvre de chacun, sans favoritisme, conduisez-vous avec crainte pendant le temps de votre séjour sur la terre ; vous savez que ce n'est pas par des choses périssables, par de l'argent ou de l'or, que vous avez été rachetés de la vaine manière de vivre que vous aviez héritée de vos pères, mais par le sang précieux de Christ... »

22. Tolkien, *Le Retour du Roi*, p. 232.

23. Jésus demanda en retour au lépreux quelque chose de précis (ne rien dire à personne et offrir les sacrifices prescrits), mais le lépreux n'obéit pas à l'injonction de Jésus. De ce côté-ci de

Notes

la résurrection, il n'existe pas une interdiction absolue du genre de celle requise du lépreux ! Nous sommes appelés à parler aux autres de la purification dont nous avons été les bénéficiaires et les inviter à entrer, comme nous, en contact avec Jésus.

24. Dans Luc 12, à propos des soucis quant à la sécurité matérielle, Jésus dit à ses disciples : « Cherchez plutôt le royaume de Dieu ; et toutes ces choses [nourriture, vêtement, abri] vous seront données par-dessus. Ne crains point, petit troupeau ; car votre Père a trouvé bon de vous donner le royaume » (v. 31,32). Si Jésus a donné le royaume à ses disciples, le bien suprême, pourquoi nous faire du souci concernant les choses matérielles ? Si Dieu nous a donné son propre Fils, négligera-t-il de nous accorder tout ce qui nous est indispensable ? (Ro 8.32.) Pour une étude approfondie de ces thèmes, voir Powlison, "Don't Worry", *Journal of Biblical Coiunseling* 21, n° 2, hiver 2003, p. 54-65.

25. En de nombreux endroits, Jésus souligne l'importance des « œuvres » dignes du royaume, mais la parabole des brebis et des boucs (Mt 25.31-46) est particulièrement instructive.

Chapitre 11

1. J'espère que les exemples des dialogues avec Tom et Nathalie vous ont montré qu'un tel équilibre est possible.

2. Même la prédication et l'enseignement formel, qui ont tendance à être une communication à sens unique, devraient alimenter des discussions entre croyants. Mais le simple contenu de ce qui est communiqué dans ces contextes publics va probablement au-delà de ce qui se produit au cours d'une heure de counseling biblique formel sans parler d'un tête-à-tête plus informel avec un individu.

3. Les spécialistes de la Bible parlent à ce propos d'une « spirale herméneutique ».

4. C. S. Lewis, *Le Monde de Narnia : La Dernière Bataille*, vol. 7, Gallimard Jeunesse 2008, p. 182.

5. Il existe dans ce sens-là un processus « temporel » dans la découverte des aspects christocentriques d'un texte.

6. Il est évident que cette application de l'Écriture *était* implicitement plus centrée sur Christ que le passage de Romains 12, parce qu'il se référait à la résurrection.

7. Graeme Goldsworthy, *Preaching the Whole Bible as Christian Scripture*, Grand Rapids, Eerdmans, 2000, p. 60-61.

8. George Eldon Ladd fait remarquer : « Dans la mort et la résurrection de Christ s'accomplissent les promesses vétérotestamentaires de salut messianique, mais dans le cadre de l'ère ancienne. La nouvelle ère est venue dans le cadre de l'ancienne, mais elle est destinée à transformer l'ancienne. ». Je rappelle que notre utilisation de l'Écriture doit tenir compte de *notre* époque et de *notre* place dans l'histoire de la rédemption : nous sommes *après* la résurrection, *après* la Pentecôte, *après* la clôture du canon, *avant* la seconde venue de Jésus. Dans le même esprit, Edmund P. Clowney combat « les sermons synagogue » – la prédication d'un texte vétérotestamentaire et son application sans le rattacher à l'œuvre rédemptrice de Christ. ("Preaching Christ from All the Scriptures", dans *The Preacher and Preaching: Reviving the Art in the Twentieth Century*, édition Samuel, T. Logan, fils, Phillipsburg, N.J., P & R, 1986, p. 164.)

9. Pour une discussion sur le caractère « déjà et pas encore » de notre salut, voir Herman Ridderbos, *Paul: An Outline of His Theology*, Grand Rapids, Eerdmans, 1975. Voir également Romains 8.15-27 et Philippiens 3.12-21 qui mettent en évidence les aspects « déjà » et « pas encore » de notre rédemption.

10. Voir Edward T. Welch, *Running Scared: Fear, Worry and the God of Rest*, Greensboro, NC, New Growth Press, 2007.

11. Et notamment parce que vous êtes vous-même transformé par une approche des Écritures de plus en plus centrée sur l'Évangile.

12. Tod E. Bolsinger, *It Takes a Church to Raise a Christian: How the Community of God Transforms Lives*, Grand Rapids, Brazos Press, 2004.

13. Pour une discussion sur la manière dont la Cène nous transforme à l'image de Christ, voir Craig R. Higgins, "Spiritual Formation and the Lord's Supper: Remembering, Receiving, Sharing", *Journal of Biblical Counseling* 24, n° 3, été 2006, p. 71-78.

14. Rappelez-vous cependant que même ces connexions « spontanées » découlent d'une connaissance approfondie des passages ou thèmes bibliques particuliers, acquise par l'étude

Notes

approfondie et la méditation faites des mois, voire des années plus tôt.

15. Rappelez-vous ce que j'ai dit précédemment dans le livre : pour avoir une idée de l'intention pastorale initiale de l'auteur, il faut passer aux applications contemporaines possibles.

16. J'ai entendu pour la première fois du Pasteur John Hall ces récits orientés vers des applications chrétiennes, mais je les ai adaptés plus spécialement à l'utilisation de l'Écriture dans le ministère.

Bibliographie

BARTHOLOMEW, Craig G. et Michael W. GOHEEN. *The Drama of Scripture: Finding Our Place in the Biblical Story*, Grand Rapids, Baker Academic, 2004.

BAUCKHAM, Richard. "Reading Scripture as a Coherent Story", *The Art of Reading Scripture*, édité par Ellen F. Davis et Richard B. Hays, Grand Rapids, Eerdmans, 2003.

BOLSINGER, Tod E. *It Takes a Church to Raise a Christian: How the Community of God Transforms Lives*, Grand Rapids, Brazos Press, 2004.

BROWN, Jeannine K. *Scripture as Communication: Introducing Biblical Hermeneutics*, Grand Rapids, Baker Academic, 2007.

CARSON, D. A. et Douglas J. MOO. *Introduction au Nouveau Testament*, Excelsis, 2007.

CHAPELL, Bryan. *Christ-Centered Preaching: Redeeming the Expository Sermon*, 2e éd., Grand Rapids, Baker Academic, 2005.

CHAPMAN, J. Wilbur. "Jesus ! What a Friend for Sinners!", 1910, Hymn 498, *Trinity Hymnal*, éd. rev., Norcross, Ge, Great Commission Publications, 1990.

CLARK, Jayne V. "Confronted by Anger", *Journal of Biblical Counseling* 24, n° 1, hiver 2006, p. 6-13.

CLOWNEY, Edmund P. "Preaching Christ from All the Scriptures", *The Preacher and Preaching: Reviving the Art in the Twentieth Century*, édité par Samuel T. Logan Jr, Phillipsburg, NJ, P & R, 1986, p. 163-191.

———. *The Unfolding Mystery: Discovering Christ in the Old Testament*, Phillipsburg, N.J., P & R, 1988.

DALEY, Brian E. "Is Patristic Exegesis Still Usable? Some Reflections on Early Christian Interpretation of the Psalms", *The Art of Reading Scripture*, édité par Ellen F. Davis et Richard B. Hays, Grand Rapids, Eerdmans, 2003, p. 69-88.

DAVIS, Ellen F. et Richard B. Hays, éditeurs. *The Art of Reading Scripture*, Grand Rapids, Eerdmans, 2003.

DE SILVA, David. *An Introduction to the New Testament: Contexts, Methods, and Ministry Formation*, Downers Grove, Ill., InterVarsity Press, Leicester, Angleterre, Apollos, 2004.

DORIANI, Daniel M. *Getting the Message: A Plan for Interpreting and Applying the Bible*, Phillipsburg, N.J., P & R, 1996.

———. *Putting the Truth to Work: The Theory and Practice of Biblical Application*, Phillipsburg, N.J., P & R, 2001.

EDWARDS, James R. *Mark. Pillar New Testament Commentary*, Grand Rapids, Eerdmans, 2002.

EMLET, Michael R. "Understanding the Influences on the Human Heart", *Journal of Biblical Counseling* 20, n° 2, hiver 2002, p. 47-52.

ENNS, Peter. "Apostolic Hermeneutics and an Evangelical Doctrine of Scripture: Moving Beyond a Modernist Impasse", *Westminster Theological Journal* 65, 2003, p. 263-287.

———. *Exodus. The NIV Application Commentary*, Grand Rapids, Zondervan, 2000.

FLEMMING, Dean. *Contextualization in the New Testament: Patterns for Theology and Mission*, Downers Grove, Ill, InterVarsity Press, 2005.

FOWL, Stephen E. et L. Gregory Jones. *Reading in Communion: Scripture and Ethics in Christian Life*, Eugene, Ore, Wipf and Stock, 1998.

GAFFIN, Richard B., Jr. "The Usefulness of the Cross", *Westminster Theological Journal* 41, n° 2, printemps 1979, p.228-246.

GOLDSWORTHY, Graeme. *Preaching the Whole Bible as Christian Scripture*, Grand Rapids, Eerdmans, 2000.

Bibliographie

———. *The Goldsworthy Trilogy: Gospel and Kingdom, Gospel and Wisdom, The Gospel in Revelation*, Carlisle, Cumbria, Paternoster Press, 2000.

GORMAN, Michael J. *Cruciformity: Paul's Narrative Spirituality of the Cross*, Grand Rapids, Eerdmans, 2001.

GREEN, Joel B. "The (Re-)Turn to Narrative", *Narrative Reading, Narrative Preaching: Reuniting New Testament Interpretation and Proclamation*, édité par Joel B. Green et Michael Pasquarello III, Grand Rapids, Baker Academic, 2003, p. 11-36.

GRENZ, Stanley J. *Prayer: The Cry for the Kingdom*, éd. rev., Grand Rapids, Eerdmans, 2005.

GUNDRY, Robert H. *Mark: A Commentary on His Apology for the Cross*, Grand Rapids, Eerdmans, 1993.

HARRIS, Richard A. *The Integration of Faith and Learning: A Worldview Approach*, Eugene, Ore., Cascade Books, 2004, cité dans Mark P. Cosgrove, *Foundations of Christian Thought: Faith, Learning, and the Christian Worldview*, Grand Rapids, Kregel, 2006.

HART, Joseph. "Come, Ye Sinners, Poor and Wretched", 1759. Cantique 472, *Trinity Hymnal*, éd. rev., Norcross, Ge, Great Commission Publications, 1990.

HAYS, Richard B. *The Moral Vision of the New Testament: Community, Cross, New Creation; A Contemporary Introduction to New Testament Ethics*, San Francisco, HarperCollins, 1996.

HIGGINS, Craig R. "Spiritual Formation and the Lord's Supper: Remembering, Receiving, Sharing", *Journal of Biblical Counseling* 24, n° 3, été 2006, p. 71-78.

JOHNSON, Eric L. *Foundations for Soul Care: A Christian Psychology Proposal*, Downers Grove, Ill., InterVarsity Press, 2007.

JONES, L. Gregory. "Embodying Scripture in the Community of Faith", *The Art of Reading Scripture*, édité par Ellen F. Davis et Richard B. Hays, Grand Rapids, Eerdmans, 2003, p. 143-159.

LADD, George Eldon. *A Theology of the New Testament*, éd. rev., Grand Rapids, Eerdmans, 1993.

LANE, Timothy S. et Paul David Tripp. *Changer vraiment : comment ?*, éditions Ministères Multilingues, Longueuil, Québec, 2007.

LEWIS, C. S. *La dernière bataille : Le monde de Narnia*, vol. 7, éditions Gallimard Jeunesse, France, 2001

———. *L'Odyssée du passeur d'aurore : Le monde de Narnia*, vol. 5, éditions Gallimard Jeunesse, France, 2001

———. *The Weight of Glory and Other Addresses*, New York, Touchstone/Simon & Schuster, 1996.

LONGMAN, Tremper, III. *Reading the Bible with Heart and Mind*, Colorado Springs, Colo., NavPress, 1997.

LONGMAN, Tremper, III et Raymond B. Dillard. *An Introduction to the Old Testament*, 2e éd., Grand Rapids, Zondervan, 2006.

LUNDGAARD, Kris. *The Enemy Within: Straight Talk About the Power and Defeat of Sin*, Phillipsburg, N.J., P & R, 1998.

MACINTYRE, Alasdair. *After Virtue: A Study in Moral Theology*, 2e éd., Notre Dame, Ind., University of Notre Dame Press, 1984.

MCCARTNEY, Dan G. "*Ecce Homo*: The Coming of the Kingdom as the Restoration of Human Vicegerency", *Westminster Theological Journal* 56, 1994, p. 1-21.

———. "The New Testament's Use of the Old Testament", *Inerrancy and Hermeneutic*, édité par Harvie M. Conn, Grand Rapids, Baker, 1988, p. 101-116.

MCCARTNEY, Dan et Charles CLAYTON. *Let the Reader Understand: A Guide to Interpreting and Applying the Bible*, 2e éd., Phillipsburg, N.J., P & R, 2002.

PETERSON, Eugene. *Eat This Book: A Conversation in the Art of Spiritual Reading*, Grand Rapids, Eerdmans, 2006.

———. "Living into God's Story" [En ligne] [http://www.biblicaltheology.ca/blue_files/Living%20into%20God%27s%20Story.pdf] (30 décembre 2008).

POWLISON, David. "Counsel Ephesians", *Journal of Biblical Counseling* 17, n° 2, hiver 1999, p. 2-11.

———. "Don't Worry", *Journal of Biblical Counseling* 21, n° 2, hiver 2003, p. 54-65.

―――. "Idols of the Heart" and "Vanity Fair", *Journal of Biblical Counseling* 13, n° 2, hiver 1995, p. 35-50.

―――. "The Practical Theology of Counseling", *Journal of Biblical Counseling* 25, n° 2, printemps 2007, p. 2-4.

―――. "X-Ray Questions: Drawing Out the Whys and Wherefores of Human Behavior", *Journal of Biblical Counseling* 18, n° 1, automne 1999, p. 2-8.

PRATT, Richard L., Jr., gén. éd. *Spirit of the Reformation Study Bible*, Grand Rapids, Zondervan, 2003.

RIDDERBOS, Herman. *Paul: An Outline of His Theology*, Grand Rapids, Eerdmans, 1975.

ROBERTSON, O. Palmer. *The Christ of the Covenants*, Phillipsburg, N.J., P & R, 1980.

RYKEN, Leland, James C. Wilhoit, et Tremper LONGMAN III. *Dictionary of Biblical Imagery*, Downers Grove, Ill., InterVarsity Press, 1998.

SPROUL, R. C., gén. éd. *The Reformation Study Bible*, Lake Mary, FL, Lignonier Ministries, 2005.

STEINMETZ, David. "Uncovering a Second Narrative: Detective Fiction et the Construction of Historical Method", *The Art of Reading Scripture*, édité par Ellen F. Davis et Richard B. Hays, Grand Rapids, Eerdmans, 2003, p. 54-68.

TANNER, Kathryn. "Scripture as Popular Text", *Modern Theology* 14, n° 2, avril 1998, p. 279-298.

The Scripture Project. "Nine Theses on the Interpretation of Scripture", *The Art of Reading Scripture*, édité par Ellen F. Davis et Richard B. Hays, Grand Rapids, Eerdmans, 2003, p. 1-5.

TOLKIEN, J. R. R. *Le Seigneur des Anneaux : Le Retour du Roi*, tome 3, Gallimard Jeunesse, 2007.

TRIPP, Paul David. *Instruments in the Redeemer's Hands: People in Need of Change Helping People in Need of Change*. Phillipsburg, N.J., P & R, 2002.

VANHOOZER, Kevin. *The Drama of Doctrine: A Canonical-Linguistic Approach to Christian Theology*. Louisville, Ky, Westminster John Knox Press, 2005.

VERNICK, Leslie. *How to Live Right When Your Life Goes Wrong*, Colorado Springs, Colo., Waterbrook Press, 2003.

Index des références bibliques

Genèse .. 42,63,68, 71,95,161
1 – 2 63
1.26 101
1.28 44,63,93,96
1.28-30 93
1.29 93
2.5-8 93
2.15-17 93
2.16,17 93
3 63
3.1-5 93
3.6 94
3.8 162
3.14-16 236
3.14-19 236
4.1-16 94
4.19-24 95
6.5 95,103
12 63
12.2,3 96,101
12.3 70
12.10-20 54
17 151
37 – 50 26
39 53

Exode 37,158, 162,214
3.7,8 102
16 213
20.2 230
20.3 44
25.8 162
25 – 31 31
32 53,54
33.12-17 162
33.16 101
35 – 40 31
40 162,163

Lévitique ... 32,68, 104,187,
5.2,3,5,6 187
5.3 180
11 187
11.44,45 187
12 187
13 – 14 187
13.39 187
13.45,46 180
14 187
14.1-32 187

14.12,19 199
14.33-57 31
15 187
15.31 187
19.1,2 48
19.11 44,45
19.19 45,48

Nombres 68
5.2 187
5.11-31 31
9.6,7 187
11 228
12 180
19.11,13 187

Deutéronome 45,68
1 – 11 151
4.32-40 101
6.5 53
17.7 49
19.19 49
21.18-21 44
21.21 49
22.21,24 49

255

Contact – entre la Bible et mon histoire

24.7 49	22.7-10 162	**Proverbes** 32
		3.27 44
Josué 50,68	**2 Chroniques**	15.1 27,126
1 50	1 – 9 158	22.15 30
1.9 30,35,50	5.13,14 162	23.13,14 57
24 151	6 241	31.10-31 116
	6.1,2,18 162	
Juges ... 68,102,104	10 – 36 158	**Ésaïe** 182
2.18 102		1.17 44
19 104	**Esdras**	29.14 49
21.25 104	1.1-4 158	41.10 57
	1 – 6 240	49.4 15
Ruth 68	3 158	49.6 70
	3.12 159	52.7-10 66
1 Samuel 53,68,	4 158	55.10,11 217
158		59.16-20 66
3 – 5 26	**Esther** 32,66	61 174
17 57,80		61.1,2 67
25 231	**Job** 52	64.4 165
	39.37,38 29	
2 Samuel ... 68,158		**Jérémie** 68
11 – 12 231	**Psaumes** 32,	3 104
	68,102	3.22 104
1 Rois 32,68,104	1 233	6.14 108
1 – 11 158	3.8 32	23.5,6;30 178
5.5 162	11.4*a* 241	31.31-34 70
8.10 163	13 102	
11 54	22 102	**Ézéchiel** 68
12 – 22 158	22.25 102	34 178
	23 30	36.24-27 188
2 Rois ... 32,68,104,	44 102	36.24-32;37 104
158	51 30	36.26,27 70
5.7 180	77 120,235	37.15-28 178
22 – 23 53	78 235	40 – 48 162
	88 102	
1 Chroniques	105 – 106 151,235	**Daniel**
155,158	132.13,14 162	1 53
1 – 9 31,37,114,115	139 28	

Index des références bibliques

Osée
11.1 65

Amos 103
4 104

Abdias 31,37

Habakuk
2.14 80,175

Aggée 155-176
1 166
2 168,171,218
2.1-9 .... 155,157, 160,162,164,166, 169,171,172,176
2.3 163
2.4 169
2.4,5 175
2.5 164,169
2.7 174,240
2.9 164,241

Zacharie
4.9,10 174
8.3 66

Malachie
3.7-10 50

Matthieu
1.1 65
2.1-12 241
2.13-15 65
3.15 243
3.15,17 65
4.1-11 65

5 – 7 65
5.17 68
5.27-30 30
6.19 44
6.21 128
6.25-34 36,50
12.16-21 182
15.18-20 128
18.31-35 112
20.28 66
25.31-46 245
28.18-20 175

Marc 179,188, 190,191,201,202, 242,243,244
1 .... 89,199,202, 203,218
1.1 179
1.15 242
1.21-39 179
1.40-45 .... 177, 178,180,184,186,191, 192,193,195,198,199, 203,212,242
1.43-45 182
5.43 182
7 244
7.1-23 197
7.15 244
7.36 182
10.38,45 191
10.45 183

Luc
3.38 65
4 67
4.21 67

4.41 182
6.43-45 128
9.22-24 67
12 111-112,245
12.22-34 111
12.31,32 245
17.21 65
24 68,233

Jean
1.1 116
1.14 116,163,173
2.19 163
6 213
6.1-13 54
6.32-35 55
8.46 65
14.21 43
18.36 65
20.31 22

Actes
1.6 201
2.14-36 233
2.32,33 71
2.37,38 72
3.11-26 233
3.26 72
5 54
7 53
10 – 11 ; 15 190
13.13-41 69
13.32,33,38,39 69
17.28 69
18.24-26 58
26.18 72

257

Romains 211
1.3,4 66
1.19,20 92
2.4 238
7.24 103
8.3 70
8.15-17 64
8.15-27 246
8.16-27 164,171
8.18-23 98
8.18-25 80,173
8.18-27 103
8.23 104
8.32 245
8.38,39 80
11 101
11.33 134
12 245
12.15 54
12.21 210,211

1 Corinthiens ....
28,49
1.2 101,124
1.19 49
2.1-5 67
2.9 165
2.9,10 83
2.16 34
3.7 136
3.16 164,242
5 – 6 124
5.7 66
5.13 49
6 169,171,196
6.9,10 124
6.11 101
6.12 28

6.18-20 169,170
6.19b,20 196
10.2 65
10.6 52
10.6-11 49,52
10.11 37,213
15.3 71
15.20-28 57
16.20b 230

2 Corinthiens
1.3,4 214
1.8,9 201,211,214
1.20 70
4 171
5.17 22,64
5.17-20 81
5.18 191
5.21 65,103
8.1-9 50

Galates 126
1.3,4 104
2.20 67
3.8 82
3.8,9 101
3.26-29 191
4.4 78
4.6,7 101
6.9 152

Éphésiens 30
1 57
1 – 3 73
1.3-14 101
1.13,14 104
2.14 79
2.19-22 241

4 – 6 73
4.1-16 217
4.12,13 19
4.25 79
4.26,27 27,79
4.29-32 214
5 115
5.21-33 114
5.22-33 30
6.4 126
6.5 44

Philippiens
2.1 47
2.1-11 114
2.3,4 47
2.5-8 67
2.5-11 66
3.7-11 171
3.10,11 67
3.12-14 104
3.12-21 246
4.5-7 48,112,120
4.6 25
4.6,7 34
4.8 30,46
4.10-13 127
4.13 202

Colossiens 126
1.6 176
1.27 173
3.1-4 48
3.12-14 112
3.15 28

1 Thessaloniciens
4.1,9,10 125

Index des références bibliques

2 Timothée 31
1.16-18 126
2.15 18
2.23,24 28
3.16 20,32
4.14,15 27

Tite
2.11-14 83
3.3,4-7 95

Philémon 37, 45,84
22 44

Hébreux ....
53,103,190,233
2.5-18 64
4.14-16 190
4.15 65
7.24-26 190
7.26,27 103
9.11-15 66
9.13,14 189
10.1-4 189
10.11-14 66,190
10.19-22 194
12.1-13 171
12.2 16
12.2,3 67
12.3 53
13.8 55
13.12,13 191
13.12-14 202

Jacques 30
1.19,20 27
1.19-27 120

1.22 22
2.14-17 108
4.1-3 28
4.1-11 112
5.10,11,16b,17 52

1 Pierre 103,112
1.3,4 101
1.3-5 64
1.3-9 111
1.3-16 235
1.10-12 233
1.14-16 108
1.17-21 244
2.4-11 101
2.9,10 112
2.20b-23 53
2.20b-25 67
2.22 65
2.22,23 211
2.23 16
5.7 50

2 Pierre
1.3,4 20
1.4 22
1.20,21 20

1 Jean
1.9 190,219
3.5 65
3.11,12a 52
3.16 53

2 Jean 84

3 Jean 84

Apocalypse 37, 42,78,103
16 177
17 31
21.4 103
21.5 61
21.22-26 164
21 – 22 164

259

« **Publications Chrétiennes inc.** » est une maison d'édition québécoise fondée en 1958. Sa mission est d'éditer ou de diffuser la Bible ainsi que des livres et brochures qui en exposent l'enseignement, qui en démontrent l'actualité et la pertinence, et qui encouragent la croissance spirituelle en Jésus-Christ.

Pour notre catalogue complet :
www.publicationschretiennes.com

Publications Chrétiennes inc.
230, rue Lupien, Trois-Rivières, Québec, CANADA – G8T 6W4
Tél. (sans frais) : 1-866-378-4023, Téléc. : 819-378-4061
commandes@pubchret.org

www.ingramcontent.com/pod-product-compliance
Lightning Source LLC
Chambersburg PA
CBHW071655090426
42738CB00009B/1540